Neue
**Kleine Bibliothek 117**

KURT PÄTZOLD

# Im Rückspiegel: Nürnberg
## Der Prozess gegen die deutschen Hauptkriegsverbrecher 1945/46

**PapyRossa Verlag**

© 2006 by PapyRossa Verlags GmbH & Co. KG, Köln
Luxemburger Str. 202, D–50937 Köln
Tel.: ++49 (0) 221 – 44 85 45
Fax: ++49 (0) 221 – 44 43 05
E-Mail: mail@papyrossa.de
Internet: www.papyrossa.de

Alle Rechte vorbehalten

Umschlag: Willi Hölzel
Satz: Alex Feuerherdt
Druck: Interpress

Die Deutsche Bibliothek verzeichnet diese Publikation in der Deutschen Nationalbibliografie; detaillierte bibliografische Daten sind im Internet über http://dnb.ddb.de abrufbar

ISBN 3-89438-355-0
ab 1.1.2007: 978-89438-355-8

# Inhalt

Vorwort 7

1. Auftakt in Berlin 10
2. Vor dem ersten Verhandlungstag 18
3. Die Hauptverhandlung beginnt 28
4. Der erste Kronzeuge: General Erwin Lahousen 36
5. Mörder im Zeugenstand: Ohlendorf – Wisliceny – Höß 41
6. Zeuge der Anklage – Generalfeldmarschall Paulus 50
7. Erster Mann – auf der Anklagebank: Hermann Göring 58
8. »Ich frage die Deutschen«: Severina Schmaglewska 67
9. Der interessanteste Angeklagte: Hjalmar Schacht 75
10. Hitlers Nachfolger im Kreuzverhör: Karl Dönitz 84
11. Nazi-Organisationen auf dem Prüfstand der Richter 92
12. Der Gerichtshof zieht sich zur Beratung zurück 102
13. Das Urteil 109
14. Umschiffte Klippen 117
15. Das Echo 127
16. Exkurs I: Ohne Gustav oder Alfried Krupp – die Rolle der Industriellen 157
17. Exkurs II: Ein früh erworbenes Verdienst. Judenverfolgung und Judenmord vor dem Nürnberger Tribunal 166
18. Dokumente 182
19. Eine Chronik 196

Anmerkungen 244
Personenregister 249

# Vorwort

»Es soll beyderseits eine immerwährende Vergessenheit und amnestie alles dessen seyn, was der einen oder anderen Seite, es sei auf was weise es wolle, feindliches und widerwärtiges gegeneinander vorgekommen sein möge.« Der Satz entstammt einem Text, der am 1. Februar 1720 im Friedensvertrag von Stockholm vereinbart wurde, der den Krieg zwischen Schweden und Brandenburg-Preußen, Bestandteil des zwei Jahrzehnte währenden Nordischen Krieges, beendete. So konnte es 225 Jahre später nicht abgehen. Dagegen sprachen die beispiellosen Verbrechen, die während des Zweiten Weltkriegs im Verlauf von Kriegshandlungen und mit dem Blick auf die imperialistischen Kriegsziele des Deutschen Reiches von der deutschen Wehrmacht und den Besatzungskräften in nahezu ganz Europa verübt worden waren. Es kam der Tag des Gerichts der Sieger, der zugleich ein Tag des Gerichts der Völker war. Kein Tag der Rache, aber des Rechtes. Der Weg von Berlin-Karlshorst, wo deutsche Militärführer die Kapitulationsurkunde unterzeichnen mussten, in das Justizgebäude nach Nürnberg, in dem der Prozess gegen die deutschen Hauptkriegsverbrecher stattfand, war kurz. Kaum mehr als ein halbes Jahr verging bis zum Beginn des Gerichtsverfahrens.

Der Name der »Stadt der Reichsparteitage« erhielt so einen neuen Klang. In Nürnberg wurde ein revolutionierender Schritt in der Geschichte des Völkerrechts getan. Die Richter der vier Mächte, des Vereinigten Königreichs Großbritannien, der Vereinigten Staaten von Amerika, der Union der Sozialistischen Sowjetrepubliken und der Republik Frankreich, sprachen und setzten Recht, von dem sie hoffen konnten, die Menschheit werde auf ihren künftigen Wegen daraus bleibenden Vorteil gewinnen. In der Tradition der Beschlüsse des Völkerbundes und sie weiterführend erklärten die Richter den Angriffskrieg zu einem strafbewehrten Verbrechen. Sie lasteten solchen Friedensbruch nicht mehr nur Staaten, sondern an deren Spitze handelnden Individuen an, seien sie Zivilisten oder Militärs. Sie bestimmten die Schuldigen am Tod von Millionen für den Strang. Die Urteile wurden vollstreckt.

Von der Vorgeschichte, dem Hergang, den Resultaten und Folgen dieses Gerichtsverfahrens, das als Jahrhundert-Prozess bezeichnet wurde, wird in diesem Buch die Rede sein. Seinem ersten Teil liegen Artikel zugrunde, die in der Berliner Zeitung Junge Welt erschienen sind und sich auf denkwürdige Tage im Prozessverlauf beziehen. Sie wurden zum Teil beträchtlich ergänzt. Darauf folgen Texte, hervorgegangen aus Vorträgen, die Querschnittsthemen behandeln. Der eine gilt den auf der Anklagebank fehlenden deutschen Großindustriellen, der andere der Rolle, die Judenverfolgung und Judenmord während des Verfahrens spielten. Ein weiterer Beitrag geht dem Echo des Prozesses in Deutschland nach, dem unmittelbaren und dem aktuellen. Den Band beschließt eine chronologische Übersicht. Sie setzt im Jahre 1940 mit den ersten Überlegungen und Vereinbarungen über die juristische Ahndung der Kriegs- und Menschheitsverbrechen ein und schließt in unseren Tagen mit Angaben über die Art und Weise, in der die Erinnerung an den Prozess bis heute wach gehalten wird.

Seit dem Beginn der Hauptverhandlung gegen Hermann Göring und andere waren am 20. November 2005 auf den Tag genau sechs Jahrzehnte ins Land gegangen. Ein paar Monate zuvor hatte sich aus Anlass des 60. Jahrestages der Befreiung, ein Begriff, um dessen Akzeptanz in Deutschland noch immer gestritten wird, eine weithin Aufmerksamkeit heischende Kampagne ereignet, die als Erinnerungsschlacht bezeichnet worden ist. Im Hinblick auf Nürnberg 1945 entwickelte sich hingegen nicht einmal so etwas wie ein Erinnerungsscharmützel. Das besaß einen einfachen Grund. Verkürzt auf zwei Signalwörter heißt der: USA und Irak. Die Großmacht jenseits des Atlantik hat den Staat im Nahen Osten vor drei Jahren mit einem Angriffskrieg überzogen und dafür eine grundverlogene Rechtfertigung benutzt. Diese weist deutliche Verwandtschaft mit jenen Lügen auf, die von Hitler 1939 und 1941 eingesetzt wurden, als Heeresmassen in ein friedfertiges Land nach dem anderen einfielen. Wer heute an Nürnberg erinnert und an der Gegenwart nicht vorbeidenkt, vor ihr nicht ins Zeitlos-Unverbindliche flieht, muss von der Politik Washingtons reden. Wer das Nürnberger Tribunal der vier Mächte ins Gespräch bringt und um die großzügige medizinische Behandlung der Angeklagten in dessen Verlauf weiß, kann an dem toten Slobodan Milosevic nicht vorbeidenken.

Zu Nürnberg gehören die herausragende Leistung der Ankläger und Richter und die von ihnen ausnahmslos nach dem Ende ihrer Arbeit ausgesprochene Hoffnung, ihren Beitrag zu einer besseren Menschheitszukunft geleistet zu haben. Sie waren überzeugt, dass eine andere Welt möglich ist. Dass wir nicht dahin gelangt sind, beweist nicht, dass das Werk unnütz gewesen sei und das Ziel unerreichbar wäre. Es spricht nur für die Schwäche der dafür bisher unternommenen Anstrengungen. Das Tribunal von Nürnberg ist eine Herausforderung der Unentwegten geblieben.

*Kurt Pätzold*

# 1.
# Auftakt in Berlin

Am 14. Oktober 1945 traf sich in Berlin ein Kollegium von Juristen, von ihren jeweiligen Regierungen ernannte Mitglieder des Militärgerichtshofes, der auf Beschluss der Siegermächte des Zweiten Weltkrieges gebildet worden war. Von dem internationalen Tribunal sollten führende Personen des faschistischen Deutschen Reiches, Zivilisten und Militärs, angeklagt und, wenn schuldig befunden, abgeurteilt werden. Eine vergleichbare Institution hatte es bisher nie gegeben. Die das Verfahren eröffnende Sitzung in Berlin besaß symbolischen Charakter, fand sie doch im einstigen Zentrum jener Macht statt, von der soviel Unheil über viele europäische Völker gebracht worden war. Zwischen dem ehemaligen Regierungsviertel und dem Ort der Handlung lag nur ein kleiner Fußmarsch. Er führte durch eine entsetzlich ruinierte Stadtlandschaft.

Der Gerichtshof traf sich in dem vom Kleistpark umgebenen Gebäude des Berliner Kammergerichts im Berliner Bezirk Schöneberg, einem repräsentativen und weitläufigen, in den Jahren vor dem ersten Weltkrieg in neobarockem Stil errichteten Bau, in dessen Äußerem die Macht der Justiz sichtbar gemacht werden sollte.

Die hatte sich in seinem Inneren noch kurz zuvor in brutaler Weise dokumentiert. 1944, als Berlin schon weithin in Trümmern lag, das Gerichtsgebäude von Zerstörungen aber insgesamt verschont geblieben war, hatten hier Prozesse gegen Beteiligte an der Verschwörung des 20. Juli stattgefunden, von denen so viele Angeklagte am Galgen endeten. Nun sollte über Männer um Hitler gerichtet werden, die vor wenig mehr als einem Jahr ihrem Führer, als dieser der Bombe Stauffenbergs knapp entging, Treue geschworen und sich mit ihm zur Fortsetzung eines bereits verlorenen Krieges erneut verbündet hatten. Das Geschehen am Berliner Ort verdeutlichte plastisch die Wendung, welche die Geschichte genommen hatte. Das einstige Kammergericht beherbergte jetzt den Alliierten Kontrollrat, der im besetzten Land die zentrale Regierungsgewalt ausübte.

Indessen war schon bestimmt worden, dass der eigentliche Ort der

Tätigkeit des Gerichts Nürnberg sein würde, das zur US-amerikanischen Besatzungszone gehörte. Obwohl auch diese Stadt durch den Luftkrieg weithin verwüstet worden war, hatte sich dort das ausgedehnte Justizgebäude erhalten, welches sich für das Vorhaben auch deshalb eignete, weil sich in seiner direkten Nachbarschaft ein Zellentrakt befand, in dem die Angeklagten untergebracht werden konnten. Dort war zudem Platz für jene Zeugen, die sich wegen anderer zu erwartender Anklagen ebenfalls in Haft befanden oder als Kriegsgefangene galten. Die Zeremonie in Berlin, die das sowjetische Mitglied des Richterkollegiums Iona Timofejewitsch Nikitschenko leitete, bestand im Kern in der Übergabe der Anklageschrift an die Richter. Sie betraf insgesamt 24 Personen, denen sie wenig später ausgehändigt wurde (mit Ausnahme des Angeklagten Martin Bormann, dessen Aufenthalt als ungewiss galt und gegen den in Abwesenheit verhandelt werden sollte) und die auf der zweireihigen Angeklagtenbank würden Platz nehmen müssen.

An ihrer Spitze wurden der einstige Reichsmarschall Hermann Göring und der Stellvertreter des Führers Rudolf Heß platziert, von denen der eine in den Alpen aufgegriffen, der andere aus Großbritannien an den Verhandlungsort gebracht worden war. Diese beiden waren in dieser Reihenfolge von Hitler in einer theatralischen Passage seiner Kriegseröffnungsrede am 1. September 1939 für den Fall, dass ihm etwas »zustoßen« sollte, zu seinen Nachfolgern erklärt worden. Nun hatte sich der Diktator aus dem Leben und der Verantwortung gestohlen und diese beiden aus der Schar seiner Paladine noch Herausragenden hatten ihn tatsächlich zu vertreten.

Der Weg nach Nürnberg, der Stadt, deren Name durch die in seinen Mauern und vor seinen Toren alljährlich (bis 1938) stattfindenden Reichsparteitage der NSDAP und die Nürnberger Gesetze (1935) einen schrill-abstoßenden Klang erhalten hatte, war im doppelten Sinne lang. Das gilt für den Weg, den die Streitkräfte der Anti-Hitler-Koalition von Stalingrad und dem Kaukasus, vom nordafrikanischen El Alamein und aus der Normandie bis ins Zentrum des Deutschen Reiches zurückzulegen hatten, um die Hauptmacht des faschistischen Staatenbündnisses militärisch zu schlagen. Und es trifft auch für den Weg der Gedanken, des Abwägens und der Entschlüsse zu – samt der aus ihnen folgenden Vorarbeiten –, die zu dem Gerichtsverfahren hinführten und dessen Beginn nach einer sensationell kurz zu nennenden Zeitspanne schon ein halbes Jahr nach dem Ende der Kriegshandlungen in Europa ermöglichten.

## Ungeahndete Verbrechen

Dass der Eroberungsweg der deutschen Wehrmacht von Kriegs- und anderen Verbrechen begleitet war, konnte außerhalb des vom faschistischen Reich beherrschten Gebietes nicht lange verborgen bleiben. Schon 1940 erhoben das britische Kabinett und die Regierungen im Exil ihren Protest gegen die Untaten. Das tat, noch bevor sich die USA mit Deutschland im Kriege befanden, auch Präsident Franklin D. Roosevelt im Oktober 1941. Im gleichen Jahr unterrichtete die Regierung der UdSSR über die an Kriegsgefangenen und Zivilisten begangen Verbrechen des in ihr Land eingefallenen Aggressors. Am 13. Januar 1942 verabschiedeten in Großbritannien die Vertreter der Regierungen der besetzten Staaten Belgien, Tschechoslowakei, Frankreich, Griechenland, Holland, Jugoslawien, Luxemburg, Norwegen und Polen die Erklärung von St. James, in der sie es als eines der wichtigsten Kriegsziele bezeichneten, die »für die Verbrechen Verantwortlichen« zu bestrafen, »und zwar im Wege der Rechtsprechung, gleichgültig, ob die Betreffenden alleinschuldig oder mitverantwortlich für diese Verbrechen waren«. Dem schlossen sich die drei Hauptmächte der sich formierenden Anthitlerkoalition an.

Ein vergleichbares Vorhaben war schon einmal, im und nach dem Ersten Weltkrieg, erwogen worden. Dem bei Kriegsende in die Niederlande geflohenen deutschen Kaiser hatte der 1919 geschlossene Versailler Vertrag einen Prozess angekündigt. Artikel 227 besagte: »Die alliierten und assoziierten Mächte stellen Wilhelm II. von Hohenzollern, ehemaligen deutschen Kaiser, unter öffentliche Anklage wegen schwerster Verletzung der internationalen Moral und der Heiligkeit der Verträge.« Das war eine etwas wolkige Formulierung, die aber anzeigte, dass das deutsche Staatsoberhaupt wegen seiner (gewiss nicht alleinigen) Verantwortung für die Anzettelung eines Aggressionskrieges auf eine Anklagebank gebracht werden sollte. Freilich: diese »internationale Moral« hatte noch nirgendwo eine international bindende juristische Fixierung gefunden. So galt noch immer das jus ad bellum, das Recht, Krieg zu führen, von dem die Herrschenden seit Jahrhunderten reichlich und ungestört Gebrauch gemacht hatten, da die Völker nicht in Gegenaktion traten. Indessen bezeugte diese Festlegung, die wie andere Bestimmungen des Vertrages den deutschen Unterzeichnern abgezwungen wurde, immerhin zumindest das Vorhandensein einer Stimmung, die besagte, dass aggressiver Friedensbruch künftig nicht ungestraft hingenommen werden sollte. Der Artikel machte mehr auf eine bis dahin von den Mächtigen in den Staaten im internationalen Recht absichtsvoll gelassene Lücke aufmerksam. Bis dahin war nämlich in Verträgen wie der 1907 vertraglich geschlossenen Haager Landskriegsordnung und Abmachungen über den Seekrieg lediglich das Verhalten in Kriegen geregelt und Soldaten wie Zivilisten ein sehr begrenzter Schutz gegen Willkür versprochen worden.

Auf diese Regelungen bezogen sich die folgenden Versailler Vertragsartikel 228 bis 230, die bestimmten, dass Personen, die »wegen einer gegen die Gesetze und Gebräuche des Krieges verstoßenden Handlung« angeklagt sind, den alliierten und assoziierten Mächten auf deren Verlangen auszuliefern seien. Das traf vor allem auf Angehörige des Kaiserheeres und der Flotte zu, die in Belgien und Frankreich im Jahre 1914 bzw. während des See- und namentlich während des uneingeschränkten U-Boot-Krieges Befehle gegeben oder ausgeführt oder auch ohne Befehl Handlungen begangen hatten, die nach internationalem Kriegsrecht zu ahnden waren.

Oben auf der Liste mit den verlangten Personen, die der deutschen Regierung überreicht wurde, standen Generalfeldmarschall Paul von Hindenburg, Kronprinz Wilhelm und weitere hochgestellte Generale und Offiziere, weiter unten befanden sich aber auch untere Chargen bis zum einfachen Soldaten. Was folgte, wurde in der Literatur vielfach beschrieben. Deutschland und die Niederlande verweigerten die Auslieferung der Begehrten. Die Sieger reduzierten daraufhin die Zahl der Beschuldigten mehrfach und erklärten sich schließlich – dieweil Wilhelm II. in seinem Exilland unbehelligt blieb – mit Verhandlungen vor deutschen Gerichten einverstanden. Das ergab seit 1921 Farcen vor dem Leipziger Reichsgericht, begleitet von (nicht nur) nationalchauvinistischen Protesten und Kundgebungen, während die Freigesprochenen stürmisch gefeiert wurden. In Frankreich und Belgien erhoben sich hingegen Proteste. Schließlich fanden in beiden Staaten ohne die Anwesenheit der Tatverdächtigen Prozesse statt, deren Strafauswürfe nur bewirkten, dass die Verurteilten diese Länder fortan besser mieden.

Dass die Militärpersonen des Kaiserheeres damals so glimpflich davonkamen, zeugte zum einen davon, dass die Novemberrevolution mit ihren Folgen an der deutschen Justiz gleichsam glatt vorbeigegangen war. Und ebenso wurde daran klar, dass die Siegermächte ihre Prioritäten, was die Durchführung des Versailler Vertrages anlangte, inzwischen anders geordnet hatten. Während sie auf die Einhaltung der Bestimmungen über Reparationszahlungen bestanden und auf deren Verletzungen mit militärischen Sanktionen antworteten (1923: Besetzung des Ruhrgebiets), ließen sie im Hinblick auf die Prozessverfahren Verweigerung und Sabotage hingehen. Schon dominierte das Grundinteresse, das Reich in die sich formierende neue Front antisowjetischer Politik einzubinden. Das sollte sich, wenn auch nicht auf die gleiche Weise und in gleichem Ausmaß, nach dem Zweiten Weltkrieg wiederholen.

Aber die durch die Geschichte des grauenvollen Krieges mit seinen Millionen Toten, Krüppeln, Witwen und Waisen aufgeworfene Frage verstummte nicht; sie wurde auch von Politikern und Juristen und vor allem in den nach Wegen zum Völkerfrieden suchenden Antikriegsströmungen und -bewegungen gestellt. Sie beschäftigte ebenso den neu gegründeten Völkerbund, dessen Mitglieder in ihrer V. Vollversammlung 1924 in der Genfer Deklaration Angriffskriege als internationale Verbrechen kennzeichneten. Darauf folgte am 27. August 1928 unter der Teilnahme des Deutschen Reiches der Abschluss des bekannten, nach dem US-amerikanischen und dem französischen

Außenminister genannten Briand-Kellogg-Paktes, eines internationales Abkommens, das den Krieg ächtete. Feierlich erklärten die Vertragschließenden in Art. 1, »dass sie den Krieg als Mittel für die Lösung internationaler Streitfälle verurteilen und auf ihn als Werkzeug nationaler Politik in ihren gegenseitigen Beziehungen verzichten.« Ende 1929 waren diesem Vertrag 54 Staaten beigetreten, deren Zahl sich bis 1939 auf 63 erhöht hatte.

Die Verurteilung war jedoch nicht mit Strafandrohungen versehen. Insgesamt scheiterten in den zwanziger Jahren vor allem Initiativen, die sich auf eine weitere Begrenzung der Rechte der Kriegführenden richteten, die nach den Erfahrungen des erstmaligen Einsatzes von Unterseebooten und Flugapparaten (Zeppelinen und Flugzeugen) nahe lagen. 1925 kam es in Genf lediglich zur Unterzeichnung eines Protokolls gegen die Verwendung erstickender, giftiger und ähnlicher Gase sowie gegen den Einsatz bakteriologischer Mittel. Aus den Erfahrungen der Verwendung neuartiger technischer Mittel zur Massenvernichtung und deren erkennbaren Weiterentwicklungen waren keine Schlussfolgerungen für das Völkerrecht gezogen worden. Die Militärs hatten sie zum Scheitern gebracht.

### An die Wand, an den Galgen oder auf die Anklagebank?

So geradlinig, wie es sich in der Deklaration von St. James Anfang 1942 darstellte, verlief der Weg nach Nürnberg aber doch nicht. In den Staaten der Koalition wurde die Frage gestellt: Gerichtsverfahren oder kurzer Prozess. Bevor sie definitiv entschieden war, trafen mehrere Staaten bereits Vorkehrungen, die auf die Entscheidung zugunsten von Prozessen vor Gerichten hindeuteten. Die UdSSR tat das in Deklarationen und Noten, so in einer vom 14. Oktober 1942, gerichtet an in London tätige Exilregierungen okkupierter osteuropäischer Staaten. Und mit ihren 1943 durchgeführten Prozessen gegen deutsche Kriegsverbrecher und deren einheimische Kollaborateure, die in befreiten Städten der Sowjetunion (Krasnodar, Charkow) stattfanden, machte sie zudem praktisch klar, welchen Weg sie generell zu beschreiten wünschte. Im gleichen Jahr, am 30. Oktober, verabschiedeten die Außenminister der drei Hauptmächte der Koalition in Moskau eine »Erklärung über deutsche Grausamkeiten im besetzten Europa«, die jedoch die Frage offen ließ, wie mit dem höchstgestellten Personal des Naziregimes verfahren werden solle. Mit der Veröffentlichung dieses Dokuments und durch Listen der zu Belangenden, die von der in London tätigen Kommission publiziert wurden, war Hitler und seinen Feldmarschällen und Generalen klar, wenn sie sich das nicht schon vorher ausgerechnet hatten, dass sie anders als ihre Vorgänger nach 1918 der Strafverfolgung nicht entgehen würden. Goebbels kleidete das in seinem Tagebuch in die Formulierung, es sei für die rücksichtslose totale Weiterführung des Krieges doch gut, wenn man wisse, dass alle Brücken hinter einem abgebrochen wären. Er wie seinesgleichen befand sich keineswegs in einem Zustand fehlenden Unrechtsbewusstseins. Hitler sagte den Generalen schon vor dem Einfall in Polen unumwunden, der Sieger werde nach Recht oder Unrecht nicht gefragt.

Bereits im Oktober 1942 hatte eine United Nations War Crimes Commission ihre Arbeit begonnen, die in London etabliert wurde. Ihr gehörten Vertreter von 17 Staaten an: Australien, Belgien, Kanada, China, Frankreich, Griechenland, Holland, Indien, Jugoslawien, Luxemburg, Neuseeland, Norwegen, Polen, Südafrika, Tschechoslowakei, das Vereinigte Königreich von Großbritannien und Nordirland und die Vereinigten Staaten von Amerika. Sie begann die systematische Sammlung von Informationen, Dokumenten und weiteren Zeugnissen, die der Vorbereitung von späteren Anklagen dienen konnten. Am Beginn der Tätigkeit dieser Kommission stand die Formulierung einer geschichtlichen Erfahrung: »Was können wir aus Versailles und Leipzig lernen? Zuallererst: Die Vereinten Nationen dürfen nicht noch einmal darauf vertrauen, dass die Deutschen ihren Kriegsverbrechern gegenüber Gerechtigkeit walten lassen. In ihren Augen sind das Helden.«

Auch Juristen publizierten noch während des Krieges in den Staaten der Anti-Hitler-Koalition und in neutralen Ländern ihre Auffassungen zu den Fragen, auf welchen Rechtsgrundlagen, von wem und wo sich Gerichtsverfahren gegen Kriegsverbrecher durchführen ließen. Wie schon im Zusammenhang mit den Verbrechen des Ersten Weltkrieges erwogen, sollten Täter in den Ländern abgeurteilt werden, in denen sie sich schuldig gemacht hatten, oder wenn ihre Handlungen sich so nicht lokalisieren ließen, sich vor einem internationalen Gerichtshof angeklagt sehen. Gegen diese Vorgehensweise und zugunsten anderer Lösungen wurde auch daran erinnert, wie mit Napoleon I. verfahren worden sei, den man auf die Atlantik-Insel St. Helena verbannt, so bestraft und außer Wirkung gesetzt habe. Noch im August 1944, als sich Roosevelt und Churchill in Quebec trafen, ließen sie verlauten, dass sie Gerichtsverfahren gegen Schwerstverbrecher wie Hitler, Himmler, Göring und Goebbels nicht für geeignet hielten, und erklärten, dass das weitere Vorgehen die Genannten betreffend zwischen den Regierungen der Alliierten noch entschieden werden müsse.

Doch es setzte sich die Auffassung durch, dass solche Verfahren auch für die zivilen und militärischen Spitzen des Reiches ohne Prozess erfolgenden Exekutionen vorzuziehen wären. Meinungsverschiedenheiten darüber wurden in der Regierung der Vereinigten Staaten noch im September 1944 ausgetragen. In deren Verlauf obsiegte der Standpunkt des für ein prozessuales Vorgehen eintretenden Kriegsministers Henry L. Stimson über den gegenteiligen und vor allem von Finanzminister Henry Morgenthau jun. vertretenen, den Roosevelt zeitweilig geteilt haben soll. Danach entstand im Kriegsministerium in Washington eine Ausarbeitung »Verfahren gegen europäische Kriegsverbrecher«, verfasst von Oberst Murray C. Bernays.

Auch damit waren Debatten über das Vorgehen nach Kriegsende nicht beendet. Noch als Robert H. Jackson, der bald darauf in Nürnberg zur herausragenden Gestalt im Kollegium der Ankläger werden sollte, im April 1945 vor der US-amerikanischen Gesellschaft für Völkerrecht einen Vortrag zum Thema »Die Rolle des Rechts unter den Völkern« hielt, so berichtete später Brigadegeneral Telford Taylor, wurden Argumente gegen einen Prozess vorgetragen, die u.a. lauteten, niemand würde Hitler freisprechen, so dass ein Verfahren überflüssig und lächerlich wäre, und zudem wäre in diesem eine faire Verteidigung kaum zu erwarten. Dessen ungeachtet spielten gerade die USA bei der Vorbereitung des Prozesses eine hochaktive Rolle. Ihr Personal, das in Nürnberg agierte, stellte mit mehr als 200 Angehörigen die zahlenmäßig stärkste Delegation.

Auf dem Wege nach Nürnberg gab es eine Reihe weiterer Hindernisse, die in den öffentlichen Debatten zuvor weniger erörtert wurden. Sie lagen nicht nur in der Tatsache, dass keine der Mächte, die ihre Juristen nach Nürnberg schickte, als unbescholten gelten konnte. Das galt nicht nur für die UdSSR, namentlich wegen ihres Einfalls in Polen im September 1939, womit sie sich zu einem Verbündeten des Aggressors gemacht hatte. Es traf auch auf die vielen Handlungen zu, mit denen die kapitalistischen Mächte geholfen hatten, das Naziregime zu stabilisieren und ihm internationale Autorität zu verleihen, und mit denen sie es auf dem Weg in den Krieg begünstigten -in der Erwartung, dass dieser ihnen nicht gelten werde. Und zur Geschichte gehörte auch, dass der Kriegsächtungspakt von 1928 selbst von seinen Unterzeichnern als ein nicht zu beachtendes Papier behandelt worden war, beispielsweise 1935, als Italien das souveräne Abessinien, ein Mitglied des Völkerbundes, überfiel und annektierte. Daran sollte im Nürnberger Gerichtssaal erinnert werden, von Angeklagten und ihren Verteidigern, die dazu die Möglichkeiten erhielten. Denn zu den dort befolgten Vorsätzen des Prozesses gehörte, den Angeklagten, anders als erwartet und sie es mit ihren Gegnern in Deutschland getan hatten, ein faires Verfahren zuzugestehen.

## 2.
## Vor dem ersten Verhandlungstag

In Nachschlagewerken ist der 20. November 1945 als der erste Verhandlungstag des internationalen Tribunals verzeichnet, vor dem die deutschen Hauptkriegsverbrecher angeklagt und abgeurteilt wurden. Das gilt indessen nur für jenen Hauptteil der Tätigkeit des Richterkollegiums, bei dem in Anwesenheit der Angeklagten zu Gericht gesessen wurde. Zuvor schon fanden mehrere Sitzungen statt, und gleich die erste, sechs Tage vor Beginn der Verhandlungen, signalisierte ein Interesse der Anklage, das heute weitgehend in Vergessenheit geraten, nein: auch gebracht worden ist. Sie begann mit einer Erklärung des Verteidigers des Angeklagten Gustav Krupp von Bohlen und Hallbach, der bis zum Jahre 1943 an der Spitze des bekanntesten deutschen Rüstungskonzerns gestanden hatte. Rechtsanwalt Theodor Kleefisch beantragte beim Gerichtshof, seinen Mandanten von der Liste der Angeklagten zu nehmen, da er aus gesundheitlichen Gründen nicht fähig sei, dem Prozess zu folgen oder gar sich gegen die gegen ihn erhobenen Vorträge zu verteidigen.

Das war kein Manöver. Die Richter hatten sich durch eine Ärztekommission, bestehend aus hochrangigen Spezialisten aller am Prozess beteiligten Staaten, die eigens an das Krankenlager Krupp s gereist waren, der seit 1944 auf seinem Gut Blühnbach in Österreich lebte, davon unterrichten lassen, dass der 75jährige Angeklagte an »seniler Gehirnerweichung« litt und sich in einem verhandlungsunfähigen Zustand befand. (Auch späterhin wurde der in ärztlicher und pflegerischer Obhut lebende einstige Chef des Unternehmens, der vier Jahre später verstarb, nicht verhandlungsfähig.)

Die Richter hatten nach der Rede des Verteidigers folglich nur zu entscheiden, ob gegen Gustav Krupp in absentia verhandelt werden oder ob er nicht zu den Angeklagten dieses Prozess gehören solle. Um es vorweg zu sagen, entschieden wurde, in diesem Falle zu verfahren wie in den meisten Ländern vor nationalen Gerichtshöfen in solchen Situationen auch: Die Richter strichen Krupp von der Liste derer, die sie unter Anklage gestellt hatten. Das geschah nach einer Befragung der Vertreter der Anklage. Die Episode ist denkwürdig, führte sie den Gerichtshof doch auf das weite Feld der Beziehungen, welche zwischen Politik und großer Industrie in den Jahren des Naziregimes und des Krieges geherrscht hatten.

## Die Krupps werden nicht davon kommen

Zur Frage, wie angesichts des Krankheitsfalles weiter verfahren werden solle, nahm zuerst der Hauptankläger der USA, Robert H. Jackson, das Wort, der zugleich im Auftrag seines französischen und sowjetischen Kollegen sprechen konnte. Er sagte über die Erfahrungen, welche von den drei Staaten und deren Bewohnern mit den Erzeugnissen der Essener Waffenschmiede gemacht worden waren: »Wir vertreten drei Nationen dieser Erde; eine von ihnen wurde dreimal mit Kruppschen Waffen überfallen, eine andere hat im Verlauf des Krieges im Osten unter der Wucht des Krieges gelitten wie nie ein Volk zuvor, und eine von ihnen hat zweimal den Atlantik überquert, um, soweit es in ihren Kräften stand, Streitigkeiten zu beenden, die durch den deutschen Militarismus entfacht waren.« Und weiter erinnerte der Ankläger daran, dass »die Krupp-Unternehmungen seit mehr als 130 Jahren blühten und gediehen, indem sie die deutsche Kriegsmaschine mit Kriegsmaterial versahen. ... Die Tätigkeit der Krupp-Werke war nicht auf die Ausführung von Regierungsaufträgen beschränkt. Die Krupp-Werke waren auch an der Aufhetzung zum Kriege aktiv beteiligt, sowie – durch Deutschlands Ausscheiden – an dem Schiffbruch der Abrüstungskonferenz und des Völkerbundes, und schließlich nahmen die Krupp-Werke an der politischen Agitation zur Unterstützung des gesamten Nazi-Angriffsprogramms ebenfalls aktiven Anteil. Dies war nicht ohne Gewinn für die Kruppschen Unternehmungen, und wir sprachen bereits von dem auffallenden Aufstieg ihrer Gewinne, der ihrer Mithilfe an den deutschen Vorbereitungen für einen Angriffskrieg zuzuschreiben ist.«

Die Machthabenden hätten die Dienste dieses Unternehmens derart geschätzt, dass sie es 1943 eigens durch eine »Lex Krupp« Hitlers ermöglicht hätten, die Krupp-Werke in ein Familienunternehmen umzuwandeln, worauf diese ganz in das Eigentum und unter das Kommando des ältesten der Söhne, Alfried, geriet. Wenn der Vater nicht vor Gericht erscheinen könne, so wurde im Namen der drei Anklagevertreter dem Gericht vorgeschlagen, so solle der Sohn dies tun, nicht als dessen Stellvertreter, sondern wegen seiner eigenen persönlichen Verantwortlichkeit für die Rolle des Konzerns. Das Problem, das sich mit diesem Vorschlag freilich verband, ergab sich aus dem Grundsatz des Gerichts, jedem Angeklagten die gegen ihn erhobenen Vorwürfe 30 Tage vor Prozessbeginn schriftlich zuzustellen. Die Annahme des Vorschlags hätte eine Verschiebung der Prozesseröffnung zur Folge gehabt, und dies wiederum war der einzige Grund, weswegen sich der britische Ankläger nicht angeschlossen hatte. Sir Hartley Shawcross versicherte dem Gerichtshof, er sei wie die anderen drei Ankläger von der zu lösenden Aufgabe überzeugt, »vor dem Gerichtshof und vor der Welt die Rolle aufzudecken, die die Großindustriellen bei der Vorbereitung und Führung des Krieges gespielt haben.« Und das werde »im Verlaufe dieses Prozesses geschehen, gleichgültig ob Gustav Krupp von Bohlen oder Alfried Krupp als Angeklagte in dem Prozess erscheinen oder nicht.« Das Material, fuhr Shawcross fort, das gegen Krupp vorliege und über die »allgemeine Rolle, die die Großindustriellen gespielt« haben, werde im Prozess unterbreitet werden und zudem würden »je nach dem Ausgang des gegenwärtigen Prozesses andere Verfahren eröffnet werden, möglicherweise gegen Alfried Krupp, möglicherweise gegen andere Großindustrielle«.

## Ein Industriellen-Prozess?

Dann ergriff auch der französische Ankläger das Wort und verwies zunächst darauf, dass seine Delegation bereits vorgeschlagen hatte, an den unmittelbar bevorstehenden Prozess gegen die Hauptkriegsverbrecher unverzüglich einen weiteren anzuschließen, der sich ausschließlich mit der Anklage und Aburteilung von Industriellen befassen solle. Damit aber wäre sie nicht durchgedrungen. Weiter erklärte Charles Dubost, niemand würde begreifen können, »wenn von dieser großen deutschen Industrie, die zu den Hauptschuldigen am Kriege gehört, kein Vertreter hier vor Gericht gestellt werden sollte«. Ob indessen Gustav oder Alfried Krupp in diesem Verfahren angeklagt würden oder nicht, fuhr er fort, sei es notwendig, die Vorwürfe gegen Krupp und andere Großindustrielle hier vorzubringen, von denen er sagte, dass sie »die Machtergreifung der Nazis, die Nazi-Regierung und die Nazi-Propaganda unterstützten, die Nazis finanzierten und schließlich die Wiederaufrüstung Deutschlands förderten, damit es seinen Angriff fortsetzen könnte.«

Das blieben keine leeren Ankündigungen. Schon am 4. Verhandlungstag brachte im Verlauf seines Anklagevortrags der zur US-amerikanischen Vertretung gehörende Thomas J. Dodd die Sprache auf die aktive Teilnahme Gustav Krupps und des Reichsverbandes der deutschen Industrie an den Schritten zur Etablierung der Nazidiktatur. Die Entscheidung des Gerichtshofes nach dieser Anhörung des Verteidigers und der Ankläger lautete wie erwähnt: Gustav Krupp wird aus dem Prozess genommen, d.h. auch nicht in absentia angeklagt. Und eine zweite besagte; Alfried Krupp wird nicht in die Reihe der Angeklagten aufgenommen.

Das Bemerkenswerte an dieser Sitzung liegt zutage. Die Vertreter aller vier Mächte stimmten darin überein, dass das Spitzenpersonal deutscher Großkonzerne sich wegen seiner Tätigkeit auf dem Wege in den Krieg und im Kriege vor Gericht zu verantworten haben werde. Das inzwischen aus den Massenmedien nahezu ganz verschwundene Thema, das zudem den »Linken« zugeordnet wird, war 1945 als unabdingbar zur Geschichte von Faschismus und Krieg gehörend allgemein anerkannt. Der Berichterstatter der Neuen Saarbrücker Zeitung, Hermann Burkhardt, schrieb in einer Zwischenbilanz des Prozesses am 5. Januar 1946: Die Beteiligung der deutschen Industrie- und Finanzwelt an allen Naziverbrechen wurde ebenfalls bereits angeschnitten und erwiesen. Es liege ein »riesiges Beweismaterial« zum Thema der »Verwendung ausländischer Zwangsarbeiter und Kriegsgefangener« vor, und zwar entgegen internationalen Bestimmungen in der deutschen Kriegsindustrie, so in den Kruppwerken. Ausdrücklich verwiesen wurde auch auf die belastenden Dokumente, die im Archiv des Bankiers Baron von Schröder aufgefunden worden waren und in denen die finanziellen Zuwendungen an die SS belegt seien. Wie viel die Deutschen von diesen und anderen – so den täglich im Rundfunk verbreiteten – Berichten seinerzeit aufgenommen haben, ist exakt nicht mehr feststellbar. Manche Nachricht, wie die über die völkerrechtswidrige Verwendung von im Kriege in Gefangenschaft geratenen und herbei geschleppten Menschen in den Industriewerken, sagte ihnen nichts Neues. Sie hatten unter diesen Ausländern ja gearbeitet, sie angeleitet und beaufsichtigt, manche hatten sie schikaniert, andere – zu wenige – hatten ihnen das Leben zu erleichtern gesucht. Zeitungen, die damals noch nicht täglich erschienen, waren ein rarer und unerfreulicher Lesestoff, wenn auch das Papier einen gesuchten Artikel darstellte. Ablenkung von den lastenden Sorgen des Alltags war gefragt; sie wurde in den dicht besetzten Kinos gefunden und brachte zugleich auch die Ersparnis des Heizmaterials in den Wohnungen. Die Kinos zeigten, als wären die Uhren stehen geblieben, in der Nazizeit gedrehte, jedoch nicht unter Verbotsverdikt gefallene Spielfilme wie »Immensee« nach einer Novelle Theodor Storms oder »Die goldene Stadt«.

Zu Anklagen von Industriellen vor einem internationalen Gerichtshof, wie es der französische Vorschlag verlangte, ist es jedoch nicht mehr gekommen. Das Verfahren gegen die Hauptkriegsverbrecher blieb das einzige dieses Typs. Jedoch fanden 12 so genannte Nachfolgeprozesse vor ausschließlich US-amerikanischen Gerichtshöfen statt. Das erste Urteil fiel am 22. Dezember 1947 im »Fall 5« und sprach gegen drei der Angeklagten Haftstrafen zwischen 2, 5 und 7 Jahren aus, während die anderen drei freigesprochen wurden. Der Hauptangeklagte Friedrich Flick befand sich 1950 bereits wieder auf freiem Fuß. Das Verfahren gegen Alfried Krupp, 12 Direktoren und weitere leitende Personen des Konzerns (»Fall 6«) endete am 31. Juli 1948 mit Haftstrafen zwischen 2 und 12 Jahren, auf die 1951 die Begnadigungen folgten, und mit einem Freispruch. Bereits einen Tag früher war das Urteil in einem Prozess gegen führende Personen der IG-Farben AG ergangen, der mit 13 Zeitstrafen zwischen 1,5 und 8 Jahren sowie mit 10 Freisprüchen schloss.

## Die verkürzte Anklagebank

Durch die Entscheidung der Richter betreffend Krupp sen. war die Zahl der ursprünglich zwei Dutzend Angeklagten um einen weiteren reduziert. Zuvor bereits hatte sich die Liste dadurch verkürzt, dass Robert Ley sich am 25. Oktober in seiner Zelle erdrosselt hatte, ein Ereignis, das unmittelbar verschärfte Maßnahmen der Überwachung aller anderen Zelleninsassen bei Tage und während der Nacht bewirkte. Ley hatte wie alle seine Mitangeklagten die Anklageschrift ausgehändigt und bis zum Verhandlungsbeginn 30 Tage Zeit bekommen, um sich mit deren Inhalt bekannt zu machen und die Strategie und die Schritte seines Auftretens mit seinem Verteidiger zu beraten. Auf diese Zustellung reagierten die Empfänger jedenfalls öffentlich ganz unterschiedlich, wie wir wissen, weil der Gerichtspsychologe Gustave G. Gilbert sie alle gebeten hatte, auf das ihm zur Verfügung stehende Exemplar in kurzen Worten ihren Kommentar zu schreiben. Da konnte er lesen – dies eine Auswahl –, dass von Ribbentrop sich darauf berief, in »Hitlers Schatten« gestanden zu haben, Ernst Kaltenbrunner sich »keiner Kriegsverbrechen schuldig« fühlte, Hjalmar Schacht überhaupt nicht verstand, warum er angeklagt sei, Streicher den Prozess als »Triumph des Weltjudentums« betrachtete, während Karl Dönitz auf dem Blatt die Worte »Ein amerikanischer Scherz« notiert hatte. Ley las in dem ihm überreichten Text, dass er wegen seines Anteils an der Errichtung der Nazimacht, seiner Mitwirkung an der Kriegsvorbereitung sowie wegen der Teilnahme an Kriegsverbrechen angeklagt wurde, und so hatte er es vorgezogen, sich wie Hitler, von dem er als einer seiner engsten Gefolgsleute besonders geschätzt worden war, aus Leben und Verantwortung davonzustehlen.

Diesem Manne, dem nach Rudolf Heß höchstgestellten Funktionär in der Spitze des NSDAP-Apparates, der den Rang eines Reichsleiters bekleidet hatte, 1932/1934 zum Reichsorganisationsleiter der Partei aufgestiegen war, waren Gustav Krupp und mit ihm viele deutsche Industrielle zu besonderem Dank verpflichtet. Denn wichtiger noch als seine Parteiämter war für sie geworden, dass Ley in Personalunion auch an der Spitze der größten Massenorganisation des deutschen Faschismus, der Deutschen Arbeitsfront (DAF), gestanden hatte, die vor dem Kriege etwa 20 Millionen Mitglieder zählte, weil es sich faktisch um eine Zwangsmitgliedschaft handelte. Auf diesen herausragenden Platz war Ley unmittelbar nach der Zerschlagung der Gewerkschaften am 2. Mai 1933 von Hitler mit dem Auftrag gestellt worden, dafür zu sorgen, dass in der Phase der Aufrüstung und später im Kriege die deutschen Arbeiter und Angestellten funktionierten, in regimekonformer Stimmung gehalten wurden und das leisteten, was die zu Betriebsführern erklärten Eigentümer der Betriebe oder deren beauftragte Manager von ihnen verlangten. Zunächst hieß das vor allem, dass die Proletarier den verkündeten strikten Lohnstopp akzeptierten, also das Einfrieren der Löhne auf dem niedrigen Niveau, auf das sie in der Weltwirtschaftskrise herabgesunken waren. Das war fraglos eine profitsteigernde Dienstleistung für die Bourgeois, zielte aber darüber hinaus. Denn niedrige Löhne waren die Voraussetzung dafür, dass mit der Kaufkraft auch der Massenkonsum niedrig gehalten wurde, und dies wiederum ermöglichte den Einsatz der knappen Devisen für den Ankauf von Rüstungsrohstoffen und -materialien auf dem Weltmarkt und half, ein hohes Tempo der Aufrüstung zu sichern.

Als der Krieg dann angezettelt wurde, war aufgrund von Stellung und Anspruch niemand mehr für die Ruhigstellung der Arbeitenden zuständig als Ley. Die beschwörend immer wiederholte Ankündigung, dass es einen zweiten 9. November in der deutschen Geschichte nicht geben werde, bezeichnete den Kern seiner Aufgabe, deren Lösung er – wie die gesamte Führung – sich lange durch eine relative Schonung der deutschen Arbeitskräfte in der Industrie erleichterte, die bis an die Wende des Krieges 1942/1943 beibehalten werden konnte. Das hatte zur Bedingung, dass Millionen herbeigelockter und -geschleppter Arbeiter aus besetzten Ländern und Gebieten und Kriegsgefangene ohne Rücksicht auf die Regeneration ihrer Kräfte ausgebeutet wurden. Je weniger sich diese Strategie jedoch mit der Veränderung der Kriegslage durchhalten ließ, um so mehr sahen sich die Deutschen auf Segnungen des Friedens vertröstet. Ley wurde, während immer mehr alte Menschen den Tod ihrer »gefallenen« Söhne betrauerten,

Beauftragter für die Regelung der Altersversorgung und, während die deutschen Städte in Trümmer sanken, für den sozialen Wohnungsbau. Offen blieb, welcher Schuldspruch diesen Mann getroffen haben würde, der sich gern populär machte, bei Arbeitern aber nie Ansehen errang und der wegen seiner übermäßigen Neigung zum Alkohol auch als »Schnapsflasche der Nation« bezeichnet wurde.

## Der Eröffnungstermin wird gehalten

Jedenfalls war die Zahl der Angeklagten auf 22 reduziert. Bis auf einen würden diese Angeklagten ihre Plätze auf der doppelreihigen Bank im Gerichtssaal einzunehmen haben. Es fehlte Martin Bormann, gegen den aufgrund eines Gerichtsbeschlusses in absentia verhandelt werden sollte, nachdem noch einmal klargestellt worden war, dass es über seinen Tod bei dem Versuch, durch den sowjetischen Einschließungsring aus Berlin zu entkommen, keine Gewissheit gebe, er also möglicherweise noch am Leben sei. (Erst viele Jahre später wurde es zur Gewissheit, dass Bormann bei seinem Vorhaben in der Nähe des Lehrter Bahnhofes umgekommen war.)

Das Gericht zeigte sich in den Vorverhandlungen fest entschlossen, sich vom vorgesehenen Termin des Prozessbeginns nicht abbringen zu lassen. Als ihm in einer weiteren Sitzung der Verteidiger Julius Streichers, des Gauleiters, der sich »Frankenführer« nannte und in seiner Eigenschaft als Herausgeber der antijüdischen Hetzwochenschrift »Der Stürmer« einer der ideologischen Urheber des Judenmordens war, seine Zweifel an der Zurechnungsfähigkeit seines Mandanten vortrug, wurde dessen psychiatrische Untersuchung anheim gestellt. Aufschiebende Wirkung für den Eintritt in die Verhandlungen würde das aber nicht haben. Eine wiederum international zusammengesetzte Ärztekommission überzeugte sich, dass Streicher zwar von einer fixen Idee besessen war – er hielt sich für den größten aller Kenner der »Judenfrage« und berufen, die Welt über sein einzigartiges Wissen aufzuklären –, aber nicht geisteskrank sei. Schon dieses Vorgehen und ihre Entscheidungen zeigten, dass es den Richtern vollkommen fern lag, sich auf irgendetwas wie einen »kurzen Prozess« einzulassen. Sie waren sich bewusst, wie viele bereits in den Startlöchern saßen, um ihnen Vorurteile, Unkorrektheit, Willkür und Verstöße gegen international anerkannte Praktiken von Justizverfahren nachzuweisen, und gedachten nicht, dafür Angriffsflächen zu bieten. Noch vor dem ersten Verhandlungstag wurden auch die Verteidiger in einer Sitzung über die dem Verfahren zugrunde liegenden Beschlüsse und deren Wirkungen unterrichtet und konnten ihre Fragen stellen, auf die sie Antworten erhielten. Insgesamt rekrutierte sich als Verteidigung ein Stab, bestehend aus etwa 100 Personen, davon 23 Hauptverteidigern und dazu Assistenten und Sekretärinnen. Drei Verteidiger waren Universitätsprofessoren und hatten während der Nazizeit gelehrt. Franz Exner seit 1932 in München, Hermann Jahrreiß seit 1932 in Köln und Herbert Kraus in Göttingen. Einer der Anwälte war der Österreicher Gustav Steinbauer, der sich in dieser Reihe später insofern eine Sonderstellung erwarb, als er ungeachtet mancher Einwände gegen das Verfahren zusammenfassend feststellte, der Prozess könne, würde er richtig ausgewertet, »einen Grundstein für einen internationalen Strafgerichtshof bilden«.[1]

Am 19. November wurden die Angeklagten in den noch leeren Verhandlungssaal geführt, wo man ihnen Plätze zuwies, sodass eine Reihenfolge zustande kam, die, wenn mit ihr auch den Urteilen nicht vorgegriffen wurde, doch klarmachte, welche Ansicht über ihre jeweilige Rolle bei der Planung und Ausführung der Verbrechen existierte, deren sie beschuldigt wurden. Neben Göring und Heß, die die erste Bankreihe eröffneten, hatte der ehemalige Reichsaußenminister Joachim von Ribbentrop Platz zu nehmen, dann folgte Wilhelm Keitel, der Chef des Oberkommandos der Wehrmacht und engste Mitarbeiter Hitlers im Führerhauptquartier. Neben ihm wurde der SS-Obergruppenführer Ernst Kaltenbrunner platziert, der dem in Prag an den Folgen eines Attentat umgekommenen Reinhard Heydrich an die Spitze des Reichssicherheitshauptamtes gefolgt war. Am Ende der zweiten Bankreihe saß Hans Fritzsche, der Mitarbeiter von Goebbels und Rundfunkkommentar, der nach seinem Minister wohl bekannteste Durchhaltestratege an der ideologischen Front.

## 3.
## Die Hauptverhandlung beginnt

»Möge der stolze Bau recht lange in den auch wiederkehrenden friedlichen Zeiten seinen Zweck erfüllen«, sprach der bayerische Justizminister von Thelemann am 11. September 1916 während der Feier, mit der in Nürnberg der Justizpalast in der Fürther Strasse eröffnet wurde. Er war neben einem schon existierenden älteren Zellengefängnis entstanden. Auch Bayernkönig Ludwig III. erschien zum Fest, das mitten im Kriege wie im Kaiserreich üblich mit gehörigem militaristischen Gepränge und Aufwand begangen wurde. Der Spruch des Ministers bildete nicht den einzigen hehren Wunsch, der an diesem Tage geäußert wurde. Wie in anderen Räumlichkeiten ähnlicher Bestimmung fehlte es auch hier nicht an Bekenntnissen und Schwüren, die künftigen Besuchern Respekt, besser noch Ehrfurcht vor diesem Amte und den in ihm tätigen Personen einflößen sollten. Im Königssaal des Palastes war zu lesen: »Salus publica suprema lex esto« und das unvermeidliche »Iustitia fundamentum regnorum« (»Das allgemeine sei oberstes Gesetz« und »Gerechtigkeit sei die Grundlage des Königreichs«). Wie es um die Beachtung dieser Grundsätze stand, hat mit anderen Demokraten und Antifaschisten Kurt Tucholsky für die Jahre der Republik wiederholt beschrieben. Von 1933 an waren derlei Kommentatoren jedoch zum Schweigen gebracht. Das verursachte den »arischen« Herren in den Roben keine Entzugsbeschwerden.

Der Grundstein für das weitläufige Gebäude war im Jahre 1909, also noch vor dem Krieg, gelegt worden, an dessen Ende am Festtag seiner Einweihung freilich nicht zu denken war. Die Bauzeit hatte sich ausgedehnt. Noch war man am Ziel nicht angelangt, da interessierten sich 1915 schon Militärs für die Kuppel, um sie für die Aufstellung von Maschinengewehren zu nutzen, mit denen Luftangriffe abgewehrt werden sollten. Und bevor die Juristen von ihrem Domizil Besitz ergriffen, war ein fertig gestellter Teil bereits als Lazarett eingerichtet und mit verwundeten Soldaten belegt worden. Das wiederholte sich 1939. Im weiteren Verlauf des Zweiten Weltkrieges gesellten sich verschiedenste Nutzer, vor allem Dienststellen der Wehrmacht, hinzu. Am 21. Februar 1945 zerstörten mehrere Bomben bei einem Luftangriff der Alliierten den Bau teilweise. Er blieb dennoch benutzbar und wurde als tauglich befunden für jenen Prozess, der ihm einen Grad an Bekanntheit verlieh, der ihm sonst nicht zugekommen wäre.[2] Dazu trug bei, dass auch für die 12 Nachfolgeprozesse – deren als letzter endende bekannt geworden ist unter der Bezeichnung Wilhelmstraßenprozess, der gegen weitere Mitglieder und Staatssekretäre der Reichsregierung geführt wurde und am 11. April 1949 abgeschlossen wurde – das Gebäude Verhandlungsort blieb.

## Sitzungssaal 600

Am 20. November 1945 wandte sich das Interesse vieler Zeitgenossen den Geschehnissen zu, deren Zentrum der Große Schwurgerichtssaal bildete, der nun und für etwa 10 Monate Tagungsort des Internationalen Militärgerichtshofes wurde. Heute kann der Raum bei Führungen wieder besichtigt werden. Doch befindet er sich nicht mehr vollkommen in jenem Zustand, in den er für die Zwecke des alliierten Gerichtshofes hergerichtet und erweitert worden war. Erst Umbauten, in hohem Tempo verrichtet unter Einsatz deutscher Arbeitskräfte und auch von Kriegsgefangenen, hatten ermöglicht, dass für die Stäbe der Delegationen, die Wachmannschaft, die Stenotypistinnen, die Dolmetscher – der Prozess wurde in vier Sprachen geführt –, für Filmregisseure und -operateure und die herandrängenden Vertreter der internationalen Presse (zur vergleichsweise kleinen sowjetischen Gruppe gehörte auch der Graphiker Nikolai Shukow) Arbeitsbedingungen entstanden. Wie Fotos bezeugen, blieb die Enge dennoch beträchtlich, und häufig war es im Raum stickig, was angesichts der verhandelten Tatsachen doppelt belastete.

Während des Prozesses und zuvor schon für dessen Vorbereitung war eine enorme organisatorische Leistung gefordert. Einsetzend an jenem Novembertag wurde an 218 Tagen verhandelt. Das Gericht hörte 240 Zeugen, die, sofern sie nicht aus der Gefangenschaft vorgeführt wurden, anreisen und in der schwer zerstörten Stadt untergebracht werden mussten. Die Anklage legte 2.360 Beweisdokumente vor. Eine Zahl, die von der Verteidigung, welche 2.700 präsentierte, noch übertroffen wurde. Dazu kam eine Masse eidesstattlicher Erklärungen. Was als Beweismaterial dem Gericht vorgelegt wurde, musste auf Echtheit und Tauglichkeit überprüft und übersetzt werden, damit es allen Beteiligten zugänglich war. Um exakte Bezugnahmen auf Gesagtes zu ermöglichen, war das Sitzungsprotokoll fortlaufend ebenfalls viersprachig herzustellen. Es weitete sich auf 16.000 Seiten aus.

## Richter, Ankläger und Angeklagte

Natürlich bildete der Platz des Richterkollegiums wie üblich den Blickpunkt im Gerichtssaal. Dem Statut entsprechend bestand es aus acht Mitgliedern, jeweils zwei von den vier Staaten benannt. Dabei war bestimmt worden, dass die Stellvertreter bei der Abstimmung, die am Ende des Verfahrens zur Festlegung der Urteile erfolgen mussten, ohne Stimmrecht blieben. Entscheidend also waren die Entschlüsse von Sir Geoffrey Lawrence, der zugleich den Vorsitz des Kollegiums innehatte, des US-Amerikaners Francis Biddle, des Franzosen Donnedieu de Vabres und des sowjetischen Mitglieds Iona Nikitschenko. Urteile, kamen sie nicht einstimmig zustande, setzten damit voraus, dass sich mindestens drei Richter auf ein Strafmaß zu einigen vermochten.

Ähnlich war auch die Anklagevertretung zusammengesetzt; deren herausragende Personen waren der US-Amerikaner Robert H. Jackson, der Brite Hartley Shawcross, der Franzose François de Menthon und für die UdSSR R. A. Rudenko. Auch diesen standen Stellvertreter zur Seite. Vor allem aber stützten sie sich auf hochqualifizierte Mitarbeiterstäbe, die sich auf bestimmte Aufgaben spezialisiert hatten und aus deren Reihen im Verlauf des Prozesses auch im Gerichtssaal Teile der Anklage vorgetragen und begründet wurden.

Aus den Reihen der Journalisten und der wenigen anderen Zuhörer, die im Gerichtssaal Platz gefunden hatten, richteten sich die Blicke, so viel geballter juristischer Sachverstand und Autorität sich da auch versammelt hatten, vor allem auf die beiden Bankreihen, auf denen die Angeklagten platziert worden waren. Dass sie einmal so geordnet würden zusammenhocken müssten, hatten sich die einstigen »Größen des Dritten Reiches« schwerlich vorgestellt. Und in dieser Zusammensetzung waren sie seit langem nicht mehr an einem Orte versammelt gewesen. Man musste wohl bis in die Kundgebungen des »Großdeutschen Reiches« mit den zu Zeiten der Siege gehaltenen triumphierenden Reden Hitlers zurückdenken, um so viele von ihnen beieinander gesehen zu haben. Oder auch bis zum letzten der NSDAP-Reichsparteitage im Jahre 1938. Da hatten sie sich auch in Nürnberg befunden, aber in anderem Aufzuge, residierend in exklusiven Hotels der Stadt, von ihren Gefolgsleuten umjubelt, wo immer sie sich zeigten. Nun also saßen sie in diesem Gerichtssaal, den bis dahin nur einer von ihnen als freier Mann betreten hatte, der NSDAP-Gauleiter Julius Streicher, zu Zeiten, da er in der Stadt tonangebend war.

Der Blick auf die Anklagebank verriet als erstes, dass hier drei Personen fehlten. Hitler und Goebbels, die sich in der Reichskanzlei umgebracht hatten, und Heinrich Himmler, der Reichsführer SS und Reichsinnenminister, der nach seiner Gefangennahme Gift nahm. Die da auf die Prozesseröffnung warteten, waren zumeist im Verlauf des Monats Mai aufgespürt und ergriffen worden, manche nach dem Versuch, unterzutauchen und in die Anonymität zu fliehen. Andere hatten sich im Wissen um die Vergeblichkeit solcher Flucht gestellt oder die Sieger an den Orten erwartet, wo sie vor allem vermutet und gesucht wurden. Wilhelm Frick, der einstige Reichsprotektor von Böhmen und Mähren, der sich auf seinen Privatbesitz im bayerischen Kempfenhausen befand, wurde schon am 2. Mai verhaftet. Fünf Tage später geschah das mit Göring in Berchtesgaden, wohin er sich nach dem 20. April aus Berlin begeben hatte. Dort stellte sich einen weiteren Tag später auch der aus seinem Herrschaftssitz Weimar geflohene Fritz Sauckel, ehemaliger Generalbevollmächtigter für den Arbeitseinsatz und NSDAP-Gauleiter von Thüringen. Am 12. Mai war Ernst Kaltenbrunner, Heydrichs Nachfolger als Chef des Reichssicherheitshauptamtes, in einer Jagdhütte in den Bergen bei Alt-Aussee aufgespürt worden. Tags darauf wurde Wilhelm Keitel, Chef des Oberkommandos der Wehrmacht, der seinen letzten öffentlichen Auftritt bei der Unterzeichnung der Kapitulationsurkunde in Berlin-Karlshorst hatte, in Flensburg inhaftiert. Eine weitere Woche später kam die Reihe an Alfred Rosenberg, den Reichsleiter der NSDAP und Reichsminister für die besetzten Ostgebiete, der sich nach einer leichten Verletzung in einem Lazarett in Flensburg-Mürwik aufhielt. Die Flensburger Episode der »Reichsregierung« und des Oberkommandos der Wehrmacht endete am 23. Mai mit der Gefangennahme des von Hitler zu seinem Nachfolger als Staatschef bestimmten Großadmirals Karl Dönitz, von Albert Speer und Alfred Jodl. Anfang Juni stellte sich Baldur von Schirach, der Gauleiter und Reichsstatthalter von Wien. Vergleichsweise spät, am 14. Juni, erfolgte die Verhaftung des einstigen Reichsaußenministers Joachim von Ribbentrop in einer Privatwohnung in Hamburg. Julius Streicher, der sich in die Tiroler Alpen geflüchtet hatte und als Kunstmaler ausgab, wurde von einem US-amerikanischen Offizier erkannt und festgesetzt. So waren sie nacheinander in Gewahrsam der Briten und der US-Amerikaner gelangt, denn wie auch die Masse der deutschen Soldaten hatte es sie im Angesicht der nahenden definitiven Niederlage westwärts gezogen. Sie wussten oder mussten zumindest damit rechnen, dass ihre Namen dort auch auf Kriegsverbrecherlisten standen, doch mochten sie sich noch Illusionen darüber hingegeben, was das praktisch bedeuten werde.

Mit denen, die ihre Plätze auf der Anklagebank zugewiesen erhalten hatten, war die Reihe der höchstrangigen politischen und militärischen Führer, die Deutschland und Europa in den Krieg gesteuert hatten und für das Geschehen in seinem Verlauf samt dessen Folgen verantwortlich waren, keineswegs erschöpft. Weitere befanden sich in der Gefangenschaft der Alliierten. Sie gehörten nach deren Urteil nicht zur »ersten Wahl« und sollten später an die Reihe kommen. Dazu gehörten Hans-Heinrich Lammers, der Chef der Reichskanzlei und einer der engsten Mitarbeiter Hitlers, die beiden aufeinander folgenden Reichsminister für Ernährung und Landwirtschaft, Richard-Walther Darré und Herbert Backe, der Reichsminister für Finanzen, Ludwig (Lutz) Graf Schwerin von Krosigk, der einstige (bis zum Jahre 1938) Reichskriegsminister Werner von Blomberg und der ehemalige (bis 1941) Oberbefehlshaber des Heeres Walther von Brauchitsch. Die beiden Feldmarschälle, die sich in Nürnberg als gefangengesetzte Zeugen befanden, verstarben, der eine noch 1946 in einem dortigen Militärlazarett, der andere 1948 in britischer Haft, ohne dass sie selbst vor einem Gericht angeklagt worden waren.

## Robert H. Jackson nimmt das Wort

Am Beginn des Prozesses richtete der Gerichtsvorsitzende, Geoffry Lawrence, an jeden der 21 Angeklagten die immer gleichlautende Frage, ob er sich im Sinne der Anklage schuldig bekenne. Und jedes Mal lautete die Antwort »Nicht schuldig« (Ernst Kaltenbrunner, der zu diesem Zeitpunkt erkrankt und von der Teilnahme an der Sitzung freigestellt war, bezog, als er später befragt wurde, keine andere Haltung.). Danach kam für die Anklage als erster Robert H. Jackson zu Wort, der eine Rede hielt, die zu den bedeutendsten gezählt werden kann, die jemals in einem Gerichtssaal gehalten wurden. Er beschrieb die Aufgabe des Gerichtshofs und ging auf zu erwartende und teils bereits geäußerte Einwände ein, die gegen seine Tätigkeit geltend gemacht werden konnten. Zur Unabdingbarkeit des Prozesses sagte er: »Die Untaten, die wir zu verurteilen und zu bestrafen suchen, waren so ausgeklügelt, so böse und von so verwüstender Wirkung, dass die menschliche Zivilisation es nicht dulden kann, sie unbeachtet zu lassen, sie würde sonst eine Wiederholung solchen Unheils nicht überleben.« Es sei indessen nicht Rache, die diese Verhandlung zustande kommen ließ. Um sie zu üben, wäre dieses Verfahren nicht nötig gewesen. Und zu dem Argument, dass es sich hierbei um »Siegerjustiz« handele – diese abwertend gemeinte Kennzeichnung des Prozesses sollte in der Bundesrepublik eine bis heute anhaltende Dauerkonjunktur erleben –, sagte er, dass Ankläger und Angeklagte sich zueinander gewiss »in einer sichtlich ungleichen Lage« befänden. »Das könnte unsere Arbeit herabsetzen, wenn wir nicht bereit wären, selbst in unbedeutenden Dingen gerecht und gemäßigt zu sein. Leider bedingt die Art der hier verhandelten Verbrechen, dass in Anklage und Urteil siegreiche Nationen über geschlagene Feinde zu Gericht sitzen.« Doch: »Die von diesen Männern verübten Angriffe, die eine ganze Welt umfassten, haben nur wenige wirklich Neutrale hinterlassen.«

In der Tat: Wollten die Alliierten die Aufgabe juristischer Ahndung der begangenen Untaten an Juristen neutraler Länder delegieren, an wen hätten sie sich dann in Europa wenden können? Jedenfalls nicht an Spanien oder Portugal, zwei Regime, die zwar nicht an der Seite der faschistischen Mächte am Kriege teilgenommen hatten, aber nach ihrer inneren Verfassung eine deutliche Verwandtschaft mit den Regimes aufwiesen, die nun in Deutschland und Italien beseitigt worden waren. Blieben, denkt man an Flächenstaaten und nicht an miniaturhafte Staatsgebilde auf Europas Landkarte, Schweden und die Schweiz und allenfalls die ferne Türkei, die, ohne dass dies noch irgendeine praktische Bedeutung erlangt hatte, am 23. Februar 1945 an Deutschland und auch an Japan eine Kriegserklärung gerichtet hatte. Gegen die Beteiligung von Juristen aus diesem an der äußersten Südostgrenze des Kontinents gelegenen Staat ließen sich zudem andere ernste Bedenken erheben. Jede Überweisung an die beiden einzigen in Betracht kommenden Staaten hätte zudem unweigerlich bedeutet, dass dort Experten gefunden werden und sich in die Materie einarbeiten mussten, was wiederum auf eine Verschiebung der Prozesseröffnung hinausgelaufen wäre. Viel hing gerade im Hinblick auf dessen öffentliche Wirkung, nicht nur im besetzten Deutschland, davon ab, dass zwischen den Taten und deren Feststellung und Ahndung nicht mehr Zeit verstrich, als für ein ordentliches Gerichtsverfahren erforderlich war. Und ungekehrt: Jede zeitliche Verschleppung konnte die Aufmerksamkeit nur mindern, die auf diese juristische Abrechnung gelenkt werden sollte.

## Tatsachen und Beweise oder Lügen und Ausflüchte

Der einzig gangbare Weg bestand mithin darin, den von den Siegermächten Angeklagten ein faires Verfahren und – ungeachtete ihrer eigenen Praxis der Justizwillkür und des Terrors, ausgeübt von Mördern in Roben – umfassende Möglichkeiten zu ihrer Verteidigung zu bieten. Das begann für die Beschuldigten mit der Chance, ihre Verteidiger selbst zu wählen. Die akzeptierte das Gericht, sofern sie nur nicht zu den Blutrichtern des Nazistaates gehört hatten, ohne zu fordern, dass sie zwischen 1933 und 1945 in irgendeiner Weise ein demokratisches Rechtsverständnis bekundet hätten. Zu ihnen gehörte u.a. Dr. jur. Rudolf Aschenauer, bis 1945 Mitarbeiter des Gauverbandes München-Oberbayern des Vereins für das Deutschtum im Ausland (VDA), der sich später, er verstarb 1983, in der Bundesrepublik als Aktivist in Organisationen und Zirkeln der äußersten Rechten bewegte und in einer von deren Zeitschriften einen Beitrag unter dem Titel veröffentlichte: »Ohne die totale Lüge wäre ein Nürnberger Prozess niemals möglich gewesen.« Was die Lügen anlangt, so erschienen sie, wie die folgenden Monate zeigten, den Angeklagten, unterstützt durch ihre Verteidiger, wieder und wieder als die einzige Zuflucht, die sie angesichts der gegen sie vorgebrachten Beweise zu nehmen suchten. Die Geduld des Gerichtshofes, es wird davon zu berichten sein, sich langatmige Reden der nach US-amerikanischem Rechtsverfahren in den Zeugenstand gerufenen Angeklagten anzuhören, die immer wieder über Fragen redeten, die ihnen nicht gestellt worden waren, und denen auswichen, auf die sie Rede und Antwort stehen sollten, war phasenweise beträchtlich. Den später in den Besatzungszonen vor Spruchkammern und anderen Gremien stehenden »kleinen Nazis« wären mitunter so viele Minuten Gehör zu wünschen gewesen wie diesen Führern, Göring voran, in Nürnberg an Stunden zugestanden wurden. Wo die Angeklagten »Geständnisse« ablegten, geschah das unter dem Druck der ihnen präsentierten Fakten und begleitet von dem Versuch, sich in ein »allgemeines Verschulden«, eine »Verstrickung« durch eine Mitwirkung zu retten, die angeblich von den ungeheuren Verbrechen keine Kenntnis besaß, sondern diese erst hier im Gerichtssaal gewonnen habe. Das verfing zwar nicht, wirkte aber in der westdeutschen Nachkriegsgesellschaft lange nach. Dem Beispiel der Ausreden und Ausflüchte, der Berufung auf Eid und Befehl, der Beteuerung von Unwissenheit folgten im Stil und bis in den Wortlaut Viele und mit mehr Erfolg als die in Nürnberg vor Gericht Stehenden.

Dass die Wahrheit zutage kam und zum ersten Mal ein auf Tatsachenmassen gestütztes Bild des deutschen Faschismus entstand, war ein Verdienst der Ankläger, ihrer Mitarbeiterstäbe und der Vielen, die das Beutegut an Akten auf prozessverwertbare Dokumente durchmustert hatten, nicht zuletzt auch der Zeugen der Anklage. Der Nürnberger Prozess, wiewohl das seine Hauptaufgabe nicht war, steht am Anfang einer langwierigen Erforschung des deutschen Faschismus und der Geschichte seiner Eroberungen sowie der dabei begangenen Verbrechen. Gäbe es einen speziellen Nobelpreis für Geschichte, die damals Mitwirkenden hätten ihn posthum verdient. Es hätte auch der Friedensnobelpreis sein können.

## 4.
## Der erste Kronzeuge: General Erwin Lahousen

Am Vormittag des neunten Verhandlungstages hatte der Prozess gegen die deutschen Hauptkriegsverbrecher seine erste Sensation. Während die US-amerikanische Anklagevertretung ihre Argumente zu Punkt I der Anklageschrift »Verschwörung« vortrug, beantragte Oberst John Harland Amen, dass das Gericht das Verhör des Zeugen Erwin Lahousen zulasse. Dem Verteidiger des angeklagten ehemaligen Chefs des Oberkommandos der Wehrmacht schwante offenbar, was da auf seinen Mandanten und ihn zukommen würde und er monierte daher, dass eine zwischen Anklage und Verteidigung angeblich getroffene Abmachung nicht eingehalten worden sei, wonach die

Verteidiger jeweils am Tage vorher davon unterrichtet werden sollten, welche Themen am folgenden zur Sprache kommen und wer vom Gericht gehört werden solle. Derlei sei keineswegs abgemacht gewesen, entgegnete der Chefankläger der USA Robert H. Jackson und verwies darauf, dass die Zeugen keineswegs alle aus der Haft vorgeführt würden, wo sie für Unbefugte vollkommen unerreichbar seien. In einer Stadt wie Nürnberg, einer »Hochburg des Nazitums«, aber müsse die Sicherheit der Zeugen gewährleistet sein. Deshalb würde auch in Zukunft nicht immer bekannt gegeben werden können, wen die Anklage zu präsentieren beabsichtige.

Nach einigem Hin und Her, bei dem ein anderer Verteidiger tatsächlich versicherte, es handle sich doch um eine »zuverlässige Verteidigerbank«, durchweg entschlossen, »dem Gericht bei der Findung des Rechtsspruchs zu helfen«, stimmten die Richter der Position der Anklage zu, dass von Fall zu Fall entschieden werden würde, wie es mit der vorherigen Unterrichtung zu halten sei. Dann erschien im Gerichtssaal Erwin Lahousen de Vivrement, der kein Kriegsgefangener mehr war, sondern aus einer Villa geholt worden war, in der er mit anderen als Zeugen nach Nürnberg gebrachten Personen wohnte. Lahousen war einer der etwa 1,2 Millionen Österreicher, die der Wehrmacht angehört hatten. Von ihnen war etwa jeder dritte im Kriege umgekommen.

Der Weg des Mannes, der es bis zum Generalleutnant gebracht hatte, unterschied sich allerdings von den Kriegs-Biographien der Masse seiner Landsleute erheblich. Er hatte als Berufssoldat in der K.u.K. Armee schon am Ersten Weltkrieg teilgenommen, es zum Oberleutnant gebracht und war nach einer Generalstabsausbildung in der Republik Österreich in die neugeschaffene Nachrichten- (das war die Abwehr-) Abteilung des Heeres aufgestiegen. Seine Karriere hatte ihn, bis der »Anschluss« 1938 vollzogen wurde, bis zum Oberstleutnant geführt. Die Wehrmacht übernahm ihn und er kam in deren Oberkommando in die Abteilung Ausland/Abwehr, die wenige Jahre später als ein Zentrum des militärischen Widerstandes bekannt werden sollte und von deren Offizieren eine erhebliche Zahl umgebracht wurde. Lahousen, der unter anderem für Sabotage zuständig war und dessen Abteilung das Regiment »Brandenburg« unterstand, war einer der Überlebenden, was er der Tatsache verdankte, dass er 1943 an die Ostfront kommandiert worden war. Nach einer Verwundung im Lazarett wurde er im Mai von britischen Truppen gefangen gesetzt. Der 48jährige war zudem herzkrank. Im Zeugenstand durfte er sitzend aussagen. Schon 1955 verstarb Lahousen.

Was diesen Zeugen für die Anklage interessant machte, war vor allem die Tatsache, dass er sofort nach Kriegsbeginn mit seinem Chef Canaris oder in dessen Auftrage an Besprechungen im Führerhauptquartier und in anderen Führungszentralen teilgenommen hatte. Und es stand zu erwarten, dass er, der an der Vorbereitung von Widerstandsaktionen beteiligt gewesen war, von seinem Wissen, ohne jemanden zu schonen, unumwunden Kenntnis geben würde. Lahousen, von John H. Amen mehrere Stunden befragt, erfüllte diese Erwartungen. Seine Antworten waren präzise. Genau bezeichnete er auch, wo sein Wissen endete oder unsicher wurde.

Schon seine ersten Antworten widerlegten die faschistische Legende, wonach Polen das Reichsgebiet angegriffen habe. Die Rede wurde auf den vorgetäuschten polnischen Angriff auf den deutschen Radiosender Gleiwitz gebracht und Lahousen bestätigte, dass die Abwehr für diese verbrecherische Aktion des Sicherheitsdienstes, die er im einzelnen nicht beschreiben konnte, die polnischen Uniformen und Ausrüstungen besorgt habe. Kein Platz blieb auch für die später in der Bundesrepublik lange gepflegte Legende, die Grausamkeit der deutschen Kriegführung sei ein Resultat der Dauer und Härte des Krieges und eine Reaktion auf den Widerstand und andere Handlungen der Kriegsgegner gewesen. Lahousen hatte mit Canaris am 12. September 1939, da war Warschau noch nicht erobert, das Führerhauptquartier besucht, das sich damals in einem Sonderzug befand, und dort die Atmosphäre und die Entschlüsse unmittelbar kennen gelernt, in der über das bevorstehende Luftbombardement auf die polnische Hauptstadt und von Vernichtungsmaßnahmen gesprochen wurde, deren Opfer Angehörige der Intelligenz, der Geistlichkeit, des Adels und vor allem die Juden Polens werden sollten. Dabei sei ihnen auch der Auftrag gegeben worden, einen Aufstand der Ukrainer in Südostpolen anzuzetteln, bei dem die Gehöfte der Polen niedergebrannt werden und ein Pogrom gegen die Juden stattfinden sollte. Was der Zeuge sagte, belastete auf der Anklagebank vor allem Keitel und den einstigen Reichsaußenminister von Ribbentrop, die bei diesen Besprechungen anwesend waren. Von Keitel waren auch die Weisungen an Canaris gegeben worden, den in Nordafrika befindlichen französischen General Maxime Weygand und den aus der sächsischen Festung Königstein, wo er sich als Gefangener befunden hatte, geflohenen General Henri Giraud zu ermorden. Letzterer entkam jedoch nach Nordafrika. Die zwischen dem Amt Abwehr und der Zentrale des OKW wiederholt geführten Verhandlungen über die Mordaufträge bewirkten nichts anderes als die Anerkennung, dass für diese Aktionen nicht die Abwehr, sondern der Sicherheitsdienst zuständig sei. Lahousen belastete Keitel schwer als einen Militär, den international fixierte und von Deutschland anerkannte Grundsätze der Kriegführung nicht interessierten.

Welches Ausmaß die Barbarei faschistischer Kriegführung im Jahre 1941 erreichte, wurde an Aussagen Lahousens über eine Besprechung deutlich, die unter dem Vorsitz des Generals Reinecke, Chef des Allgemeinen Wehrmachtsamtes, das zugleich für das Kriegsgefangenenwesen zuständig gewesen war, stattgefunden hatte. Sie befasste sich mit der Behandlung der sowjetischen Kriegsgefangenen und mit der Aussonderung jener von ihnen, vor allem der so genannten Kommissare der Roten Armee, die erschossen wurden. Im Amt Abwehr waren die Massaker bekannt und Lahousen war von Canaris in die Beratung geschickt worden mit der Instruktion, sich dort nicht durch moralische Argumente lächerlich zu machen, sondern »fachliche« vorzutragen, zu denen aber auch völkerrechtliche nicht gezählt wurden. Dem kleinen Kreis – zu dem auch als Vertreter des Chefs des Reichssicherheitshauptamtes Heydrich, dem die mordenden Einsatzgruppen der Sicherheitspolizei und des SD unterstanden, Heinrich (»Gestapo«-) Müller gehörte – hatte Lahousen also die Nachteile auseinander gesetzt, die aus der Sicht der Abwehr aus den Exekutionen entstünden. Es würden sich kaum noch Überläufer einstellen, auch keine Mitarbeiter für deren Zwecke gewinnen lassen und insgesamt könnte sich dadurch der Widerstand des Gegners nur versteifen. Zudem, da die Erschießungen im Angesicht der deutschen Truppen geschehen würden, werde darunter deren Moral leiden. Das einzige Ergebnis dieser Vorstellungen war das »Zugeständnis« Müllers, die zur Tötung bestimmten Gefangenen abseits niedermachen zu lassen. Ein »Resultat«, räumte der Zeuge ein, könne man das nicht nennen. Nicht anders verliefen die Erörterungen über die allgemeine Situation der Kriegsgefangenen im Osten, die an Hunger, Seuchen und Krankheiten massenhaft starben, was in diesem Kreise, wie Lahousen berichtete, billigend hingenommen wurde.

Es war schon weit am Nachmittag und an die Befragung durch Amen hatte sich die durch weitere Vertreter der Anklage und durch das Gericht angeschlossen, als mehrere Verteidiger den Zeugen zu befragen wünschten. Indessen stand an diesem Tage noch die Entscheidung darüber an, ob der Angeklagte Rudolf Heß, einst Stellvertreter Hitlers für die Angelegenheiten der NSDAP und Reichsminister, der aus Großbritannien nach Nürnberg gebracht worden war, geistig zurechnungsfähig sei, also weiter am Prozess teilnehmen müsse, oder ob die gegen ihn erhobene Anklage abgesondert und er zu einer späteren Zeit vor ein Gericht gestellt werden solle, wenn sein »Gedächtnisschwund« überwunden wäre. Bisher hatte der zweite, neben Göring platzierte Mann in der ersten Reihe der Anklagebank mit unbeteiligtem Blick und ebensolchen Gesten dagesessen, als ginge ihn das Geschehen im Gerichtssaal nichts an, ja an ihm glatt vorbei.

Heß' Verteidiger setzte sich in mehreren längeren Ausführungen dafür ein, seinen Mandanten aus diesem Verfahren zu nehmen, ihn auch nicht in absentia anzuklagen. Falls diese seine Anträge abgelehnt würden, sollte ein psychiatrisches Obergutachten herbeigezogen werden, denn das Urteil von nicht weniger als vier hochrangigen Ärzten bzw. einer Ärztekommission lag schon vor. An der Debatte, die sich auch mit der Frage befasste, auf wie unterschiedliche Weise das menschliche Gedächtnis arbeite, beteiligten sich der US-amerikanische, der britische und der sowjetische Richter und Vertreter der Anklage. Dann kam der Gerichtsvorsitzende auf den Gedanken, Heß selbst nach seiner Meinung zu befragen. Der begann, er habe, was er jetzt sagen werde, ursprünglich erst in einer späteren Phase des Prozesses bekannt machen wollen. Und überraschte sodann mit den Worten: »Ab nunmehr steht mein Gedächtnis auch nach außen hin wieder zur Verfügung. Die Gründe für das Vortäuschen von Gedächtnisverlust sind taktischer Art. Tatsächlich ist lediglich meine Konzentrationsfähigkeit etwas herabgesetzt. Dadurch wird jedoch meine Fähigkeit, der Verhandlung zu folgen, mich zu verteidigen, Fragen an Zeugen zu stellen oder selbst Fragen zu beantworten, nicht beeinflusst.« Er habe, fügte Heß hinzu, auch seinen Verteidiger bislang getäuscht, der hier im guten Glauben aufgetreten sei. Der Gerichtsvorsitzende schloss daraufhin die Sitzung. Die Presseleute eilten an Telefone und Fernschreiber. Der Prozesstag hatte seine zweite Sensation.

## 5.
## Mörder im Zeugenstand: Ohlendorf – Wisliceny – Höß

Am Nachmittag des 8. Prozesstages, am 29. November 1945, war der Anklagevortrag im Nürnberger Prozess nicht weiter als bis in das Jahr 1938 und zum »Anschluss« Österreichs vorangekommen. Der Einmarsch der Wehrmacht in den Nachbarstaat wurde als erste Angriffsphase des Deutschen Reiches auf dem Wege zum Weltkrieg bezeichnet. Tags darauf sollten die Dokumente zur zweiten Phase vorgelegt werden; sie betrafen die Liquidierung der Tschechoslowakei in zwei Stufen, die Inbesitznahme der Randgebiete und die vollständige Besetzung des westlichen Teils des Staates sowie die Gründung des klerikalfaschistischen Regimes in der Slowakei.

Als der Vertreter der Anklage an diesem Punkte eine Unterbrechung vorschlug und die Vorführung eines Films als Bestandteil des von ihm vorgelegten Beweismaterials beantragte, mochte mancher im Saal während der zehnminütigen Pause, die für die technischen Vorkehrungen gebraucht wurde, noch glauben, nun würden Bilder über den triumphalen Einzug Hitlers in Wien gezeigt werden. Nicht so die Verteidiger der Angeklagten. Denen war der Film bereits am Abend zuvor auf eigenes Verlangen vorgeführt worden. Von den etwa zwei Dutzend Juristen waren dann jedoch nicht mehr als acht erschienen. Einer, der Verteidiger des Angeklagten Hjalmar Schacht hatte zu seinem Fernbleiben mitteilen lassen, er werde sich den Streifen nur ansehen, wenn er dazu gezwungen würde.

Bevor nach der eingetretenen Pause der etwa einstündige Film gezeigt wurde, gab der Vertreter der US-amerikanischen Anklagevertretung Thomas J. Dodd bekannt, dass er Einblick in die Konzentrationslager gebe, ohne das gesamte Material zu bieten, das dazu vorliege und noch unterbreitet werden würde: »Dieser Film gibt jedoch in kurzer und unvergesslicher Form eine Erklärung dessen, was das Wort »Konzentrationslager« bedeutet.« Knapp charakterisierte Dodd die Funktion dieser Lager und deren Rolle im Hinblick auf den Weg in den Krieg und begründete damit auch, warum die Bilder gerade an dieser Stelle des Vortrags gezeigt wurden. Die Lager seien von den Führern des Regimes geschaffen worden, »um ihre Macht aufrechtzuerhalten und jede Opposition gegen ihre Politik, einschließlich natürlich ihrer Pläne für den Angriffskrieg, zu unterdrücken.« Dann wurden die Lichter im Saal gelöscht. Einzig die Anklagebänke blieben beleuchtet, damit die Reaktionen der Angeklagten erkennbar waren. Nach dem Ende der Vorführung war im Saal 600 kein Wort zu hören. Der Gerichtsvorsitzende erklärte die Nachmittagssitzung für geschlossen.

Gezeigt worden war an jenem Tage der Zustand der Konzentrations- und Vernichtungslager, wie sie von den in das Reichsgebiet vordringenden alliierten Truppen vorgefunden wurden. Die Bilder aus Dachau und Bergen-Belsen und weiteren Lagern, der Leichen und Leichenhaufen, der Überlebenden, viele unwiderruflich vom Tode gezeichnet, dazu die Aufnahmen von den Weimarer Bürgern, die aufgrund eines Befehls des US-amerikanischen Stadtkommandanten von Weimar das befreite Buchenwald zu besichtigen hatten, sind später wiederholt gezeigt, manche in andere Dokumentarfilme montiert worden. In Gedenkstätten und während Ausstellungen werden diese Zeugnisse der Bestialität und der Barbarei Besuchern immer wieder vorgeführt. Gegen das Vergessen. Als eine Warnung. Keine der späteren Aufführungen mag je wieder die Wirkung hervorgerufen haben wie diese, als Richter, Anwälte, das vielfältige Personal des Gerichtshofes und Journalisten den Film sahen und nur wenige Meter von sich entfernt die Architekten dieser »Todesmühlen« sitzen wussten. Leute, die bald ihre Unwissenheit und Schuldlosigkeit, ja Abscheu beteuern würden. Das war der Auftakt eines Teils der Beweisführung zum Thema Terror und Massenmorden.

Inzwischen schrieb man das Jahr 1946. Die Pause, die sich der Gerichtshof über das Jahresende eingeräumt hatte, war kurz gewesen, namentlich wenn man die damaligen Reisezeiten bedenkt. Am 2. Januar wurde die Hauptverhandlung fortgesetzt. Tags darauf erschienen im Gerichtssaal, gerufen von der Anklagevertretung, die das Beweismaterial gegen SS und SD vortrug, der ehemalige SS-Obersturmbannführer Otto Ohlendorf und der frühere SS-Hauptsturmführer Dieter Wisliceny, die an vorderen Plätzen zu den Akteuren des beispiellosen Verbrechens gehört hatten. Noch waren sie nicht Angeklagte. Noch beschränkte sich ihre Rolle auf die von Zeugen, aber es konnte spätestens nach ihren Aussagen kein Zweifel mehr bestehen, dass auch auf sie ein Gerichtshof und ein Henker warteten.

## Der Kommandeur der Mörderschwadron

Zuerst wurde Ohlendorf in den Saal geführt, der sich im Mai zum Zeitpunkt der Kapitulation in Norddeutschland befunden und dort noch die »Regierung Dönitz« mit Vorschlägen für die Weiterführung jenes Inlanddienstes versehen hatte, der Teil des Reichssicherheitshauptamtes (RSHA) gewesen war und an dessen Spitze er selbst jahrelang gestanden hatte. Zu dessen Aufgaben gehörte die Beobachtung und Bewertung der Stimmung der Bevölkerung im Reichsgebiet und insbesondere deren Reaktion auf Maßnahmen der Staatsmacht. Die Menge an papierner Hinterlassenschaft dieser so genannten Abteilung III umfasst auch die Meldungen aus dem Reich, die Woche für Woche mehrfach zusammengestellt wurden, als geheimes Material galten und der Führungsspitze des Regimes zur Verwendung gedient hatten. Ihr Text ist seit 1984 in einer 17bändigen Paperback-Ausgabe greifbar und eine vielgenutzte Quelle der Faschismusforschung.

Es war jedoch nicht die Tätigkeit an diesem Platze, die Ohlendorf in den Zeugenstand führte. Sein Vorgesetzter Reinhard Heydrich hatte ihn vor Beginn des Überfalls auf die UdSSR mit der Führung der Einsatzgruppe D des Sicherheitsdienstes beauftragt. Diese Spezialeinheit, eine von insgesamt vier, zog im Juni 1941 vom Boden Rumäniens aus hinter der 11. deutschen Armee, die Erich von Manstein befehligt wurde, nordwärts des Schwarzen Meeres in den Süden der UdSSR, auf die Krim und gelangte im Jahresverlauf bis Charkow. Ihr Auftrag lautete, die kommunistischen Funktionäre und ausnahmslos alle jüdischen Bewohner des Landes zu liquidieren. Zu diesem Zwecke gliederte sich die Gruppe in mehrere Kommandos, die im besetzten Gebiet stationiert wurden und weiterzogen, wenn sie ihr Mordhandwerk beendet hatten. Ohlendorf hatte seinen Platz am Schreibtisch der RSHA-Zentrale offenkundig ohne Schwierigkeiten mit diesem Befehlsposten vertauscht, den er ein Jahr lang ausübte, bis er wieder nach Berlin zurückgerufen wurde.

Auf die Fragen des US-amerikanischen Vertreters der Anklage schilderte er die Tätigkeit dieser Mörderschwadron. Niemand, der an diesem Tage als Richter, Anwalt oder Beobachter im Schwurgerichtsaal saß, hat diesen Auftritt je vergessen können. Und das nicht nur wegen des Inhalts, sondern nicht weniger wegen der Art, in der dieser Mann gesprochen hatte. Mit der Exaktheit eines Buchhalters, ungerührt, kaltherzig, in keinem Wort auch nur einen Anflug menschlicher Regung erkennen lassend, so sprach Ohlendorf, der zu den Mitarbeitern Heydrichs gezählt hatte, zu deren früher Biographie Universitätsstudien gehörten und denen es nicht an Intelligenz mangelte. Von der Einsatzgruppe unter seinem Befehl waren insgesamt mehr als 90.000 Menschen umgebracht worden, zumeist durch Erschießung unfern der Ortschaften, zu einem Teil auch durch Erstikkung in den so genannten Gaswagen, in deren mit Menschen vollgestopfte Aufbauten die Abgase des Motors geleitet wurden.

Ohlendorf berichtete von diesem Massenmord, angefangen von der Ermittlung und Erfassung der Juden, über deren Täuschung (es wurde vor ihnen von einer Umsiedlung gesprochen) bis zur Tötung der Opfer und schließlich über den Raub ihrer Habe und deren Verwendung. Er legte dem Gericht die Vorteile bzw. Nachteile der jeweiligen Mordpraxis dar und verwies auf die seelische Belastung der Mörder. Er bestätigte, dass weder Frauen noch Kinder jeden Alters verschont wurden. Er beschrieb die Kontakte, die es mit der Armeeführung gegeben habe, um das Vorgehen aufeinander abzustimmen, und legte dar, dass die Militärs unter anderem gefordert hatten, in einem bestimmten Umkreis vom Sitz des Armeestabes nicht in Aktion zu treten. Im Verlauf des Gerichtsverfahrens wurden Zeugen, die in verschiedenen Funktionen zur Gruppe der Täter gehörten, von den Vernehmenden gefragt, wie sie ihr eigenes Verhältnis zu den Untaten darstellen würden, an denen sie teilgenommen oder von denen sie mindestens Kenntnis erhalten hatten. Ohlendorf ist eine ähnliche Frage von niemandem vorgelegt worden. Seine Art zu reden, machte jede Frage nach seinem Gedanken- und Gefühlshaushalt überflüssig. So präzise und ungerührt hätten sich Erklärungen in einer Prüfung beispielsweise im Fach Elektrotechnik oder Gaschemie anhören können, ohne Verwunderung zu erregen. Natürlich hatte auch Ohlendorf sich auf die an ihn ergangenen Befehle berufen.

## Der Resident des Judenreferats in Bratislava

Das tat auch der unmittelbar danach gehörte Wisliceny, der mit Adolf Eichmann gut bekannt und wohl auch vertraut gewesen war. Beide hatten 1934 ihre Tätigkeit im Sicherheitsdienst begonnen. Die Karriere des Österreichers führte dann steiler nach oben, aber auch die dieses Zeugen stand für die Möglichkeiten des Aufstiegs, die das faschistische Regime, insbesondere in seinem Terrorapparat, jungen, ehrgeizigen und skrupellosen Männern eröffnete. Wisliceny war 1941 von Eichmann, der das so genannte Judenreferat im Reichssicherheitshauptamt leitete, als Beauftragter nach Bratislava, die Hauptstadt des zwei Jahre zuvor geschaffenen Satellitenstaates Slowakei, geschickt worden, um mit der dortigen Regierung die Auslieferung und Deportation der Juden in den Gewaltbereich der deutschen Judenmörder zu vereinbaren und zu organisieren. Dabei wurde den Verbündeten erklärt, es würden diese Weggeschafften als Arbeitskräfte verwendet. Praktisch bedeutete das die Verschleppung vereinbarter Kontingente von Juden über die Grenze in das eroberte polnische Gebiet in Ghettos und Vernichtungslager, insbesondere in das vergleichsweise nahe Auschwitz.

Wisliceny war mit diesem Auftrag nicht vollkommen ausgelastet. 1943 kam er auch nach Griechenland, wo er wiederum an der Organisation der Deportation der Juden zu ihren Mördern im Norden beteiligt war. Diesmal waren es Opfer aus Mazedonien und Saloniki. Ein Jahr darauf gehörte er zu dem in Budapest etablierten und von Eichmann kommandierten Stab. Der setzte gemeinsam mit einheimischen Polizeikräften die Juden auch dieses Landes – die letzte, zwar verfolgte und bedrängte, aber bis dahin noch nicht dezimierte große Gruppe von Juden im deutschen Macht- oder Zugriffsbereich – nach Auschwitz in Marsch.

Gegen Ende seiner Vernehmung wurde Wisliceny gefragt, ob er Aussagen über die Gesamtzahl der jüdischen Opfer des Massenmordens machen könnte. Sich auf Gespräche mit Eichmann berufend nannte er die Zahl von vier oder fünf Millionen Toten. Er erzählte, dass sich der Chef des Judenreferats, den er zuletzt noch Anfang 1945 gesehen hatte, sich angesichts des herannahenden Endes des Krieges und seiner Rolle dieser Bilanz gerühmt habe. Von dieser Zahl ging das Nürnberger Tribunal in seinen Wertungen weiterhin auch aus, wiewohl es sich nur um eine Schätzung handelte. Exakte Zahlen hatten die Bürokraten im System der Judenvernichtung nicht hinterlassen. Später wurden voneinander abweichende Angaben und auch die falsche Zuordnung der Getöteten zu den Vernichtungsorten von Holocaustleugnern und Nazis genutzt, um das Verbrechen insgesamt zu bestreiten oder zumindest sein Ausmaß und seine Systematik in Zweifel zu ziehen. Jahrzehnte später ist nach langwierigen Forschungen, bei denen Hindernisse wie u.a. Lücken in den Dokumenten und auch die Unzuverlässigkeit von Einwohnerzählungen in den einst von der Wehrmacht eroberten Gebieten zu überwinden waren, eine quellengestützte Darlegung erschienen (Dimension des Völkermords. Die Zahl der jüdischen Opfer der Nationalsozialismus, herausgegeben von Wolfgang Benz, München 1991). Dieser Gemeinschaftsarbeit von Historikern zufolge lagen die in Nürnberg genannten Zahlen nicht weit von der grausigen Wahrheit. Als das Minimum an Ermordeten wurden 5,2 Millionen Opfer ermittelt, und es wurde aufgrund der bezeichneten Fehlerquellen für wahrscheinlich gehalten, dass ihre Zahl etwa 6 Millionen betragen könnte.

## Der Kommandant in Auschwitz

Erst dreieinhalb Monate nach dem Verhör von Ohlendorf und Wisliceny, am 15. April 1946, trat Rudolf Höß in den Zeugenstand. Dahin hatte ihn im Unterschied zu den beiden anderen SS-Offizieren jedoch nicht die Anklagevertretung gerufen, die ihn zehn Tage zuvor vernommen hatte und eine eingehende Eidesstattliche Erklärung über sein Wissen besaß, sondern der Verteidiger des Angeklagten Kaltenbrunner, der 1943 Heydrich auf den Platz des Chefs des Reichssicherheitshauptamtes gefolgt war. Höß, ehemals mehrere Jahre Kommandant des Konzentrations- und Vernichtungslagers Auschwitz und anschließend leitender Mitarbeiter in der Inspektion der Konzentrationslager in Oranienburg war zunächst untergetaucht und erst am 11. März 1946 in der Nähe von Flensburg von britischen Besatzungskräften aufgegriffen worden. Er stellte sich dem Gericht als eine einzig Befehle ausführende Figur dar. Auf eine Frage erklärte er prompt, er habe sogar Mitleid mit den Opfern des Massenmordens empfunden, das Tag für Tag unweit des Hauses stattfand, in dem nicht nur er, sondern auch seine Frau und seine Kinder lebten.

Kaltenbrunners Anwalt versprach sich von diesem Zeugen Aussagen, die sich womöglich zum Vorteil seines Verteidigungsvorhabens verwerten lassen würden. Entsprechend formuliert waren seine Fragen. Er wollte bestätigt bekommen, dass sein Mandant Auschwitz nie betreten hatte, als wären dem Mann an der Spitze des Reichssicherheitshauptamtes nicht andere Quellen zugänglich gewesen, aus denen er seine Kenntnis darüber beziehen konnte, was hinter Mauern und Stacheldraht geschah. Auf der gleichen Ebene lag der Versuch, das Hauptamt einzig für die Einlieferung in die Lager zuständig erscheinen zulassen, während die Verantwortung für das Leben, die Misshandlung und das Sterben der Insassen einer anderen Stelle in Himmlers SS-Imperium anzulasten sei, eben der Inspektion der Konzentrationslager.

Es wiederholte sich für alle Angeklagten: Sie hatten zwar, mit der Ausnahme von Fritzsche, im Zentrum der Macht gesessen, gearbeitet, entschieden, angewiesen und befohlen, aber auf irgendeine rätselhafte Weise hatten die Dienstwege, soweit es Verbrechen betraf, um sie herum immer einen weiten Bogen gemacht. Wo die entlang und vorbeigeführt hatten, waren nur noch Tote, der Hitler, der Himmler, der Heydrich, und die nicht aufgefundenen Heinrich Müller (»Gestapo-Müller«, dessen Ende mit Sicherheit nie aufgeklärt werden konnte, der sich aber hochwahrscheinlich in Berlin umbrachte), Adolf Eichmann (der befand sich untergetaucht noch in Deutschland) und Martin Bormann (der war tot).

Zu dieser Strategie der Verteidigung gehörte weiter, dass die Verbrechen als Geschehnisse hingestellt wurden, die in tiefster Verborgenheit stattgefunden hätten, so dass, wer auf dem Dienstwege damit nichts zu tun hatte, schlechterdings von ihnen nichts erfahren konnte, folglich auch keinen Beweggrund besitzen konnte, seine Stellung zu nutzen, um sich gegen die Untaten zu stellen. Auf Befragen erklärte Höß also, wie streng das KZ Auschwitz, eine »Geheime Reichssache«, bewacht und das Geschehen in seinem Inneren gegen die Kenntnis Unbefugter abgeschirmt gewesen sei. Das Eisenbahnpersonal der Züge mit den Herbeigeschleppten wäre ebenso wenig unterrichtet gewesen wie andere, die als Außenstehende mit dem Lager in Berührung kamen. Heute, da die Informationswege anhand vieler Dokumenten rekonstruiert sind, kann diese Version als längst erledigt gelten. Doch schon in Nürnberg wurde nicht bestritten, dass die Bevölkerung von Auschwitz nicht in Zweifel sein konnte, dass in

Auschwitz-Birkenau Massen von Menschen umgebracht und deren Leichen unter freiem Himmel verbrannt wurden.

Bewirkte auch Höß' Auftritt nicht die gewünschte Entlastung Kaltenbrunnerso gab der ehemalige KZ-Kommandant, der vor seiner Verwendung in Auschwitz zum leitenden Personal in den Lagern Dachau und Sachsenhausen gehört hatte, doch ein vollständiges Bild vom Funktionieren des Vernichtungskomplexes, angefangen vom Eintreffen der Opfer, der Selektion und der Täuschung der für die Gaskammern Bestimmten bis zur Ausbeutung ihrer Leichen und der Verschickung des Zahngoldes. Höß schilderte auch das Chaos und das Sterben der Insassen in der Endphase der Existenz der Lager und die Wirkung des irrsinnigen Befehls, der die Überlebenden auf die Todesmärsche trieb. Niemand hätte darüber authentischere Auskunft geben können als dieser Mann, der offenbar wusste, dass es für ihn keinen Fluchtweg mehr gab. Und der, wenn er es sich sonst nicht ausrechnete, aus dem inzwischen vor einem US-amerikanischen Gericht abgeschlossenen Dachau-Prozess wusste, dass die Berufung auf Befehle nicht verfing. Waren diese verbrecherisch, so verlangte auch der Verhaltenskodex, den deutsche Soldaten in ihren Soldbüchern lesen konnten, deren Verweigerung, nicht die Befolgung.

Höß' Weg aus dem Gerichtssaal führte zurück in die Gefangenschaft. Am 25. Mai 1946 wurde er an Polen ausgeliefert. Das geschah in Übereinstimmung mit der Vereinbarung der Alliierten, die Täter dort zu richten, wo sie ihre Verbrechen ganz oder hauptsächlich begangen hatten. In Krakau von einem Gericht am 2. April 1947 zum Tode verurteilt, wurde er im Lager Auschwitz I, dem Stammlager, am 16. April gehenkt. Dieter Wislicenys Galgen stand in Bratislava, daran endete er im Februar 1948, nachdem ein tschechoslowakischer Gerichtshof gegen ihn das Todesurteil gesprochen hatte. Otto Ohlendorf wurde der Hauptangeklagte im so genannten Einsatzgruppen-Prozess vor einem US-amerikanischen Militärtribunal, das ebenfalls in Nürnberg tagte, und am 10. April 1948 zum Tode verurteilt. Die Vollstreckung erfolgte 1951 in Landsberg am Lech, dem Kriegsverbrecherlager Nr. 1 der US-amerikanischen Besatzungszone.

## 6.
## Zeuge der Anklage – Generalfeldmarschall Paulus

Am 11. Februar 1946 wurde, während ein Vertreter der sowjetischen Anklagevertretung die Vorbereitung des Überfalls der Wehrmacht auf die UdSSR darstellte, der ehemalige Generalfeldmarschall Friedrich Paulus in den Gerichtssaal gerufen. Sein Name verband sich mit einem Schlachtort: Stalingrad. Die Kämpfe um die Stadt und die Blockierung der Wolga, wodurch die Unterbrechung unter anderem des kriegswichtigen Erdölstroms in die zentralrussischen Gebiete erreicht worden wäre, hatten 1942/43 weithin größte Aufmerksamkeit erregt. Die Deutschen, die Angehörige als Soldaten in der 6. Armee wussten, bangten um deren Leben; während Millionen Menschen in allen Teilen des von Wehrmachtstruppen besetzten Kontinents, im Reichsgebiet, vor allem auch Kriegsgefangene, Zwangsarbeiter, Insassen von Konzentrationslagern und Zuchthäusern, hofften, dass der deutsche Vormarsch nach Osten endlich gestoppt werden könne, Stalingrad nicht preisgegeben werden müsse und sich eine Wende des Krieges erreichen ließe.

In den letzten Januar- und den ersten Februartagen 1943 hatten die Reste der Stalingrad-Armee kapituliert. Mit etwa noch 90.000 Überlebenden waren ihr Befehlshaber und sein Stab in die Gefangenschaft gegangen. Kurz zuvor noch von Hitler zum Generalfeldmarschall befördert, hatte dieser dem »Führer« nicht den Gefallen getan, im Angesicht der Niederlage Hand an sich zu legen. Zwischen der Kapitulation und dem Tag, an dem Paulus in Nürnberg in den Zeugenstand trat, lagen drei Jahre. Der Gefangene hatte in deren Verlauf einen Wandel durchgemacht. Nicht sogleich, sondern langsamer als manche seiner Untergebenen. Anfänglich noch hatte er sich von denen distanziert, die gegen Hitler und die Fortsetzung des Eroberungskrieges ihre Stimme erhoben. Dann sprach auch er sich öffentlich für diejenigen Kräfte aus – eine Minderheit der deutschen Kriegsgefangenen in der UdSSR –, die sich im Nationalkomitee Freies Deutschland und dem Bund der Offiziere, dem er nach dem Attentat auf Hitler beitrat, zusammengeschlossen hatten und zur Beendigung des Krieges aufriefen. Keine Frage, dass die Aussagen dieses Mannes von allen im Gerichtssaal mit höchster Spannung erwartet wurden. Denn niemand, von den angeklagten Militärs abgesehen, besaß über die nach der Kapitulation Frankreichs im Führerhauptquartier, den Oberkommandos der Wehrmacht (OKW) und des Heeres (OKH) betriebenen Pläne so intime Kenntnis wie dieser einstige General.

Paulus' Weg auf der Karrierebahn eines Berufssoldaten hatte nach Jurastudien an der Universität Marburg noch vor dem Ersten Weltkrieg als Fahnenjunker begonnen. In dessen Verlauf brachte er es zum Generalstabsoffizier und bis zum Hauptmannsrang. In der Republik blieb er in der Reichswehr. Seine Verwendung wechselte mehrfach vom Generalstabs- in den Truppendienst. Er befasste sich mit einer Kriegführung, die mehr und mehr durch die Motorisierung der Armeen gekennzeichnet sein würde, und beteiligte sich maßgeblich am Aufbau der Schnellen und Panzertruppen. Anfang 1939 sah er sich zum Generalmajor befördert.

An den Aggressionen gegen Polen und im Westen nahm er als Generalstabsoffizier verschiedener Armeen teil. Am 3. September 1940 – die Wehrmacht befand sich auf dem Höhepunkt ihrer Triumphe – wurde er im Generalstab des Heeres, der in Zossen bei Berlin stationiert war, Oberquartiermeister I und in dieser Eigenschaft 1. Stellvertreter des Heeresgeneralstabschef Franz Halder. An diesem herausragenden Platz der Feldzugsplanung fand Paulus den Entwurf für einen Angriff auf die Sowjetunion bereits vor, an dem seit August gearbeitet worden war. Er und seine Mitarbeiter stellten den Plan bis November fertig. Dieser wurde Grundlage mehrerer Kriegsspiele. Paulus nahm mehrfach an Besprechungen auf höchster Ebene teil, zuletzt auch an der von Hitler zum 14. Juni 1941 einberufenen, der letzten vor dem Überfall auf die UdSSR, die in der Reichskanzlei stattfand.

Am 20. Januar 1942 wurde Paulus, inzwischen General der Panzertruppen, Oberbefehlshaber jener im Süden der Sowjetunion operierenden 6. Armee, die 1941 nahe Charkow zum Stehen gebracht worden war. Sie wurde nun für den Vorstoß nach Stalingrad zur kampfstärksten militärischen Heereseinheit aufgerüstet, über welche die Wehrmacht nach den Verlusten des Vorjahres, die insgesamt bereits nicht mehr wettgemacht werden konnten, noch gebot. Paulus stand bei Hitler fraglos in hoher Gunst. Und, glaubt man dem in Nürnberg gegebenen Zeugnis des angeklagten ehemaligen Generalobersten Alfred Jodl, dann hatte der »Führer« nach einem schweren Konflikt mit seinem engsten Berater bereits im August 1942 Paulus als dessen Nachfolger ins Auge gefasst. Nachdem der Sieg bei Stalingrad erreicht sein würde.

Der Traum zerschlug sich und Stalingrad wurde für viele Deutsche zu einem Albtraum; namentlich für jene, die immer wieder an das Ende von Vätern, Brüdern und Söhnen denken mussten – ein Ende in Eis und Schnee, ausgehungert, verlaust, in jeder Weise herunter gekommen. Oder die sich noch in der Ungewissheit befanden, ob sie einen der Vermissten nach dem Ende der Gefangenschaft zurück erwarten konnten. Paulus wurde von nicht wenigen Deutschen über das Kriegsende hinaus gehasst, galt er ihnen doch – nicht anders als Ferdinand Schörner – als der Prototyp jener Durchhaltegeneräle, die sich das Leben von Soldaten zehntausendfach auf ihr Gewissen geladen hatten. Viel zitiert wird – schon im Gerichtssaal geschah das – sein letzter aus Stalingrad an Hitler gerichtete Funkspruch vom 29. Januar 1943, in dem es – das unmittelbar bevorstehende Ende vor Augen – heroisierend hieß: »Noch weht die Hakenkreuzfahne über Stalingrad. Unser Kampf möge den lebenden und den kommenden Generationen ein Beispiel dafür sein, auch in der hoffnungslosesten Lage nie zu kapitulieren, dann wird Deutschland siegen.« Davon hatte sich Paulus auf einem argen Weg der Erkenntnis inzwischen innerlich weit entfernt. Sein »zweites« Leben vermochte freilich das erste nie auszulöschen. Aber es hatte ein zweites für ihn schon begonnen, als er die Reise westwärts antrat. So weit kamen seine einstigen »Kameraden« mit den Marschallstäben gedanklich und moralisch auch nach Jahrzehnten nicht.

Paulus lebte zu Zeiten des Prozesses gegen die Hauptkriegsverbrecher in einem Kriegsgefangenenlager nahe Moskau. Nachdem er sich zu Aussagen für das Gerichtsverfahren bereit gefunden hatte, war er Anfang 1946 in Moskau vernommen worden. In einer eidesstattlichen Erklärung mit Datum des 8. Januar 1943 hatte er sein Wissen über Fragen, die prozessrelevant sein konnten, zusammenfassend niedergelegt. Dann war er insgeheim nach Deutschland gebracht und in der sowjetisch besetzten Zone an einem Ort einquartiert worden, von dem aus er binnen kurzem in den Justizplast nach Nürnberg gebracht werden konnte.

Unfreiwillig hatten die Verteidiger der Angeklagten dabei mitgeholfen, den Auftritt des ehemaligen Generalfeldmarschalls zu inszenieren. Als der sowjetische Ankläger die noch in der sowjetischen Hauptstadt angefertigte Erklärung von Paulus dem Gericht präsentierte, damit sie als offizielles Prozessdokument akzeptiert würde, legten die Anwälte dagegen Proteste ein und forderten die Anwesenheit des Zeugen in der Hoffnung, dass er nicht erscheinen werde und sie damit dessen Aussage abgewehrt haben würden. Auf die darauf folgende Frage des Gerichtsvorsitzenden bot die sowjetische Seite jedoch an, Paulus könne, wenn verlangt, in fünf Minuten im Saal sein. Das wurde akzeptiert. Er war, wie sich Boris Polewoi, der den gesamten Prozess verfolgte, erinnerte[3], mit einem Flugzeug nach Nürnberg gebracht worden, auch zur Überraschung dieses Berichterstatters. Die Geheimhaltung war komplett gelungen, was vor allem den Verteidigern die Situation erschwerte.

Diese waren durch den Wechsel der Szene hochgradig mobilisiert, am stärksten die Anwälte von Wilhelm Keitel und Alfred Jodl samt ihrer Mandanten. Doch der Gerichtshof hatte schon klargestellt, dass das Recht, Fragen an einen Zeugen der Anklage zu richten, nicht den auf der Anklagebank Sitzenden, sondern lediglich deren Verteidigern zukam. Die nutzten es im Falle Paulus' weidlich aus. Zunächst jedoch, anhand der Fragen des sowjetischen Anklagevertreters, entwickelte Paulus, dass die Vorbereitungen des Angriffs gegen die UdSSR keineswegs unter der Voraussetzung betrieben worden waren, diese verfolge die Absicht, ihrerseits Deutschland anzugreifen. Auch hätte bei ihm wie für die anderen Mitwirkenden je länger je weniger ein Zweifel aufkommen können, dass sie ihre Planungen nicht nur für einen Eventualfall zu leisten hätten. Bruchlos wären der fertige Entwurf zur Grundlage der Arbeiten in der Operationsabteilung gemacht und alle Generalsoffiziere bis hinunter in die für den Einsatz bestimmten Divisionen in sie einbezogen worden. Für die Ernsthaftigkeit des Vorhabens hätten zunehmend auch die Verhandlungen mit den Militärstäben der späteren rumänischen, ungarischen und finnischen Verbündeten gesprochen sowie die Entsendung von Militärberatern und einer Panzerdivision nach Rumänien.

Dem aus eigenem Erleben gewonnenen Wissen fügte Paulus auf Anfrage hinzu, wie er die damalige Tätigkeit aus der Rückschau zu beurteilen gelernt hatte. Es handelte sich »um einen verbrecherischen Überfall«, dessen Absicht durch die vorgetäuschte Vorbereitung einer Landung auf der britischen Insel verschleiert werden sollte. Klar kennzeichnete er auch dessen Ziel: »die Eroberung zwecks Kolonisierung der russischen Gebiete«, auf die gestützt sodann der Sieg auch im Westen erreicht werden sollte, so dass der ganze Krieg mit »der endgültigen Aufrichtung der Herrschaft über Europa« endete.

1940 und dann während seiner Tätigkeit als Heerführer im Osten, ergänzte er auf spätere Befragung, sei sein Denken selbst noch durch die Akzeptanz kriegerischer Machtpolitik und die Wertung der eigenen Beteiligung daran als Dienst für das Vaterland geprägt gewesen. Auch völkerrechtliche Überlegungen und Bedenken hätten sein Verhalten nicht bestimmt. Paulus hatte vor Gericht präzise wie in einer Lektion gesprochen und geantwortet. Von ihm war ein Sachverhalt dargestellt worden, ohne die Erhebung von Anklagen gegen Personen. Erst gegenüber dem Versuch eines Verteidigers, Hitler als den Alleinschuldigen hinzustellen, entgegnete er, der habe das alles allein doch nicht machen können und die »Mitarbeit der allernächsten Mitarbeiter« gebraucht. Zwei von ihnen, Keitel und Jodl, saßen nur wenige Meter von ihm entfernt.

Die Verteidigung hatte mit Paulus einen »harten Brocken« vor sich. Sie beantragte, das Kreuzverhör auf den folgenden Tag zu verschieben. Das Gericht stimmte zu. Der dann vom Verteidiger des Oberkommandos der Wehrmacht unternommene Versuch, gegen Paulus' Bekundung dennoch die Bedrohungslüge mit dem Verweis auf sowjetische Truppenkonzentrationen an der Westgrenze zu stützen, wurde sogar von ihm selbst nach kurzem aufgegeben. Die deutschen Juristen verlegten sich, da an den Tatsachen schwer zu deuten war, sämtlich darauf, Paulus als Person herabzusetzen. Sie konnten schwerlich annehmen, dass das die Richter beeindrucken und ihnen den Zeugen unglaubwürdig erscheinen lassen würde. Geboten wurden vielmehr Auftritte, die aus den (stets verhängten) Fenstern des Gerichtssaals hinaus wirken sollten. Ein Verteidiger bedeutete Paulus, mit dem Generalstab sei doch auch er angeklagt, da er sich zum Werkzeug einer Politik gemacht habe, die ihm selbst als verbrecherisch gelte. Ein anderer warf ihm vor, dass er gegen Hitlers Befehl mit der Stalingrad-Armee nicht den Ausbruch aus dem Kessel gewagt habe. Ein dritter suchte ihn noch nachträglich in der Gefangenschaft als gleichgültig gegenüber dem Leiden und Sterben seiner Untergebenen hinzustellen. Ein vierter bezeichnete Paulus' Beförderung zum Generalfeldmarschall als Hitlers Dank für dessen befehlsgehorsame Ergebenheit.

Nichts davon war für diesen Prozess in irgendeiner Weise bedeutsam. Paulus hatte Grund zurück zu fragen, ob er hier als Zeuge oder als Angeklagter stünde. Was gewollt war, wurde vollends deutlich, als gefragt wurde, ob er Lehrer auf der sowjetischen Kriegsakademie gewesen oder sonst in militärischen Diensten der UdSSR gestanden habe oder stehe. Erst als ein Anwalt die Rede auf die Lage der deutschen Kriegsgefangenen in der Sowjetunion bringen und wissen wollte, ob Paulus etwas über deren Arbeit in der Rüstungsindustrie wisse, schritt der Gerichtsvorsitzende ein.

Paulus indessen ließ sich im Zeugenstand nicht zum »Werkzeug Moskaus« stempeln. Er begründete demgegenüber, warum er sich entschlossen habe, in Aufrufen an die deutschen Soldaten zur Einstellung des Kampfes aufzufordern. Er habe sich »einer Bewegung deutscher Soldaten aller Dienstgrade und Schichten« angeschlossen, die es sich zur Aufgabe gestellt hätte, »das deutsche Volk in dem letzten Augenblick noch vor dem Abgrund zurückzurufen und zum Sturz dieser Hitler-Regierung, die alles dieses Elend über die Völker und über unser deutsches Volk vor allem gebracht hat, aufzurufen.«

Der Auftritt des einstigen Feldmarschalls in Nürnberg als Zeuge der Anklage wird in seiner Bedeutung für den Prozess noch immer herabgesetzt. Ja, bald wurde er in Vergessenheit gebracht. Wenige Jahre später wollte sich Hanns Laternser, der Verteidiger des Oberkommandos der Wehrmacht und des Generalstabes, an den Auftritt von Paulus nicht erinnern. Wie im Hauptkriegsverbrecher-Prozess unterließ er es auch in den Nachfolge-Prozessen gegen das OKW und die so genannten Südostgenerale, in seinen Plädoyers als Anwalt der Feldmärschälle List und Leeb den Namen dieses Zeugen auch nur zu erwähnen.[4] Gewiss hätte, was Paulus aus eigenem Wissen über die 1940 betriebenen Aggressionsvorbereitungen gegen die Sowjetunion sagte, auch auf anderem Wege bewiesen werden können. Davon sprachen aus dem Beutegut stammende Dokumente unbezweifelbar, vor allem die Weisung des OKW vom 21. Dezember 1940 zur Vorbereitung des Überfalls. Doch die Reise des Kriegsgefangenen in die Stadt des Gerichtsverfahrens und seine Aussage besitzen über den Prozesswert hinaus eine wenig gewürdigte Bedeutung. Sie wird aber erkennbar, kommt die Gruppe von höchstgestellten Militärs, der er angehörte, als ganze in den Blick sowie ihr Verhalten vor und nach der Niederlage.

Hitler hatte in seiner Eigenschaft als Oberster Befehlshaber der Wehrmacht zwischen 1935 und 1945 insgesamt ein Viertelhundert Generale zu Feldmarschällen befördert, beginnend mit dem Kriegsminister Werner von Blomberg und endend mit Ferdinand Schörner, dem Durchhaltefanatiker an der Spitze einer Heeresgruppe. Eine erhebliche Zahl dieser Berufsmilitärs hatte die Marschallstäbe nach dem Sieg im Westen erhalten. So herausgehoben wurden hauptsächlich Befehlshaber des Heeres, nur sechs gehörten der Luftwaffe an. Von diesen 19 war ein einziger, eben Paulus, während des Krieges in Gefangenschaft geraten. Und keiner war im Verlauf von Kampfhandlungen umgekommen. Walter von Reichenau erlag während eines Fluges einem Schlaganfall. Erwin von Witzleben war wegen seiner Rolle in der Verschwörung des 20. Juli 1944 in Plötzensee hingerichtet worden. Erwin Rommel, an der Peripherie der Verschwörer, wurde in den Selbstmord getrieben. Günther von Kluge, nach dem gescheiterten Attentat ins Hauptquartier befohlen und einer Anklage gewärtig, nahm sich auf der Fahrt dahin ebenfalls das Leben. Walter Model zog, als seine Heeresgruppe im Ruhrkessel am Ende war, die Kugel der Gefangenschaft vor. Fedor von Bock, 1942 außer Dienst gestellt und in Bayern lebend, wurde während einer Fahrt, die ihn in den letzten Kriegstagen zu dem Hitler Nachfolger Karl Dönitz nach Norddeutschland führen sollte, durch einen Tieffliegerangriff tödlich verletzt.

Bei Kriegsende lebten mithin noch 13 der ranghöchsten Offiziere des Heeres. Ernst Busch starb noch 1945 in Großbritannien, wo er sich in Kriegsgefangenschaft befand. Ein Dutzend Feldmarschälle hatte also – mehr oder weniger lange, am kürzesten war diese Frist für Keitel bemessen, der an den Galgen kam – Gelegenheit, über ihre Rolle als Berufssoldaten und ihren Verbrechensanteil in zwei von Deutschland angezettelten Weltkriegen nachzudenken und sich dazu öffentlich zu äußern. Einige erhielten dafür viel Lebenszeit, denn die beiden letzten, Erich von Manstein und Ferdinand Schörner, starben erst im Jahr 1973. Die Marschälle Georg von Küchler und Wilhelm Ritter von Leeb, durch das Urteil im OKW-Prozess vom 27. Oktober 1948 zu langjährigen, aber alsbald verkürzten Haftstrafen verurteilt, besaßen die Möglichkeit des Nachdenkens in Abgeschiedenheit. Das galt auch für den im Prozess gegen die sogenannten Südost-Generale, verurteilten Feldmarschall List, Während Maximilian Reichsfreiherr von Weichs aus gesundheitlichen Gründen aus dem Prozess herausgenommen worden war, wurde List zu lebenslanger Haft verurteilt, seine Strafe dann aber auf 15 Jahre reduziert; krankheitshalber kam er Anfang der fünfziger Jahre frei und starb – einundneunzigjährig – im Jahre 1971. Und es traf ebenso auf den von einem in Hamburg tagenden britischen Militärgericht verurteilten Erich von Manstein zu. In den fünfziger Jahren waren alle wieder auf freien Fuß gesetzt. Manstein veröffentlichte »Verlorene Siege«, ein Buch, in dem er darstellte, wie er es besser gemacht hätte, würde ihm dieser Hitler an der Front im Osten nur freie Hand gelassen haben, anstatt auch ihn außer Dienst zu stellen.

Ein einziger nahm kritisch und selbstkritisch das Wort – Friedrich Paulus. In den Kreisen, in denen er sich die längste Zeit seines Lebens bewegt hatte, wurde er herabgesetzt oder verachtet: Weil er sich in Stalingrad in Gefangenschaft begab, weil er sich, als seine Kameraden von gestern ihre Soldaten noch bis zum letzten Blutstropfen kämpfen ließen, sie in der Glut der Schlachten »verheizten«, deutlich von Hitler und diesem Krieg distanzierte, weil er in Nürnberg ohne Ansehen der Person aussagte, damit auch von seinem eigenen Beitrag zu einer Politik der beispiellosen Gewalt redend, von der er sich ein für allemal losgesagt hatte, weil er nach dem Ende seiner langen, zehn Jahre dauernden Gefangenschaft in Dresden, einer Stadt in der DDR, lebte und weil er, als die Remilitarisierung der Bundesrepublik auf den Weg gebracht wurde, sich öffentlich gegen die Neubewaffnung stellte. Dies letztere ist ihm vor allem anderen in der Bundesrepublik unverziehen geblieben. Wie auch? Sein unmittelbarer Vorgesetzter in den Tagen der Stalingrader Schlacht, Erich von Manstein, der die Heeresgruppe oberbefehligte, zu der die 6. Armee gehörte, wurde, ungeachtet der ihm von einem britisches Militärgericht beweiskräftig zur Last gelegten Kriegsverbrechen, begangen auf erobertem sowjetischem Territorium, zu einem Berater der Bundeswehr und von dieser mit militärischen Ehren begraben.

## 7.
## Erster Mann – auf der Anklagebank: Hermann Göring

Mehr als ein Jahrzehnt war er der unbestritten zweite Mann im Staate gewesen. Bis weit in den Krieg hinein genoss er die besondere Gunst Hitlers. Die mochte sich aus vielen Antrieben speisen: aus der Bewunderung des einstigen Gefreiten für den hochdekorierten Offizier des Ersten Weltkrieges, den letzten Kommandeur der legendären Fliegertruppe des »roten Barons« Manfred von Richthofen; aus dem Wissen um das eigene Defizit verglichen mit dem weltmännischen Gehabe des Lebemannes; aus dem Dank für den herausragenden Anteil, den dieser sich bei der Wegbereitung für Hitlers Kanzlerschaft, die vielfach verklärte »Machtergreifung«, durch seine Verbindung zur Hochfinanz, zu Großindustriellen und Militärs erworben hatte; aus dem Beitrag, den der hemdsärmelige Macher an der Spitze der Vierjahresplanbehörde zur Aufrüstung geleistet hatte; und aus vielen weiteren Diensten.

Nach 1933 war die Liste der Ämter dieses geltungs- und popularitätshungrigen Faschisten lang und länger geworden. Mitglied des Reichskabinetts, Ministerpräsident und Innenminister in Preußen, Reichstagspräsident, Reichsminister für Luftfahrt, Oberkommandierender der Luftwaffe, Reichsforstmeister, Beauftragter für den Vierjahresplan, zeitweilig zudem kommissarischer Reichswirtschaftsminister, Vorsitzender des Ministerrates für die Reichsverteidigung. Hindenburg hatte ihn noch 1933 zum General befördert, sein »Führer« machte ihn fünf Jahre später zum Generalfeldmarschall.

Am ersten Kriegstag hob Hitler den Mann aus der Reihe seiner Paladine durch die feierliche Erklärung noch einmal deutlich heraus, dass dieser, sollte ihm selbst etwas zustoßen, sein Nachfolger werden solle. Und dem war nach dem Siege über Frankreich 1940 die Ernennung zum Reichsmarschall gefolgt. Überhäuft mit Geld, Gütern, Orden und anderen Ehrungen, die Exklusivität seines Lebensstils wie kein anderer unter den NSDAP-Führern auch öffentlich zur Schau tragend – das war Hermann Göring, dessen Ansehen mit dem verheerenden alliierten Luftkrieg gegen Deutschland unaufhaltsam verfiel.

Der »Nachfolger« hatte seinen »Führer« am 20. April 1945 in der Berliner Reichskanzlei zum letzten Mal gesehen, als dieser sich zu seinem Geburtstag gratulieren ließ, und sich dann in die »Alpenfestung« aufgemacht, um dem sicher zu erwartenden Ende in Berlin zu entgehen. Von da hatte er am 23. April bei Hitler angefragt, ob dieser – in der eingeschlossenen Stadt handlungsunfähig geworden – ihn nicht ermächtigen wolle, die Leitung der Staatsgeschäfte zu übernehmen. Der Vorschlag verband sich wohl mit dem Plan, das ruinierte Deutschland aus dem Krieg und sich selbst irgendwie ins Trockene zu manövrieren. Das war nicht nur eine Illusion, wollte doch niemand mit Göring oder einem anderen der zivilen oder militärischen Führer in Verhandlungen eintreten. Gefordert blieb die bedingungslose Kapitulation.

Göring täuschte sich aber auch in der Reaktion Hitlers, der es nicht nur fertig brachte, den Mann seiner Posten zu entheben, ihn aus der NSDAP auszuschließen und zu seinem Nachfolger nun den Großadmiral Dönitz zu bestimmen, sondern gegen den »alten Kämpfer« eine SS-Wächtertruppe in Marsch zu setzen, die ihn an eigenmächtigen Aktionen zu hindern hatte. Noch im Gerichtssaal erklärte Göring, der sich bis 1941/42 als wichtigsten Ratgeber Hitlers bezeichnete, die ihn verdammenden Bestimmungen im Testament des »Führers« zu »einem sehr bedauerlichen und mich tief schmerzenden Irrtum«. Nur Bormann hätte den Führer glauben machen können, dass er – Göring – ihm jemals die Treue brechen könne. Das war nur noch eine Episode aus den Tagen der Apokalypse dieses »Dritten Reiches«. Wenig später, am 8. Mai, waren die US-amerikanischen Truppen zur Stelle und griffen den Verstoßenen auf Schloss Fischhorn am Zeller See auf. Wie andere aus dem obersten Führerkreis wurde er nach Bad Mondorf in Luxemburg gebracht, wo er am 21. Mai eintraf. Es begannen Verhöre.

Dann wurde er nach Nürnberg gebrach. Dort war er seit dem 20. November 1945 die Nummer 1 – auf der Anklagebank. Schon einmal hatte er in einem Gerichtssaal seinen Auftritt gehabt. Das lag zwölf Jahre zurück. Im Saal des Leipziger Reichsgerichts hatte er in seiner Eigenschaft als Preußischer Innenminister versucht, den Kronzeugen gegen Georgi Dimitroff und zugunsten der Anklage zu geben, die zu beweisen suchte, der Bulgare und seine Mitangeklagten wären Akteure des Reichtagsbrandes gewesen. Einer der Berichterstatter auf der Pressetribüne hatte, bevor er nach Nürnberg gereist war, Dimitroff in Bulgarien besucht. Ihr Gespräch war auch auf das bevorstehende Verfahren gekommen. Boris Polewoi, der sowjetische Schriftsteller, erhielt dabei den Rat, sich von den »Komsomolvorstellungen«, also von den aus der antifaschistischen Agitation und Propaganda stammenden Bildern über den deutschen Faschismus und dessen Führer, zu trennen. Seien diese auch moralisch skrupellos, so wären sie doch weder geisteskrank noch dumm.

Göring versuchte vom ersten Tage an, allerdings vergeblich, sich als der geistige Führer der Beschuldigten in Szene zu setzen. Das gelang im Gerichtssaal nicht und auch nicht während der Begegnungen der Inhaftierten im Zellenbau. Nicht wenige hielten es für besser, sich nicht mit dem Manne zusammen zu tun, dessen Liste begangener, befohlener und gebilligter Verbrechen länger als die jedes anderen von ihnen war. Mit der »Machtübernahme« hatte sich Göring in Wort und Tat als ein Politiker erwiesen, der vor keiner Gewalt- und Bluttat zurückschreckte. Er hetzte die SA und die Polizei rüde auf alle Gegner des sich etablierenden Regimes und stand an der Spitze der Initiativen zur Errichtung der ersten Konzentrationslager in Preußen. Die Anklage verfügte über unwiderlegbare Beweise dafür, dass der Mann, der sich je nach Bedarf weltmännisch-gesittet oder hemdsärmelig-revoluzzerhaft gab, von besonders brutaler, menschenverachtender Gesinnung war. Die hatte sich im Kriege vor allem auch in seinen Weisungen ausgedrückt, die besetzten Gebiete auszuplündern – ohne jede Rücksicht auf das Leben der einheimischen Bevölkerung, die in die Hände der Eroberer gefallen war. Die Unterschrift des Reichsmarschalls fand sich auch unter jenem Papier, das Heydrich beauftragte, die »Endlösung der Judenfrage« vorzubereiten.

Göring hatte im Gerichtssaal bis zum 13. März 1946 zu schweigen. Dann, nach den Vorträgen der Anklage, wurde er als erster der 21 von der Anklagebank in den Zeugenstand gerufen. Diese Praxis, die dem in den USA üblichen Strafprozessverfahren folgte, gab jedem Beschuldigten die Möglichkeit, als Zeuge in eigener Sache aufzutreten, zunächst entlang der Fragen des Verteidigers, die vereinbart, um nicht zu sagen: abgekartet waren. Dann konfrontierte das Kreuzverhör den »Zeugen« mit den Vorhaltungen der Anklagevertreter, und damit begann für Göring und seine Mitangeklagten der ungemütliche Teil des Verhörs. Danach hatten die Verteidiger noch einmal die Möglichkeit, im Rückverhör zu versuchen, die erhobenen Vorwürfe zu entkräften und den Eindruck, den die Richter gewonnen haben mochten, zugunsten ihrer Mandanten zu verbessern. Die Verhöre des einstigen Reichsmarschalls dauerten bis zum 22. März. Kein anderer Angeklagter erhielt so lange Redezeit zugebilligt.

Göring war am Beginn seines Auftritts offenkundig noch der Meinung, dass er, seiner einstigen Stellung gemäß, eine Aufführung besonderer Art bieten und seinen Mitangeklagten ein Beispiel geben könne, wie mit diesem Gericht umzugehen sei, dem er jedes Recht absprach, über ihn und seinesgleichen zu urteilen. Damit hatte es nicht nur wegen seines Erscheinungsbildes aber Schwierigkeiten. Markus Wolf, einer der Berichterstatter aus Nürnberg, erinnerte sich daran so: »Göring hatte man mit seiner Körperfülle und seinem Bombast in Erinnerung, und jetzt hing ihm die Uniform des Reichsmarschalls ohne alle Orden am Leib herunter.« Dieses Aussehen war zu einem Teil Resultat der Abmagerungs- und Entziehungskur, der er sich schon in Mondorf hatte unterziehen müssen.

Das Gericht ließ sich mit der Anhörung dieses Angeklagten Zeit, als wollten sich Richter wie Anklagevertreter von ihm erst noch über das Zustandekommen und die Funktionsweise dieses Staates unterrichten lassen, von dessen Interna Göring mehr wusste als jeder andere auf der Anklagebank. Und so hörten sich die Befragungen des im Zeugenstand Sitzenden passagenweise an, als würde da ein Insider interessehalber nach Informationen ausgeforscht werden. In diesen Phasen des Verhörs fühlte sich der einstige Reichsmarschall erkennbar sicher und wohl, namentlich dann, wenn im Stil einer Unterhaltung Tatsachen zur Sprache kamen, von denen er aufgrund der Anklageschrift wusste, dass sie mit ihr in keiner direkten Verbindung standen und ihm nicht zur Last gelegt würden. So erklärte er, dass er sich Hitler und der NSDAP früh anschloss, weil dieser ein konsequenter Kämpfer gegen den Versailler Vertrag gewesen sei, unter dessen Diktat Deutschland nicht hätte leben können. Er gab freimütig zu, dass er auf die Liquidierung der Weimarer Demokratie hingearbeitet hätte, um das Vaterland zu retten, und das sei ja auch dann bis zum Kriege zu einer gewissen Blüte geführt worden. Die Kommunisten hätten in Konzentrationslager gemusst, um die auszuschalten, die den Aufbau behinderten oder behindern wollten. Für die Aufrüstung habe er sich eingesetzt, damit Deutschland wieder geachtet werde und seine Interessen durchzusetzen vermöchte, nicht aber, damit es etwa einen Angriffskrieg führe. Eine »sehr starke Rüstung«

habe er angestrebt, denn: »Wer ein scharfes Schwert besitzt, besitzt den Frieden.« Kriegspläne gegen Nachbarn, die ihm vorgehalten wurden? Das wären Projekte für den Eventualfall eines Angriffs auf das eigene Land gewesen. Das hörte sich das Gericht stundenlang an.

Nein, Göring machte keine Anstalten, auch nur ein einziges Faktum zuzugeben, dessen er nicht überführt werden konnte. Doch standen die Ankläger keineswegs unbewaffnet da. Wo von allgemeinen Fragen zu solchen übergegangen wurde, die entlang von Dokumenten aus dem unmittelbaren Vorkrieg und den Kriegsjahren gestellt wurden, verließ der »Zeuge« das Reich der Legenden und nahm Zuflucht zu nicht weniger verlogenen Ausflüchten. Von Bestialitäten in Konzentrationslagern und der Massenvernichtung von Menschen habe er nichts gewusst. Auch nichts von der Ausrottung der Juden, er sei für eine Politik der »Auswanderung« eingetreten. Auf dem Dienstwege wäre ihm keine Kenntnis von Verbrechen zuteil geworden, denn Himmler habe alles geheim gehalten. Nachrichten der Auslandsender hätte er nicht gehört, die Auslandspresse nicht gelesen, da er sie für bloße Propaganda gehalten habe. Nur Einzelfälle von Vergehen habe er erfahren.

Auf die Fragen des sowjetischen Chefanklägers nach seiner Rolle bei der Vorbereitung und Führung des Krieges gegen die UdSSR antwortete Göring nicht anders. Er sei 1941 gegen diesen Krieg gewesen, weil anderes ihm dringender erschien und er – anders als Hitler – nicht an eine akute Bedrohung geglaubt habe. Den Krieg gegen die UdSSR habe er folglich für aufschiebbar gehalten. Von den verbrecherischen Befehlen, die für diesen Feldzug vor dem ersten Schuss erteilt worden waren, sei er nicht unterrichtet gewesen, und selbst von den sogleich einsetzenden mörderischen Zügen der Einsatzgruppen im eroberten Land hatte er angeblich nichts erfahren. Kriegsziele gar? Er als ein Jäger hätte sich auf den Standpunkt gestellt, dass der Bär erst erlegt sein müsse, bevor man sein Fell verteile. Zwar wäre vom Führer über die Inbesitznahme der Krim und des Baltikums gesprochen worden, ihn selbst hingegen hätte der unmittelbare Nutzen des Landes im Osten für die weitere Kriegführung beschäftigt und nicht künftige Friedensregelungen.

Nun existierten da freilich Protokolle und Niederschriften über Görings eigene Reden und Entscheidungen aus jener Phase, die namentlich zwei Verstöße gegen das seit 1907 geltende internationale Kriegsrecht betrafen: die Ausplünderung des Landes ohne Rücksicht auf die dort lebende Bevölkerung und deren Existenzminimum und die Verschleppung von Millionen von Arbeitskräften zur Zwangsarbeit ins Reichsgebiet. Über beide Praktiken hatte sich der Reichsmarschall klar geäußert und Untergebene zu äußerster Rücksichtslosigkeit und unter Androhung von Strafen vorangetrieben. Vorgehalten wurde ihm von Rudenko u.a. das Protokoll einer Beratung, die er am 6. August 1942 mit den Reichskommissaren der besetzten Ostgebiete abgehalten hatte. Nachdem Göring sagte, so verzeichnet es der stenographischen Bericht, dass in früheren Kriegen der Eroberer weggenommen habe, was ihm in die Hände fiel und offen von Plündern gesprochen worden sei, fuhr er fort: »Nun, die Formen sind humaner geworden. Ich gedenke trotzdem zu plündern, und zwar ausgiebig.« Einige Seiten weiter wird seine Rede so festgehalten: »Sie müssen geradezu wie ein Schweißhund hinterher sein, wo noch etwas ist, was das deutsche Volk brauchen kann, dass müsste blitzartig aus den Lagern herauskommen und hierher ...«

Göring war es auch, der bei dieser Gelegenheit betonte, dass die deutschen Soldaten, die aus dem Lande in Urlaub führen, mitnehmen sollten, was sie irgend herausschleppen könnten. Das habe sich gegen eine vordem geltende Bestimmung gerichtet, wonach die Urlauber nur ein Paket bei sich haben durften. Noch vor Gericht erklärte er: »Nun schien mir das falsch, dass der Soldat, der gekämpft hat, am wenigstens vom Siege haben sollte.« In der Tat: Warum sollte dieser Reichsmarschall, der sich im eroberten Land Kunstschätze aus jüdischem Eigentum rauben und in Eisenbahnwaggons ins Reich transportieren ließ, sich nicht dafür einsetzen, dass Soldaten ihre Familien besuchten, bepackt wie Weihnachtsmänner?

Auf den Stil dieser Reden angesprochen, verwies Göring auf sein Temperament und die Situation einer erregten Besprechungsrunde, um davon abzulenken, dass sich in ihnen in Wahrheit unverstellt der Geist des imperialistischen Barbaren, des Raffkes ausgedrückt hatte.

Die Entlarvung ihrer Denkweise und ihres Charakters, ihrer abgrundtiefen Menschenfeindlichkeit fürchteten Göring und nicht wenige andere Angeklagte am meisten. Sie wünschten, das Gesicht von Patrioten und Eidgetreuen zu wahren – ein Vorhaben, das scheitern musste, auch wenn der Aufwand dafür groß war und mit Raffinesse eingesetzt wurde.

Göring hatte, wurde ihm ein dokumentarisches Zeugnis von Verbrechen vorgehalten, entweder nichts berichtet bekommen, das Schriftstück vor dem Prozess nie gesehen, an besagter Sitzung nicht teilgenommen, war gerade in Urlaub oder mit etwas gänzlich Anderem und Dringenderem befasst gewesen. Oder er hatte von einem Geschehen erst erfahren, als nicht mehr einzugreifen gewesen wäre. Wurde ihm Schriftliches präsentiert, das ihn belastende Worte überlieferte, dann enthielten sie angeblich nicht die Wiedergabe des wirklich Gesagten oder Beschlossenen.

So redete sich Göring auch bei der Erörterung eines Ereignisses heraus, auf das im Verlauf des Verhörs mehrfach Bezug genommen wurde, da es zu den offenkundigsten Verstößen gegen geltendes Kriegsrecht gehörte. Im März 1943 waren über 50 Luftwaffenoffiziere, die über dem von Deutschen beherrschten Gebiet abgeschossen worden waren und sich in einem Lager in Sagan in Schlesien in Gefangenschaft befanden, ausgebrochen. Flucht und der Versuch, zur eigenen Armee zurückzukehren, war Kriegsgefangenen in der Haager Landkriegsordnung als Recht zugesichert. Auf einen Befehl Hitlers hin wurden die Ergriffenen jedoch erschossen. Das Verbrechen war bald ruchbar und in der Presse außerhalb des deutschen Machtbereichs bekannt gemacht worden. Die Täter reagierten darauf mit verlogenen Verlautbarungen.

Die Zuständigkeit des Oberbefehlshabers der Luftwaffe war unstrittig. Der aber erklärte nun, er habe sich damals gerade auf einem Urlaub befunden und seine Adjutanz sei von dem Geschehen nicht unterrichtet gewesen, – was alsbald als falsch nachgewiesen wurde. Erst als die Offiziere bereits tot waren, habe er davon erfahren. Darauf sei es, wofür es keinen Zeugen gab, zwischen ihm und Hitler zu einer Auseinandersetzung gekommen, in deren Ergebnis seine Stellung beim »Führer« weiter abgesunken wäre. Freilich, alle Meinungsverschiedenheiten mit Hitler hätten nicht zu einem Bruch geführt, sei er doch Soldat gewesen, und ein Soldat habe im Kriege, gleichgültig, ob er ihn gewollt habe oder nicht, eben seinem Vaterlande zu dienen.

So verlief Görings Haupt-, Kreuz- und Wiederverhör in der Hauptverhandlung. Der Chefankläger der Französischen Republik war dieses Verfahrens überdrüssig und verzichtete auf eine weitere Befragung, zumal die Antworten des Angeklagten kaum anderes als Propagandareden erbracht hätten. Die Beschuldigungen, die ihm vorgehalten wurden, seien jedoch unwiderlegt. Auch der Geduldsfaden des britischen Gerichtsvorsitzenden Geoffrey Lawrence riss, als der Verteidiger erneut ansetzte, seinem Mandanten im Wiederverhör Gelegenheit zu geben, bereits langatmig vorgetragene Erklärungen noch einmal herzusagen. Dem Angeklagten sei gestattet worden, ohne jede Unterbrechung »geradezu Reden zu halten« und »er hat die gesamte Geschichte des nationalsozialistischen Regimes von Anfang bis zu Ende dargestellt.« Das werde nicht erneut und auch keinem weiteren Angeklagten erlaubt werden, es sei denn zum direkten Zwecke der Verteidigung gegen ihn erhobene Anwürfe. Was Göring auch immer hatte erreichen wollen, bewirkt hatte er den Nachweis seiner vollkommenen Unglaubwürdigkeit.

Für den Gerichtshof, in dem niemand Erfahrungen besitzen konnte, wie mit diesem Typus von faschistischen Rechtsbrechern umzugehen sei, war das Verhör Görings so etwas wie eine Nullserie. Die Anklage rechnete sich nach diesem Verhörauftakt aus, dass die Verhandlungen bis in den August dauern würden, und das taten sie dann auch. Am 31. August 1946, nach den Schlussplädoyers der Anklage, erhielt Göring im Gerichtssaal noch einmal das Wort. Er bot nicht mehr als eine Zusammenfassung seiner früheren Ausführungen. Kein Wort der Einsicht, der Selbstkritik oder gar der Reue fiel. An Grausamkeiten sei er nicht beteiligt gewesen, von Massenmorden habe er erst in Nürnberg erfahren. Seine Reden, die von Menschenverachtung zeugten und ihm vorgehalten worden waren, seien der Erregung und der Situation zuzuschreiben. Kriegsziele habe Deutschland nicht besessen. Die Deutschen hätten in einem Existenzkampf gestanden. Und abschließend und unter Anrufung des Allmächtigen: »Das einzigste Motiv, das mich leitete, war heiße Liebe zu meinem Volk, sein Glück, seine Freiheit und sein Leben.« So wollte der zweite Mann des Regimes in die Geschichtsbücher eingehen. Wen sollte das nach allem, was in den Monaten zuvor erwiesen war, noch beeindrucken?

## 8.
## »Ich frage die Deutschen«: Severina Schmaglewska

Der Zweite Weltkrieg war, wo er mit Gewehren, Panzern, Geschützen und Flugzeugen geführt wurde, nahezu ausschließlich eine Sache der Männer – wie die Kriege vorher auch. Frauen taten in allen Armeen, in denen der faschistischen wie der Anti-Hitler-Koalition, zwar an verschiedensten Plätzen Dienst, so als Krankenschwestern und Ärztinnen und in den Apparaten der Nachrichtenverbindungen. Doch nur wenige, wie die Pilotinnen in der Roten Armee, standen und kämpften in vorderster Front. In Deutschland bedienten Frauen gegen Kriegsende auch Fliegerabwehrgeschütze. Zahlreicher waren sie – setzt man ihre Teilnahme ins Verhältnis zu dem der Männer – in den Reihen der Partisanen und an den geheimen Fronten des Widerstandes. Das galt für viele Länder, insbesondere für Frankreich. Eine, die an diesem Platze gestanden hatte, war Marie-Claude Vaillant-Couturier. Als die Wehrmacht in ihr Land einfiel, war die Kommunistin 28 Jahre alt. Sie geriet in die Hände der Besatzer, an die sie von der Polizei des Pétain-Regimes ausgeliefert worden war. Mit einem Transport von etwa 230 Frauen, die sich wie sie gegen die Versklavung ihres Landes gestellt hatten oder dessen auch nur verdächtigt wurden, wurde sie in das Vernichtungslager Auschwitz verschleppt. Sie hat überlebt.

Am 28. Januar 1946 ließ der Gerichtsvorsitzende Mme. Vaillant-Couturier, die in ihrer Heimat inzwischen zum Mitglied der konstituierenden Nationalversammlung gewählt worden war, in Nürnberg in den Saal 600 rufen, als Zeugin der Anklage. Sie war zurück in dieses Land gereist, in dem ihr der Tod bestimmt worden war, und sie kam aus einem Land, in dem ihr und ihrer Kameradinnen Eintreten gegen die Besatzungsherrschaft nach der Befreiung hohe Anerkennung gefunden hatte. Danielle Casanova, eine ihrer Gefährtinnen auch auf dem Wege nach Auschwitz, die im Lager umgekommen war, hatte schon im Oktober 1944 in Paris die Ehrung erfahren, dass eine Straße der Stadt ihren Namen erhielt. Vaillant-Couturier war im Palais des Invalides zum Ritter der Ehrenlegion ernannt worden. Ob Gaullist oder Kommunist – in Frankreich, dem Lande der klassischen bürgerlichen Revolution, wurde kein Unterschied gemacht, wer mit welcher Gesinnung und mit welchem Parteimitgliedsbuch gegen die Eindringlinge und deren Kollaborateure gekämpft hatte.

An diesem Januartag war seit der Befreiung des Konzentrations- und Vernichtungslagers Auschwitz im Verlauf der Weichsel-Oder-Operation der sowjetischen Armee nahezu genau ein Jahr vergangen. Die Französin hatte damals, im Januar 1945, jedoch noch nicht die Gewissheit gewonnen, das Martyrium lebend zu überstehen. Die meisten ihrer Leidensgefährtinnen waren in Auschwitz umgebracht worden und von ursprünglich 230 lebten noch 49. Mit diesen war sie in das Frauen-Konzentrationslager Ravensbrück verlegt worden. Dorthin hatte die Inspektion der KZ-Lager inzwischen auch andere Auschwitz-Häftlinge gebracht, weil es im Reich an allen Ecken und Enden an Arbeitskräften mangelte. Bei dem Entschluss zur Verlegung der Gruppe, der Vaillant-Couturier angehörte, mochte zudem auch eine Sendung im britischen Rundfunk mitgespielt haben, in der von mörderischen Schikanen berichtet worden war, denen die Gefangenen aus Frankreich ausgesetzt worden wären.

Im Zeugenstand sah sich Vaillant-Couturier Männern gegenüber, auf der Bank der Richter, in den Reihen der Ankläger wie auch auf den Plätzen der Verteidiger und ebenso auf der Anklagebank. Letzteres war noch das Verständlichste. Das »Dritte Reich« war von seinen Führern auch als »zielbewusster Männerbund« definiert, die »deutsche Frau«, ausgenommen die »Landfrau«, an Heim, Herd und in die Kinderstube abgeordnet worden, freilich nur, bis sie in der Rüstungsindustrie, an vielen Arbeitsplätzen zur Aufrechterhaltung von Verwaltung, Verkehr, verschiedensten Dienstleistungen und zu Hunderttausenden als Wehrmachtshelferin gebraucht wurde. Keine Frau hatte im Nazistaat eine herausragende Rolle gespielt, es sei denn, sie wurde – Filmdiva oder Sportlerin – als Vorzeigeobjekt »deutscher Art« und »arischer Schönheit« oder zum Zwecke ablenkender Unterhaltung präsentiert.

Ein abweichendes Bild bot im Saal 600 nur die Pressetribüne, auf der in Uniform und in Zivil zwischen männlichen Berichterstattern auch Frauen saßen. Unter denen hingegen, die diesen Prozess führten und ihn außerhalb des Gerichtsaals ermöglichten, war nur ein geringer Anteil von Frauen. Sie gehörten fast durchweg zum Hilfspersonal und waren in Dolmetscher-, Organisations- und Schreibbüros tätig. An herausragendem Platze arbeitete im US-amerikanischen Stab, wie sich Robert M. W. Kempner erinnerte, eine einzige Frau, die mit einem Teil der Anklage befasst war. Doch nicht sie, sondern einer der Männer wurde schließlich beauftragt, im Gerichtssaal das Material vorzutragen.

Vaillant-Couturier wurde von dem französischen stellvertretenden Chefankläger Charles Dubost befragt, der dem Gericht das Beweismaterial über die Methoden des Terrors vortrug, die von den deutschen Besatzern in den 1940 eroberten westeuropäischen Ländern angewendet worden waren. Zunächst berichtete sie davon, wie es ihr noch vor der Deportation auf französischem Boden erging, nachdem sie den Deutschen übergeben worden war. Im Pariser Gefängnis La Santé gefangen gehalten, wo sich auch der Philosoph Georges Politzer und der Physiker Jacques Solomon, ein Schüler von Curie, befand, wurde ihr, nachdem sie die verlangten Aussagen verweigert hatte, die Deportation angedroht. Während der fünf Monate, die sie dort verbringen musste, erlebte sie das Wegführen der Gefangenen, die als Geiseln erschossen wurden. Dann hatte man sie zu ihrer nächsten Leidensstation, die Festung Romainville, verbracht, ein Geisellager, von wo sie im Januar 1943 mit 230 Frauen nach Auschwitz transportiert wurde, unter ihnen ein 16jähriges Mädchen und eine 67jährige

Frau. Nicht alle waren Widerstandskämpferinnen. Manche ihrer Mitgefangenen waren mit ihren Männern verhaftet worden, ohne an deren Aktionen gegen die Besatzer beteiligt gewesen zu sein.

Was Vaillant-Couturier über Auschwitz sagte, gab davon nicht die erste Kunde. Aber allein Anlass und Ort, an dem sie Auskunft gab, sicherte ihren Worten weithin Aufmerksamkeit und mehr als nur dies. Ihr Zeugnis war knapp und präzise. Es ließ kaum etwas aus: angefangen mit dem schockierenden, ja lähmenden Moment des Eintritts in das Lager Auschwitz-Birkenau. Sie schilderte die Schikanen der Appelle, die Qual der Arbeit und, den Ekel angesichts von Zuständen, die der Bezeichnung Hygiene nur spotteten. Sie berichtete von der Brutalität der Aufseherinnen und ihrer Helferinnen aus den Reihen verrohter Häftlinge. Sie schilderte das Grassieren der Seuchen, die Zustände im Revier, die Sterilisationsverbrechen, die Misshandlungen und Tötung von Zwillingen, den Kindermord. Sie sprach über das System von Bestrafungen, das Bordell und das Mädchenorchester. Sie redete vom Elend des Zigeunerlagers, den Extraschikanen, denen nicht sogleich ermordete Juden ausgeliefert waren. Sie erinnerte sich an die Selektionen, die Täuschung der Opfer und die Morde in den Gaskammern. Sie stellte die Verwertung und Beseitigung der Leichen dar, den Umgang mit dem Gepäck, den Kleidungsstücken und aller anderen Hinterlassenschaft.

Die Zeugin schloss mit den Worten: »Für Monate und Jahre hatten wir nur einen Willen, dass nämlich einige von uns lebend herauskommen möchten, um der Welt zu verkünden, was diese Zuchthäuser der Nazis waren.« Ihre Aussage und dieser Schluss hat den Verteidiger des Angeklagten Julius Streicher, der sich »Antisemit Nr. 1« genannt hatte, nicht gehindert, die Zeugin zu fragen, warum sie sich so gewandt auszudrücken vermöchte und wie es zu erklären sei, dass sie »so gut all dies überstanden« und »in gutem Gesundheitszustand zurückgekommen« sei. Der Gerichtsvorsitzende ließ die Unverschämtheit ungerügt durchgehen und die Gefragte sich nicht provozieren.

Zweieinhalb Monate nach der Französin, am 15. April 1946, während der sowjetische Oberjustizrat L. N. Smirnow die Anklage wegen der an der Zivilbevölkerung Osteuropas verübten Verbrechen vortrug, wurde Severina Schmaglewska in den Gerichtssaal gerufen, um zu einer einzigen Frage auszusagen: zur Behandlung der Kinder im Vernichtungslager Auschwitz-Birkenau. Dorthin war sie im Oktober 1942 verschleppt worden. Zur Sprache kam das unter den grausamen Verbrechen der deutschen Faschisten abscheulichste: Die Tötung der Kinder jeden Alters in den Gaskammern, nachdem sie ihren zur Vernichtung durch Arbeit ausgesonderten Müttern entrissen worden waren. Das Gericht hörte den Bericht über die Ansammlung von Kinderwagen im Magazin des Lagers, über das elende Dasein der Jüngsten, die für irgendwelche Arbeiten oder Tätigkeiten bestimmt worden waren, bis die im Januar 1945 noch Lebenden wie die Erwachsenen in Evakuierungstransporte gepfercht oder auf Fußmärsche westwärts getrieben wurden. Schmaglewska bezeugte die vorsätzliche Misshandlung schwangerer Frauen, die zu Schwerarbeiten gezwungen wurden. Sie sprach von der Wegnahme und Tötung der Neugeborenen sofort nach der Geburt. Ihre Aussage mündete in dem Satz: Ich frage die Deutschen »Wo sind diese Kinder?« Niemand im Saal hatte darauf eine Antwort. An diese Zeugin stellte auch kein Verteidiger noch eine Frage. Sogar sie schwiegen.

Seit dem ersten Prozesstag war beim Vortrag der Anklage wieder und wieder dargestellt worden, was in den Jahren des Krieges und der faschistischen Besatzung Kindern angetan wurde. Sie waren auf dem Territorium der Sowjetunion gemeinsam mit ihren jüdischen Eltern von den Mörderschwadronen der Einsatzgruppen und Spezialabteilungen der Polizei niedergeschossen, bei Ghettoräumungen kurzerhand niedergemacht, in Partisanengebieten, in denen Deutsche ganze Dörfer in Flammen aufgehen ließen, zugrunde gegangen oder weggeführt, andere in Kinderheimen und Heilanstalten ergriffen und getötet worden. Um die Soldaten, häufig selbst Väter von Kindern, in den Kommandos, welche die Juden jagten und umbrachten, nicht psychisch zu sehr zu strapazieren, wurden Frauen und Kinder später, so erklärte der Chef einer Einsatzgruppe, Otto Ohlendorf, vor Gericht, nicht mehr vor deren Gewehrläufe gestellt, sondern in Gaswagen erstickt. Berichtet wurde von den verzweifelten Anstrengungen der Mütter, ihre Kinder vor den Gaskammern zu retten, in dem sie diese unter ihren Kleidern zu verbergen suchten. Zur Sprache kam das triste, verwilderte Dasein von Kindern, die mit ihren Eltern zur Zwangsarbeit nach Deutschland verschleppt worden waren. Sie vegetierten ohne Betreuung und Unterricht in den »Ostarbeiterlagern« dahin. Bezeugt wurde das elende Ende von Kindern, die mit den von Unterseebooten torpedierten Passgierdampfern, so am 17. September 1940 mit der »City of Benares«, untergingen. Dabei waren mit 258 Personen auch 77 Kinder ertrunken. Zitiert wurde ein zwei Jahre später an Kommandanten und Besatzungen deutscher Unterseeboote ergangener Befehl, nach erfolgreichen Torpedoangriffen Rettungsmaßnahmen zugunsten von Schiffbrüchigen zu unterlassen, sofern nicht ein eigenes Interesse damit verbunden sei. Um Hemmungen gegen diese jedem zivilen seemännischen Ehrenkodex widersprechende Verhaltensnorm abzubauen, verwies die Seekriegführung auf die gegen deutsche Städte gerichteten Bombenangriffe, die Frauen und Kinder nicht verschonen würden.

Mehrfach zitiert wurde im Verlauf des Prozesses jene Rede Heinrich Himmlers, gehalten am 4. Oktober 1943 vor SS-Generalen und -Offizieren, in der er davon gesprochen hatte, den Unterworfenen »wenn notwendig die Kinder zu rauben oder zu stehlen«, um, wie es in der wahnwitzigen Naziterminologie hieß, »gutes Blut« und die »rassisch guten Typen« zu gewinnen und auf diesem Wege die Herrenrasse zu vermehren und zu stärken. So geschehen in Polen schon bald nach der Okkupation. Das war, wie dem Gericht bewiesen wurde, der deutschen Bevölkerung zudem bekannt, beispielsweise durch die Kölnische Zeitung, die 1940 schrieb, dass diese Kinder deutsch erzogen werden sollen und »es wird ihnen auch der deutsche Geist eingeflößt, damit sie deutsche Mustermädel und Musterjungen werden!« So praktiziert auch mit Kindern des tschechischen Dorfes Lidice, dessen Männer niedergeschossen und dessen Frauen in Konzentrationslager verschleppt wurden. Wo sich diese Kinder befanden, danach wurde zur Zeit des Prozesses und später noch lange gefahndet.

Das Fazit der Beweisaufnahme im Gerichtssaal war eindeutig. Es gab kein Verbrechen, das die deutschen Besatzer an Erwachsenen begingen, das nicht auch an Kindern verübt worden wäre. Sie litten in weiten Teilen Europas unter dem durch die Kriegsereignisse und die Ausplünderung ihrer Länder hervorgerufenen Hunger. Besonderes erwähnt wurde die hohe Kindersterblichkeit in Griechenland und auf Inseln, die zeitweilig völlig von der Versorgung abgeschnitten geblieben waren. Kinder wurden zusammen mit Erwachsenen – wie schon im Ersten Weltkrieg im Westen praktiziert –, auf sowjetischem Gebiet als Schutzschilde benutzt und vor den voranrückenden Wehrmachtseinheiten hergetrieben, um eigene Verluste zu vermeiden. Unter der Devise des Kampfes gegen Partisanen und Widerstandskämpfer wurden Kinder in Scheunen wie in Kirchen verbrannt, wurden Opfer der Racheorgien. Eltern wurden vor ihren Kindern nicht nur getrennt, sondern auch vor deren Augen erschossen. Kinder mussten dabei zusehen, wie ihre Eltern gefoltert wurden, um von ihnen Aussagen zu erzwingen, und sie wurden auch selbst bedroht, um ihnen Informationen abzupressen. Um in Frankreich vom Weg in den Widerstand abzuschrecken, wurde in der Pariser Zeitung vom 14. Juli 1942 die offizielle Bekanntmachung veröffentlicht, dass unter 18 jährige Kinder von ergriffenen Widerstandskämpfern in »Besserungsanstalten« verbracht würden. All das gehörte noch zu den gleichsam »normalen«, befohlenen oder angewiesenen Methoden deutscher Kriegführung, Besatzungsherrschaft und Vernichtungspraxis. Jedes »normale« Maß überschritten die zahllosen Exzesse der Sadisten in den Uniformen der SS, der Polizei und der Wehrmacht.

Im Gerichtssaal war auch von den deutschen Kindern die Rede, davon, wie sie auf die ihnen auf Generationen hinaus zugedachte Rolle als die Beherrscher Europas und der Welt vorbereitet werden sollten. Das geschah im Zusammenhang mit dem Anklagevortrag gegen Julius Streicher und bei Erwähnung von dessen Rolle, Kinder schon in frühem Schulalter antijüdisch aufzuhetzen. Dem Gericht lagen als Dokumente die von Streicher herausgegebene Fibel mit dem Titel »Trau keinem Fuchs ...« und das Buch »Der Giftpilz« vor, die in Text und Bild eine einzige Hasstirade gegen Juden enthielten und Kinder zu arisch-reinrassigem Verhalten anhalten sollten. Erinnert wurde an die Auftritte des fanatischen Antisemiten in Schulklassen und an die Verbreitung der Legenden von den angeblichen Ritualmorden der

Juden an »arischen« und Christenkindern. Dem Gericht vorgelegt wurde der Bericht von einer Veranstaltung über Streichers Weihnachtsansprache an 2000 Kinder in Nürnberg im Jahre 1936: »Er fragt seine atemlos lauschenden Zuhörer: ‚Wisst Ihr, wer der Teufel ist?' »Der Jud, der Jud«, so schallte es ihm aus tausend Kinderkehlen entgegen.« Suchte Streicher im Reich unter deutschen Kindern blindwütigen Haß gegen die Juden zu bewirken, so strebten, wie die französische Anklagevertretung vortrug, deutsche Besatzungsorgane im Kriege auch im besetzten Frankreich danach, die einheimischen Kindern antijüdisch zu verhetzen, offenkundig in der Absicht, über den Antisemitismus ein der Kollaboration günstiges Klimas hervorzurufen.

Was in der Gedanken- und Gefühlswelt der Kinder im Reich angerichtet wurde, kam auch in einem anderen Zusammenhang zur Sprache. Das geschah, als von der Vernichtung wirklich oder vorgeblich unheilbar kranker oder behinderter Menschen in Gaskammern von Pflegeanstalten gesprochen wurde. Nicht nur die in der Nähe von solchen Tötungsstätten lebenden Erwachsenen ahnten oder wussten, dass in ihnen Entsetzliches geschah. Dies war auch Kindern nicht verborgen geblieben. Zitiert wurde aus einem Brief des Bischofs von Limburg an den Reichsjustizminister vom 13. August 1941, in dem der geistliche Würdenträger sich zur ruchbar gewordenen Untat in der Anstalt im nahen Hadamar äußerte. Es würden sich in dieser Gegend Kinder in aller Öffentlichkeit gegenseitig mit Worten beschimpfen wie: Du bist nicht recht gescheit, du kommst nach Hadamar »in den Backofen«. Und aus der Stadt Wien wurde berichtet, dass dort Kinder mit dem Bemerken geschreckt würden, sie kämen nach Mauthausen.

So viel in jenen Monaten des Prozesses von Verbrechen an Kindern in den eroberten Ländern die Rede war, und das Thema kam in dieser oder jener Weise im Gerichtshof nahezu täglich zur Sprache, es war doch auch die Sprache von Mitmenschlichkeit und von der Verteidigung und Rettung des Lebens von Kindern. So im anrührenden Bericht eines niederländischen Zeugen, der davon sprach, dass eine zur Deportation bestimmte jüdische Mutter ihren Säugling spontan noch einer ihr fremden Frau hatte übergeben können, die für ihn sorgte und ihn durchbrachte. Es lebten, sagte Jacobus Vorrink, Senator und Vorsitzender der Sozialistischen Partei der Niederlande, in seiner Heimat noch viele solcher jüdischer Kinder, dem Tode nur entgangen, weil Verwandte, Bekannte und Freunde sie aufnahmen.

## 9.
## Der interessanteste Angeklagte: Hjalmar Schacht

Wenige Tage vor der Eröffnung der Hauptverhandlung in Nürnberg stellte die Stuttgarter Zeitung ihren Lesern die Männer vor, die von den Siegermächten auf die Anklagebank gesetzt werden würden. Sie begann diese Vorstellung nicht mit dem Mann auf Platz 1, nach dem das Verfahren auch als »gegen Göring und andere« bezeichnet worden ist, sondern mit dem Mann, der seinen Sitzort am entgegengesetzten Ende der ersten Bankreihe zugewiesen erhalten hatte, mit Hjalmar Schacht. Der Autor des Beitrags nannte ihn den vielleicht interessantesten unter allen Angeklagten. Diese Kennzeichnung und Wertung hat er inzwischen verloren und sie, wie ein Blick in die aktuelle Produktion von Film und Fernsehen der Bundesrepublik zeigt, unfreiwillig an Albert Speer abgegeben. Zu Recht? Zu Unrecht?

Während Speer für zwanzig Jahre in das Gefängnis kam, verließ Schacht den Nürnberger Gerichtssaal am 1. Oktober 1946 als ein freier Mann. Als der einstige Rüstungsminister 1966 Spandau verlassen durfte, war Schacht, nahezu neunzigjährig, noch am Leben und hatte sich wiederum als Finanzfachmann und auch als Buchautor betätigt. Während ihrer Zeit als Gefolgsleute und Paladine Hitlers waren sie kaum aufeinander getroffen. Die Zeitspanne, da Schacht an der Spitze der deutschen Wirtschaft und der Aufrüstung gestanden hatte, war schon lange vorbei, als Speer auf den Platz des Cheforganisators der Kriegsproduktion gerückt war. Ihre gemeinsame Biografie beschränke sich auf die »Nürnberger Zeit«, während der sich jeder als ein geschickter Verteidiger in eigener Sache erwies. Als sich die Angeklagten freiwillig einem Intelligenztest unterzogen, ragte Schacht heraus. Das zeigte sich auch, als er in den Zeugenstand musste.

Bevor es Ende April 1946 so weit war und die Reihe an ihn kam, war sein Name und seine Rolle nicht nur in der Anklageschrift und im begründenden Vortrag der Anklagevertretung gefallen. Von ihm war schon im Kreuzverhör Görings gesprochen worden, der nach einer kurzen Phase der Zusammenarbeit mit Schacht dessen Nachfolger geworden war. Beider Platzierung auf der Anklagebank – sie saßen an deren Enden – symbolisierte unbeabsichtigt, dass sie füreinander nie besondere Sympathie empfunden haben mochten und ihre Wege schließlich weit auseinander geführt hatten, bis sie sich am Ende des Naziregimes an verschiedenen Orten in der Gewalt der SS befunden hatten und nicht sicher waren, ob sie überleben würden. Mit der Differenz, dass Göring seine Isolierung als Folge eines Missverständnisses ansah. Er beteuerte noch vor Gericht, dass er dem »Führer« bis zuletzt die Treue gehalten habe. So sah der einstige Reichsmarschall Schachts Haltung nicht. »Er war ein kluger Mann«, hatte er über seinen einstigen Ministerkollegen in einem frühen Verhör in Mondorf gesagt, und weiter »Schon ehe die Partei zur Macht kam, hat er für sie gearbeitet.« Das wird Schacht im Gerichtssaal entschieden zu bestreiten suchen.

Göring, nach dem Termin des Beginns der Aufrüstung befragt, suchte – wie später auch Schacht – die Entscheidung darüber als Reaktion auf die gescheiterten angeblichen Abrüstungsbemühungen Hitlers auszugeben, bestätigte aber, dass Schacht in seiner Eigenschaft als Reichsbankpräsident sofort daran gegangen war, Geldquellen für die Rüstung zu erschließen und sprudeln zu lassen. Das sei gemeinsam mit dem Reichsminister der Finanzen geschehen – das war Lutz Graf Schwerin von Krosigk, der erst später im Fall IX (Wilhelmstraßenprozess) von einem US-amerikanischen Gerichtshof angeklagt und 1949 zu 10 Jahren Haft verurteilt wurde. Auf dem schwierigen Felde der Finanzpolitik seit März 1933 als Präsident des Reichsbankdirektoriums und seit August 1934 zudem als kommissarischer

Reichswirtschaftsminister bewährte sich Schacht nach dem Urteil Hitlers so, dass er ihn – durch geheimen Erlass – am 21. Mai 1935 zusätzlich zum Generalbevollmächtigten für die Kriegswirtschaft ernannte. Zu diesem Zeitpunkt war die allgemeine Wehrpflicht wieder eingeführt, und Deutschland hatte auch einen Kriegsminister, den Generalfeldmarschall Werner von Blomberg, erhalten, der in Nürnberg als Zeuge vernommen wurde. Er starb noch während des Prozesses in Internierungshaft.

Gemeinsam mit diesem Kriegsminister habe Schacht Hitler den Vorschlag gemacht, so Göring, ihn zum Rohstoff- und Devisenkommissar zu machen, was auch geschah. Damit wurde der engste Vertraute des »Führers«, zusätzlich zu seinen Ämtern als Reichsminister der Luftfahrt und Oberkommandierender der Luftwaffe auf einen für das Tempo der Hochrüstung außerordentlich wichtigen Platz gesetzt. So begann sein Aufstieg ins Zentrum der materiellen Kriegsvorbereitung, die 1936 zur Etablierung einer Behörde für den Vierjahresplan führte, an deren Spitze wiederum Göring trat. Mit dieser Konstruktion waren Streitfragen nach Über- und Unterordnung der staatlichen Wirtschaftsführer programmiert. Bei aller Zusammenarbeit entwickelte sich alsbald eine konfliktgeladene Beziehung. Sie führte 1937 zu einer Abgrenzung der Zuständigkeitsbereiche und Kompetenzen, endete aber 1938/39 damit, dass Schacht zuerst seine kommissarisch übernommene Aufgabe als Reichswirtschaftsminister und bald auch seinen Platz als Chef der Reichsbank verlor. Noch blieb ihm der Titel eines Reichsministers, jetzt ohne Geschäftsbereich, und in einem Kabinett, das nicht mehr tagte. Aus der Staatsführung war Schacht noch vor Kriegsbeginn faktisch entfernt.

Jackson, der Göring ins Kreuzverhör nahm, war wenig an der Aufklärung der persönlichen Beziehung der beiden Angeklagten zueinander interessiert. Er wollte nachweisen, dass die von beiden vorangetriebene Aufrüstung von vornherein der Absicht folgte, einen Angriffskrieg zu beginnen. Das ergab ein Interesse an der Aufklärung der Frage, welche voneinander abweichenden Auffassungen es an der Staatsspitze über den Weg in den Krieg, die Gegner, den Zeitpunkt eines Angriffsbeginns, das zu akzeptierende Risiko gegeben hatte. Doch Göring gedachte nicht, die Anklage mit Informationen zu bedienen, welche die geheimen Vorhaben bloßstellten und seine Lage als Angeklagter verschlechterten. Also reduzierte er die einstigen Differenzen zwischen Schacht und ihm auf Methoden der Wiederaufrüstung und auf die Verschiedenheit zweier »sehr starker und bewusster Persönlichkeiten«, deren Mit- und Nebeneinander nicht gelingen konnte. Aber, beteuerte Göring; »weder Herr Schacht noch ich haben für einen Angriffskrieg aufgerüstet« (IX, 498).

Als die Reihe an Schacht war, kam die Frage nach den Kriegsplänen selbstredend wieder. Zunächst erfolgte die »Vorstellung« Schachts durch seinen Verteidiger, die ihn als ein Unschuldslamm erscheinen ließ. Ein Demokrat mit einschlägiger Familientradition, ein Patriot, der seine hochgradigen Kenntnisse als grundsolider Finanz- und Wirtschaftsfachmann in den Dienst seines Vaterlandes gestellt hatte, ein Pazifist und Antimilitarist, der jeden Krieg verabscheute, ein weit gereister Kosmopolit, ein von christlichen Glaubensgrundsätzen geleiteter Humanist, so führte Dr. Rudolf Dix, der 1932/1933 den Vorsitz des Deutschen Anwaltvereins innegehabt hatte, seinen Mandanten den Richtern vor. Freilich musste der Anwalt, dem ein weiterer Jurist, der Göttinger Universitätsprofessor und Völkerrechtler Herbert Kraus, assistierte, auch auf die Fakten von Schachts Biographie zu reden kommen und die Interessen, die ihn an Hitlers Seite geführt hatten. Der Vorgang erschien in geheimnisvollem Licht, zumal Schacht, so seine Aussage, nach dem Lesen von *»Mein Kampf«* überzeugt war, dass dessen Autor ein »fanatisierter und halbgebildeter Mann« sei. Ein paar geistige und programmatische Berührungsflächen musste er indessen doch gefunden haben. Also wurde eingeräumt, dass Schacht der Meinung gewesen sei, Deutschland brauche in seiner Not einen Diktator, freilich einen, dem das Volk in Abständen das Mandat für die Gestaltung seiner Zukunft übertragen sollte. Nachdem, so die Darstellung des Angeklagten weiter, sein Versuch, Brüning zur Aufnahme der NSDAP und Hitlers in sein Kabinett zu bewegen, gescheitert sei, Hitler den Wahlsieg vom 31. Juli 1932 errungen habe, wäre dessen Kanzlerschaft unausweichlich gewesen. Und da habe er, dafür besaß die Anklage Dokumente, den NSDAP-Führer auch gedrängt, sich an die Spitze der Regierung zu stellen, einen Mann, dessen Energie und Fähigkeit er geschätzt habe, Massen zu beeinflussen. Dass er, Schacht, sich zum Mitmachen entschlossen habe, sei aus der Überlegung und dem Vorsatz entsprungen, den wilden braunen Strom in ein geordnetes Bett zu lenken. Die Behauptung solch »edler« Absicht sollte noch von vielen Konservativen verwendet werden, um zu erklären, warum sie sich dem Regime fleißig angedient hatten.

Schacht wusste, dass das bloße Geständnis seiner Gegnerschaft zur Republik nicht strafwürdig war. Auch nicht sein Eingeständnis, dass er zu den Anhängern der Lehre vom deutschen Volk ohne Raum gehörte und für die Wiederherstellung Deutschlands als Kolonialmacht und für Großdeutschland (einen Staat unter Einschluss Österreichs) eingetreten war. Kriegspläne freilich hätten ihm ferngelegen, wie Göring schon behauptet hatte. Wo er bei Hitler darauf gerichtete Gedanken ausgemacht habe, wie die Ausdehnung in den europäischen Osten, die Schacht als »theoretische Ausschweifungen« bezeichnete, hätte er versucht, sie ihm auszureden, und im übrigen darauf vertraut, dass daraus wegen der Haltung Großbritanniens ohnehin nichts werden würde. Selbstberuhigung schien generell eine der besonderen Fähigkeiten des Angeklagten gewesen zu sein. Sie hatte ihm ebenso angesichts des antijüdischen Programms der NSDAP geholfen, an dem ihn die Ausgrenzung der Juden nicht gestört habe, sei ihnen doch ein gesicherter Sonderstatus unter Fremdenrecht zugesichert worden. Und was den Pogrom 1938 betreffe, behauptete Schacht allen Ernstes, so würde der nicht stattgefunden haben, wenn er noch Minister gewesen wäre.

Nur gelegentlich und auf Drängen des US-amerikanischen Chefanklägers Jackson griff das Gericht in diese Märchenstunde ein, um sie zu verkürzen und den Anwalt zu ermahnen, er möge sein Verhör auf die Punkte richten, um deretwegen Schacht angeklagt sei. Dennoch konnte Rechtsanwalt Dix mehrere Tage lang Schacht immer wieder neue Stichworte und Anstöße geben, sich als Minister Hitlers darzustellen, der zur Politik des Diktators eine »gegensätzliche Einstellung« bezogen und durch seine Finanzpolitik und andere Interventionen alle in Richtung Krieg weisenden Maßnahmen zu bremsen gesucht habe. Mehr noch, als der Angeklagte 1937/1938 den Verdacht zu schöpfen begann, dass sich dieser Führer auf den Krieg fixierte, was er übrigens als Wandel von dessen Gesinnung unter dem Einfluss der Massen darstellte, habe er sich zu einem Verschwörer entwickelt, einer Oppositionsgruppe angehört, gar einen Oppositionskampf zur »Beseitigung Hitlers« geführt, über den – auch vom Versuch zu putschen war vage die Rede – faktisch aber nichts gesagt werden konnte. Kam die Rede auf Konkretes, wurden Gespräche und Kontakte mit Personen erwähnt, die tot waren wie die Generalfeldmarschälle Erwin von Witzleben und Hans-Günther von Kluge, Generaloberst Erich Hoepner und – später – General der Artillerie Fritz Lindemann. Mitwisser der Vorbereitung des Attentats auf Hitler sei er gewesen. Dass er irgendetwas zur Vorbereitung der Verschwörung getan hätte, ausgenommen, andere in ihren Absichten in Gesprächen zu bestärken, behauptete Schacht nicht. Es blieb nur, dass er seine Funktionen als Reichswirtschaftsminister und Reichsbankpräsident, letztere am 20. Januar 1939, und beide an den neben ihm auf der Anklagebank platzierten Funk verloren hatte. Im Krieg spielte er keinerlei Rolle an führender Stelle mehr, er privatisierte zumeist im Brandenburgischen auf seinem Landbesitz. Am 22. Januar 1943, zur Zeit der totalen Niederlage der deutschen Stalingradarmee, büßte er – folgenlos – auch den bedeutungslosen Posten eines Reichsministers ohne Portefeuille ein. Schließlich war er, ohne dass ihm Beteiligung oder auch nur Sympathie für die Verschwörer hätte nachgewiesen werden können, nach dem Anschlag auf Hitler verhaftet und als ein Sondergefangener in verschiedene Konzentrationslager, u.a. nach Flossenbürg gebracht worden.

Schacht, so wertete es Eberhard Schütz, seit Anfang Februar 1946 Prozessberichterstatter für BBC London, gab sich vor dem Gericht als eine Art trojanisches Pferd im Machtzentrum der Diktatur aus, und er beschwerte sich gleichsam noch nachträglich, dass er als solches von anderen nicht erkannt worden, sondern als ein Zugpferd angesehen worden sei. Und er scheute sich nicht, sich als Opfer darzustellen, als Mann, der angeblich wie alle Deutschen von Hitler »im höchsten Maße ... getäuscht, belogen und betrogen« worden sei, denn dieser, den er einen Verbrecher nannte, »hat alles, was er vorher dem deutschen Volk und damit auch mir versprochen hatte, hinterher nicht gehalten.« (XII, 495) Was er selbst zur Verbreitung der Naziphraseologie öffentlich gesagt hatte, interpretierte Schacht als Schutz und Tarnung für sich selbst. Er legte Wert darauf, sich auch verbal von der NSDAP und seinen Kollegen weit zu distanzieren. Schon während einer Vernehmung vor dem Prozess hatte er sich, freilich ohne eine Antwort auf die Frage zu geben, warum er in dieser Gesellschaft von Kabinettskollegen verblieben war, über diese höchst abfällig und drastisch geäußert. Göring war dabei als »unmoralisch« und »verbrecherisch« veranlagt und im Hinblick auf die Anforderung einer Regierungstätigkeit als Null bezeichnet worden, Ribbentrop erhielt die Benotung »ein durchaus hohler Kopf«, und Funk war für ihn »ein harmloses Männchen«. Nur der tote Goebbels sei »der einzige wirkliche Kopf« in diesem Gremium gewesen.[5] Im Gerichtssaal sprach er nun von NS-Funktionären als »Nazibonzen« und charakterisierte das Reichskabinett, dessen Mitglieder Frick, von Ribbentrop und andere nur wenige Meter von ihm entfernt saßen und ihm zuhörten, als »eine untereinander unzusammenhängende Gruppe politisch impotenter und fachlich durchaus ungeeigneter Fachminister«. (XII, 564)

Schacht und sein Verteidiger versuchten mehrfach, den Vorwurf der Beihilfe zur Kriegsvorbereitung auch dadurch zu entkräften, dass sie auf andere Unterstützung des Regimes verwiesen, – solche, die diesem aus Staaten geworden war, welche nun das Gericht konstituiert hatten. So fehlte in ihrer Darstellung der Vorkriegsgeschichte weder der Verweis auf den deutsch-britischen Flottenvertrag von 1935 und auf das Münchener Abkommen von 1938, weder die Erwähnung von ausländischen Diplomaten als Gäste auf der Tribüne der Nürnberger Parteitage, noch die Lieferung von Kriegsmaterial aus den USA nach Deutschland. All das wurde zudem als entmutigende Maßnahmen zu Lasten der Politik gewertet, die Schacht habe betreiben wollen, und auch der Opposition geschadet, der Schacht angeblich angehört hatte.

Auf das von Dix entworfene Schacht-Bild folgte freilich im Kreuzverhör das Jacksons, der vor allem vor der Aufgabe stand, die Glaubwürdigkeit des geschickt operierenden Angeklagten aufzubrechen und dafür Tatsachen zu präsentieren. Es gelang ihm nachzuweisen, dass Schacht sehr wohl von dem Druck auf von Hindenburg wusste, Hitler zum Reichskanzler zu ernennen, und dass er diese Aktion guthieß, also an Hitlers Einzug in die Wilhelmstraße keineswegs so unbeteiligt war, wie er behauptet hatte. Jackson wies anhand der Unterschriften, die Schacht als Reichswirtschaftsminister geleistet hatte, exakt nach, dass er sich an der Vertreibung der Juden aus dem Wirtschaftsleben aktiv beteiligt hatte, und er enthüllte am Beispiel einer öffentlichen Rede und dem Satz »Die Juden müssen sich damit abfinden, dass ihr Einfluss bei uns ein für allemal vorbei ist« (XII, 638)], dass Schacht unter Berufung auf den angeblich zu großen Einfluss der Juden in Deutschland die Praxis des Antisemitismus im Vorkrieg mit dem Ziel der Vertreibung der Verfolgten nicht anders gerechtfertigt hatte, als es Hitler, den er schon 1934 als »absolut unmoralisch und unmenschlich« erkannt haben wollte, und andere »nationalsozialistische« Führer taten. Jackson zeigte, dass Schacht wiederum in öffentlicher Ansprache Hitler in hellen Tönen und als Wundertäter gefeiert hatte, und zitierte u.a. dessen Bezugnahme auf »das Wunder der Wiedererweckung deutschen Nationalbewusstseins und deutscher Disziplin, und dieses Wunder danken wir unserem Führer«. (XIII, 34) Ohne sich auf Details einzulassen, wies Jackson die Rolle der Reichsbank und Schachts bei der Inbesitznahme der Österreichischen Nationalbank und der Filialen der Tschechischen im Sudetenland nach. Der vom Angeklagten behaupteten Ablehnung von Gewaltpraxis bzw. –androhung, welche der deutschen Expansion die Wege nach Wien und in das tschechische Gebiet gebahnt hatten, hielt der Ankläger wiederum Lobpreisungen Schachts auf die Wehrmacht entgegen. Auch verwies er auf die Intervention Schachts während des Krieges in einem Streit der Dresdner und der Deutschen Bank um die Ausnutzung der neuen Position, die durch die Besetzung der Niederlande gewonnen worden war.

Ja, die Armee, die später in Europa Land für Land überfiel, sei zu einem Teil seine Schöpfung gewesen, gestand Schacht im Verhör und

Kreuzverhör, aber diesen Einsatz habe er – anders als Göring – nie gewollt und unterstützt. Seinem Mitangeklagten auf Platz 1 vergalt er dessen ihn schonendes Auftreten nicht. Aus einem früheren Verhör wurde seine Charakteristik des einstigen Reichsmarschalls verlesen. Er hatte ihn als eitel, unmoralisch, verbrecherisch, extrem egoistisch, habsüchtig, kenntnislos bezeichnet. Nun nannte er ihn auf dem Felde der Wirtschaft einen Narren, der – wiederum anders als er – mit der Aufrüstung bei der erreichten »Gleichberechtigung« nicht habe halt machen wollen. Ihm selbst aber, so Schacht wieder und wieder, sei nie der Gedanke eines aggressiven Einsatzes dieses Instruments Wehrmacht in den Sinn gekommen. Jackson scheiterte bei dem Versuch, den Gegenbeweis anzutreten. Er, Schacht, habe immer nur das Bestmögliche gewollt, wo ein anderer Eindruck entstanden sei oder existiere, sei er falsch. Was er gegen die Juden unternommen habe, diente in Wahrheit dem friedlichen Zusammenleben von Juden und Christen. Kolonien hätte er nicht gewollt, um sie auszubeuten, sondern um sie zu entwickeln. Was auch das Regime an Bösem plante, er habe sich dem widersetzt. »Ich wüsste nicht«, erklärte er im Zeugenstand dreist, »wem dieser Ehrentitel des Neinsagers sonst noch zukäme, wenn nicht mir.« (XII,. 566)

Dass er nicht zu seinen Zielen gelangt sei, hätten andere bewirkt. Und um diese glaubhaft zu machen, berief sich Schacht selbst auf das Versagen des sozialen Klüngels, dem er entstammte und dem er gedient hatte: »Ich habe leider in den Jahren 1935, 1936 und 1937 die Erfahrung gemacht, dass alle jene Kreise, auf die ich gehofft hatte, versagten. Das war die Wissenschaft, das gebildete Bürgertum, die Führer der Wirtschaft.« (XII, 598). Der Satz enthielt mehr als ein Körnchen Salz, nur dass die Genannten keineswegs politisch oder moralisch versagt hatten, sondern mit dem Regime hochzufrieden waren, das sich 1933 etabliert hatte, wie einige Jahre eben auch Schacht. Die Wendung war aber so etwas wie ein Ausrutscher. Der einstige Reichsbankpräsident und Reichswirtschaftsminister wurde nicht nach seinen Beziehungen zu den führenden deutschen Bank- und Industriekreisen, nach Gesprächen mit ihren Exponenten und deren Haltung zur Politik des Regimes und zum Kurs auf den Krieg gefragt Und als Jackson andeutete, dass die deutschen Wirtschaftsführer die NSDAP doch auch als Dank für die Liquidierung der Gewerkschaften unterstützt hätten, stellte sich Schacht dumm und gab kund, dass er diesen Zusammenhang überhaupt nicht verstehe.

Schachts Beitrag zum Aufstieg Hitlers zum Reichskanzler und zur Etablierung und Festigung der faschistischen Macht, seine herausragende finanz- und wirtschaftspolitische Rolle in der Phase der Aufrüstung, sein Anteil an der Verwirklichung der antijüdischen Vorkriegspolitik, seine Tätigkeit während der frühen Expansionen des Regimes – all das wurde von der Mehrheit der Richter nach dem Maßstab der vier Anklagepunkte nicht als strafwürdig angesehen. Schacht wurde von der gegen ihn gerichteten Anklage der Verschwörung und der Vorbereitung eines Angriffskrieges freigesprochen. Am Ende des Prozesses kam er als nicht schuldig auf freien Fuß. Der Maßstab der Geschichte ist freilich ein anderer.

## 10.
## Hitlers Nachfolger im Kreuzverhör: Karl Dönitz

In seiner Kriegsrede, mit der er am 1. September 1939 den Überfall auf Polen verlogen begründete und vom »zurückschießen« sprach, legte sich Hitler in einer theatralischen Passage auch auf seine Nachfolger fest. Sollte ihm, erklärte er, irgendetwas zustoßen, so werde der »Parteigenosse Hermann Göring« an seine Stelle treten, und wenn auch dem ein Unheil geschehe, dann wäre der »Parteigenosse Rudolf Heß« an der Reihe. Nun, mehr als fünfeinhalb Jahre später, trat der gedachte Fall ein, wenn auch nicht überraschend in Gestalt einer Granate oder Bombe, eines Flugzeugabsturzes oder Schlaganfalls, sondern vollkommen und seit längerem absehbar. Der »Führer« sah sich vor der Alternative: sowjetische Gefangenschaft und Gerichtshof oder Flucht in den Selbstmord.

Mit den vorherbestimmten Nachfolgern hatte es in diesem Moment aber seine Schwierigkeiten. Göring, der ihm eben noch zum Geburtstag gratuliert und dann sich in die fiktive Alpenfestung abgesetzt hatte, war in den Verdacht geraten, einen eigenen Fluchtweg gehen und mit den Gegnern im Westen in Verhandlungen treten zu wollen. Deshalb hatte Hitler ihn unter die Aufsicht der SS stellen lassen. Er fiel also aus. Und Heß befand sich bereits in britischem Gewahrsam, seit er sich am 10. Mai 1941 auf den Flug nach Schottland gemacht hatte. Goebbels, zudem ohne jedwede militärische Erfahrung, saß mit ihm im Berliner Bunker fest und konnte faktisch auch außer Betracht bleiben. So fiel des »Führers« Wahl auf einen der getreuesten Militärs, auf Karl Dönitz, den Oberkommandierenden der Kriegsmarine, der inzwischen im äußersten Norden des täglich schrumpfenden Restreiches etabliert war. Und die Wahl traf diesmal keinen Unwürdigen.

Der Großadmiral übernahm das Amt des »Reichspräsidenten«, des Oberkommandierenden der Wehrmacht und trat faktisch an die Spitze einer »geschäftsführenden Reichsregierung« mit der Erklärung: »Im Bewusstsein der Verantwortung übernehme ich die Führung des deutschen Volkes in dieser schicksalsschweren Stunde. Meine erste Aufgabe ist es, deutsche Menschen vor der Vernichtung durch den vordrängenden bolschewistischen Feind zu retten. Nur für dieses Ziel geht der militärische Kampf weiter.« Damit war das Angebot einer Teilkapitulation im Westen formuliert und zugleich das Todesurteil für viele deutsche Soldaten, vollstreckt in den letzten Tagen und Stunden des noch einmal verlängerten Krieges. Diese Haltung nahm Monate später Dönitz auch im Gerichtssaal zu Nürnberg ein, wo er Gelegenheit erhielt, seine antisowjetischen Antriebe erneut zu bekennen. Im Osten, so erklärte er, wäre es um die »Erhaltung des deutschen Volkstums gegangen«, die Fortsetzung des Widerstandes habe »ein bis zwei Millionen Menschen« gerettet, die sonst »verloren gegangen« wären. Er verdächtigte die sowjetische Armee, im Falle ihres Frontdurchbruchs nach der »Vernichtung des hinter der Front lebenden Volkes« getrachtet zu haben. Vollends in Heinrich Himmlers Jargon verfallend, sagte der im Zeugenstand sitzende Großadmiral, der sich später als distanziert gegenüber dem »Nationalsozialismus« vorführte, es sei an der Ostfront 1945 um die »möglichste Rettung deutschen Blutes« gekämpft worden. Aus solchen Äußerungen grinste die Nazipropaganda und die von ihr wieder und wieder abschreckend gezeichnete Fratze vom blutsaufenden jüdisch-bolschewistischen Untermenschen.

Dann hatte sich am 9. Mai 1945 dieser Reichspräsident und Oberbefehlshaber der Trümmer der Wehrmacht mit einer Verlautbarung verabschiedet, dem letzten Bericht des Oberkommandos der Wehrmacht, der die Linie für jene Geschichtsfälschung markierte, die Jahrzehnte in die (west)deutsche Nachkriegsgeschichte hinein fortwirken sollte. Nach der ruhmredigen Erwähnung von Kampfhandlungen vor allem an der Ostfront gab das OKW die Kapitulation bekannt. Danach fuhren die Autoren feierlich fort: Nun wäre »ein fast sechsjähriges heldenhaftes Ringen zu Ende« gegangen. Nach großen Siegen, aber auch schweren Niederlagen sei die Wehrmacht einer gewaltigen Übermacht erlegen. Der deutsche Soldat – und also selbstredend auch sie als seine Befehlshaber – habe für immer Unvergessliches geleistet. Die beiden wichtigsten Sätze gegen Ende des Berichts lauteten: »Die einmalige Leistung von Front und Heimat wird in einem späteren gerechten Urteil der Geschichte ihre endgültige Würdigung finden.« Und: »Der deutsche Soldat kann deshalb die Waffe aufrecht und stolz aus der Hand legen.« Der Text enthielt lückenlos das sprachliche Kernmaterial für den erwünschten Rückblick auf den Krieg: Siege und Niederlagen, Übermacht, Eid, Treue, Gehorsam, Disziplin, Leistung, Ruhm, Ehre, Opfer, Stolz. Das, um es vorweg festzustellen, blieb die Betrachtungsweise von Dönitz Zeit seines langen Lebens.

Nun also hatte die Szene gewechselt – in den Saal 600 des Justizgebäudes in Nürnberg. Da saßen die beiden verhinderten und der tatsächliche Nachfolger Hitlers gemeinsam, aber nicht nebeneinander aufgereiht, seit dem 20. November 1945 auf der Anklagebank. Für Göring und Heß waren die Plätze 1 und 2 bestimmt worden. Dönitz hingegen erhielt den ersten Platz in der zweiten Reihe zugewiesen. Sein Nachbar war sein Vorgänger als Chef der Kriegsmarine, Erich Raeder, der dieses Amt schon seit den Zeiten der Weimarer Republik bekleidet hatte. Der war Anfang 1943 aber, nach Auseinandersetzungen mit Hitler über den Einsatz der See-, namentlich der Überwasserstreitkräfte, auf eigenen Wunsch außer Dienst gestellt worden. Sowjetische Fahnder hatten ihn nach Ende der Kämpfe in Berlin in seiner Wohnung aufgegriffen. Auf dem Wege über Moskau war er nach Nürnberg gelangt.

Formal bedeutete die Platzierung von Dönitz so etwas wie eine Zurücksetzung. Doch mochte ihm die nicht unrecht sein. Sie besaß obendrein den Vorzug, dass sich der ehemalige Großadmiral über mehrere Monate hindurch im Verlauf des Prozesses zu orientieren vermochte; und auch seinem Verteidiger, einem ehemaligen Flottenrichter der Wehrmacht, der sich selbst noch im Status eines britischen Kriegsgefangenen befand, blieb viel Zeit, seine Auftritte zugunsten des Mandanten vorzubereiten. Erst im Mai 1946 kam dann die Reihe an Dönitz. Er hatte, wie es die anglo-amerikanische Prozessordnung vorsah, als Zeuge in eigener Sache im Zeugenstand Platz zu nehmen. Wie üblich begann das Verhör mit der Schilderung des Lebensweges.

Dönitz war Berufssoldat, der seit dem Eintritt in die kaiserliche Marine im Jahre 1910 seine Uniform nicht ausgezogen hatte. Dass er am Ende des Ersten Weltkriegs ein Unterseeboot kommandierte, wurde für seine weitere Verwendung wichtig, wenn nicht ausschlaggebend. Nicht sogleich, denn der Versailler Vertrag hatte dem Deutschen Reich den Besitz dieser Waffe verboten. Das änderte sich 1935, als Großbritannien, ohne Konsultation mit den anderen Unterzeichnerstaaten des Friedensdiktats, im deutsch-englischen Flottenvertrag diese Bestimmung preisgab und zugestand, dass sich die deutsche Kriegsmarine einen U-Boot-Bestand im Umfang der britischen zulegen dürfe. Das wurde als Schritt zur einvernehmlichen Begrenzung der deutschen Rüstungen ausgegeben.

Alsbald wurde die Indienststellung der ersten Flottille gefeiert. Dönitz, damals Fregattenkapitän, wurde ihr Chef. Sie erhielt den Namen »Weddigen«. Das war ein programmatischer Bezug zur Geschichte des Weltkrieges, als U-Boote unter dem Kommando von Udo Weddigen spektakuläre Erfolge errangen. Nicht lange. Bereits im

März 1915 starben er und seine Besatzung den gefeierten »Heldentod« und versanken im romantisierten »Seemannsgrab«. Es war diese Waffe und deren Rolle im Krieg von 1914 bis 1918 schon während der Verbotsjahre von den deutschen Militaristen mit vielen Mitteln glorifiziert worden. Noch in der Stummfilmzeit kam 1927 »U9 – Weddigen« in die Kinos. Gegen Ende der Weimarer Republik war dann der Film »Morgenrot« abgedreht, der wiederum die Geschichte einer untergehenden U-Boot-Besatzung erzählte. Sie gipfelte in dem wie ein Gebet gesprochenen Satz, dass die Deutschen zwar mitunter nicht gut gemeinsam leben, dass sie hingegen sehr gut gemeinsam sterben könnten. Darum sollte es alsbald gehen. Der Film war, als das Naziregimes errichtet wurde, gerade vorführfertig, und Hitler besuchte mit anderen Größen des neuen Reiches dessen Uraufführung.

Mit dem deutsch-britischen Vertrag erhielt Dönitz seine neue Aufgabe, er wurde Führer der U-Boote und blieb deren Befehlshaber im Kriege. Kaum jemand wurde in der Anfangsphase der Siege im Osten und Westen mehr gefeiert als Angehörige dieser Waffengattung. Mit dem Kapitänleutnant Günther Prien begann 1939 die Reihe der hochdekorierten U-Boot-Kommandanten. Höhepunkte der Naziwochenschauen waren, namentlich in Monaten, in denen keine Landkriegssiege gemeldet werden konnten, die Bilder von den sinkenden Schiffen der Gegner und die vom Eintreffen der bärtigen »blauen Jungs« in deutschen Heimathäfen, der Rückkehrer von den »Feindfahrten« – wirkungsvolle Reklame für tausende ahnungslose junge Burschen, die es schwer erwarten konnten, an derlei vermeintlichen Abenteuern teilzunehmen.

Auf seinem Posten trug der Großadmiral die Verantwortung für die Art und Weise, in der die von ihm aus einer Zentrale nahe Berlin und aus Kommandostellen in Küstennähe gelenkten Unterwasserschiffe ihre Angriffe befehlsgemäß führten. Die gegen ihn deswegen erhobene Anklage lautete: Dönitz »genehmigte und leitete Kriegsverbrechen, ... besonders Verbrechen gegen Personen und Eigentum auf hoher See, und nahm an diesen Verbrechen teil«. Der reagierte, so seine Haltung bekundend, nach dem Lesen der Anklageschrift mit dem Worten: »Keiner dieser Anklagepunkte betrifft mich letzten

Endes. Typischer amerikanischer Humor«. In Nürnberg wie auch später blieb Dönitz jeder Anflug von Mitleid und Trauer über das Unheil fremd, dass der uneingeschränkt geführte Krieg der Unterseeboote nicht nur über Militärangehörige des Gegners gebracht hatte. Zu seinen Opfern zählten auch Tausende Zivilisten, Seeleute von Handelsschiffen auch neutraler Länder, Passagiere, Frauen und Kinder, die den Kriegsereignissen fern von Europa zu entkommen gesucht hatten. So sei eben der Krieg, lautete sein Kommentar vor Gericht.

Wiewohl an der Barbarei des Seekriegs kein Zweifel sein konnte, wurde ein erheblicher Teil dieser Anklage vom Gerichtshof nicht akzeptiert und also bei der Bestimmung des Urteils und des Strafmaßes nicht in Ansatz gebracht. Das geschah, weil die zwischen den beiden Weltkriegen, zuletzt 1936, getroffenen internationalen Vereinbarungen darüber, was im Seekrieg erlaubt und was untersagt sei, auch von Alliierten nicht strikt eingehalten worden waren. Großbritannien hatte Handelsschiffe bewaffnet und sie in den militärischen Funkverkehr einbezogen, in dem vor georteten deutschen U-Booten gewarnt wurde, und die US-amerikanische Flotte hatte bei ihren Aktionen im Pazifik im Krieg gegen japanische Gegner keine andere Verfahrensweise angewendet als die deutsche im Atlantik. Daher erklärten die Richter: »Auf Grund dieses Tatbestandes kann der Gerichtshof Dönitz für seine Unterseebootkriegführung gegen bewaffnete britische Handelsschiffe nicht für schuldig erklären«, und die Verurteilung wurde daher auch »nicht auf seine Verstöße gegen die internationalen Bestimmungen für den U-Bootkrieg gestützt«. So blieb gegen Dönitz im Kern die Anklage wegen der Teilnahme an der Vorbereitung und vor allem der Führung eines Angriffskrieges an herausragendem Platz, in seiner Eigenschaft als Befehlshaber der wichtigsten Waffengattung der deutschen Kriegsmarine. Zugleich trug Dönitz die Verantwortung, wenn er auch Teilnahme und Wissen hartnäckig bestritt, für Kriegsverbrechen, die in seinem Verantwortungsbereich als Oberbefehlshaber der Kriegsmarine ungeahndet begangen worden waren, so u.a. für den Einsatz von nichtdeutschen Häftlingen aus Konzentrationslagern in Werften bei Arbeiten, die Kriegszwecken dienten.

Vollkommen scheiterte die Verteidigung von Dönitz' bei dem Versuch, ihn bis zum 1. Mai 1945, als er Hitlers Nachfolge angetreten hatte, als einen Frontsoldaten darzustellen, der zur faschistischen Ideologie Distanz gehalten und sich nur um den Kampfgeist in der Truppe gekümmert hätte. Er wurde mir einer Rede konfrontiert, die er am 12. März 1944, dem so genannten Heldengedenktag, gehalten hatte. Damals sagte er: »Was wäre aus unserer Heimat heute, wenn der Führer uns nicht im Nationalsozialismus geeint hätte? Zerrissen in Parteien, durchsetzt von dem auflösenden Gift des Judentums und diesem zugänglich, da die Abwehr unserer jetzigen kompromisslosen Weltanschauung fehlte, wären wir längst der Belastung dieses Krieges erlegen und der erbarmungslosen Vernichtung unserer Gegner ausgeliefert worden.« Wie ein Aal wand sich der einstige Großadmiral unter den Fragen des britischen Chefanklägers David Maxwell Fyfe, der verlangte, ihm zu erklären, was unter »dem auflösenden Gift des Judentums« zu verstehen gewesen sei. Er kam schließlich nicht umhin zuzugestehen, dass er Deutschland ohne Juden als stärker angesehen habe. Nun waren die jüdischen Deutschen zum Zeitpunkt der Dönitz-Rede, soweit sie nicht ins Ausland entkommen konnten, schon nicht mehr am Leben. Davon hatte Dönitz natürlich auch nichts geahnt, geschweige denn gewusst. Wie alle Angeklagten versäumte er nicht, darauf zu verweisen, wie beansprucht er ständig durch seine spezielle Aufgabe im Regime gewesen sei, so dass das verbrecherische Geschehen – obendrein angeblich tief geheim gehalten – an ihnen gleichsam glatt vorbei gegangen wäre. Daher hatte der Großadmiral Hitlers auch nur gelegentlich von der Existenz von zwei Konzentrationslagern in Deutschland gehört, aber über deren Methoden und Zustände, wie er versicherte, nichts erfahren. Er nahm nur an, dass deren Häftlinge als Werftarbeiter besser verpflegt werden würden als andernorts.

Dönitz kam von allen Angeklagten, denen vom Gericht Zeitstrafen zugesprochen wurden, am glimpflichsten davon. Er wurde zu 10 Jahren Haft verurteilt. Die verbüßte er in Spandau. Vor ihm waren nur der einstige Reichsaußenminister und Reichsprotektor in Böhmen und Mähren, Konstantin Freiherr von Neurath, und sein Vorgänger

Raeder, der lebenslängliche Haft hätte absitzen sollen, aus Krankheitsgründen entlassen worden. 1956 freigekommen, zeigte er bereits zwei Jahre später mit der Veröffentlichung seiner Erinnerungen »Zehn Jahre und zwanzig Tage«, dass er schlicht lernunwillig war. Das bestätigten auch seine öffentlichen Auftritte in der Bundesrepublik. Dönitz avancierte dennoch oder gerade deswegen in die Reihe der Vorbilder der Bundesmarine, wofür die Autoren des Deutschen Historischen Museums in ihrem Internet-Beitrag zur Biographie des Großadmiral die akademisch verbrämte Formulierung fanden: »In der Bundesrepublik wird Dönitz für den Rückbezug der Armee auf ihre Vergangenheit zu einer wichtigen Figur.«

Eine konkretere Vorstellung, wie das geschah, gibt eine Episode, die sich zufällig auf den Tag genau 13 Jahre nach dem Beginn des Nürnberger Prozesses auf einer »Rüstzeit für Offiziere« der Bundesmarine ereignete. Dort hielt der Wehrbeauftragte der SPD, Friedrich Beermann, später Brigadegeneral der Bundeswehr, einen Vortrag über Unruhen bei der Kaiserlichen Marine im Jahr 1917 und bemerkte in der sich an seinen Vortrag anschließenden Diskussion, dass ihm die beiden jungen Matrosen Max Reichpietsch und Albin Köbis, die wegen Meuterei hingerichtet worden waren, näher stünden als die Großadmirale Dönitz und Raeder. Darauf verließen die meisten der Offiziere den Saal. Auf den Skandal reagierte der Inspekteur der Bundesmarine, Friedrich Ruge, mit einem Rundschreiben, in dem er auf einen feinen Unterschied aufmerksam machte. Zwar könnten die beiden Großadmirale aufgrund ihrer Rolle im Dritten Reich keine Vorbilder für die Marine sein. Für sich und andere Soldaten der Bundeswehr, die die Großadmirale (wie er, der es bis zum Vizeadmiral gebracht und im Oberkommando der Wehrmacht bis 1945 das Amt Schiffbau geleitet hatte) noch persönlich als Vorgesetzte kannten, nahm er jedoch das Recht in Anspruch, deren menschliche Seite weiterhin zu schätzen. Er wolle die politische und menschliche Seite einer Person voneinander getrennt betrachtet wissen.

Zu diesem Zeitpunkt mochten ein paar Zehntausend Deutsche schon anders auf Dönitz blicken. Wenn die Rede auf deutsche Oberbefehlshaber kam, welche ihre Soldaten »verheizt« hatten, fielen zwar zumeist die Namen so verschiedener Heerführer wie Friedrich Paulus, der die Verantwortung für den sinnlosen Tod deutscher Männer im Kessel von Stalingrad trug, oder Ferdinand Schörner, der noch bis in die Endphase des Krieges hinein die Feldgerichte drakonisch unter kampf- und heldentodunwilligen Untergebenen wüten ließ. Doch an die Spitze der Reihe gehört messbar Karl Dönitz. Zwischen 1939 und 1945 waren 781 U-Boote verloren gegangen. Von den 41.000 Mann, die im Kriegsverlauf insgesamt zu ihren Besatzungen gehört hatten, waren 27.000 zu Tode gekommen. Keine andere Waffengattung der Wehrmacht wies solche Verlustanteile auf. Im Wissen um die Ungleichheit der Mittel hatte der Befehlshaber der U-Boote den Krieg gegen alle Einreden weiter führen lassen. Für Dönitz galt wie für alle, die in Nürnberger auf der Anklagebank saßen, was schon Robert H. Jackson in seiner Eröffnungsrede erklärt hatte: Auch das deutsche Volk hatte mit ihnen eine Rechung zu begleichen. Die wurde diesem Mann in der Bundesrepublik nie präsentiert. Er starb in seinem 90. Lebensjahr und war drei- und viermal so alt geworden wie viele seiner einstigen »U-Bootmänner«.

## 11.
## Nazi-Organisationen auf dem Prüfstand der Richter

### Die Durchmusterung der braun-schwarz-feldgrauen Reihen

Nachdem in Nürnberg die Verhöre jener 21 Personen, die auf der doppelreihigen Anklagebank hatten Platz nehmen müssen, durch Ankläger und Verteidiger abgeschlossen worden waren, wandten sich die Richter dem weiteren Vorhaben ihres Planes zu: der Entscheidung über den Charakter faschistischer Organisationen und Gruppen. Es sollte befunden werden, welchen von ihnen die Kennzeichnung »verbrecherisch« zukam. Wie im Falle der zivilen und militärischen Führer hatte auch in diesem vor Prozessbeginn eine Auswahl getroffen werden müssen. Welche Zusammenschlüsse im weitverzweigten staatlichen und Parteigefüge des Regimes sollte das Gericht unter diesem Gesichtspunkt überhaupt prüfen?

## Die Auswahl

Die Entscheidung fiel auf vier Gebilde des zerschlagenen Staates: (1.) die Reichsregierung, also das Kollegium der Reichsminister mit dem Reichskanzler an der Spitze, (2.) die seit 1933 durch Umwandlung der Politischen Polizeien der Weimarer Republik über mehrere Stufen geschaffene Geheime Staatspolizei (Gestapo), (3.) das 1938 an die Stelle des Reichskriegsministeriums getretene Oberkommando der Wehrmacht (OKW) und (4.) den Generalstab. Dazu kamen als Teile der Nationalsozialistischen Partei (NSDAP) (5.) das Korps der politischen Leiter und (6.) die Sturmabteilungen (SA), sowie (7.) die anfänglich in der SA gebildeten, später selbständigen Schutzstaffeln (SS) und der Sicherheitsdienst (SD). Dieser Dienst nahm eine Zwischenstellung ein. Ursprünglich als Organisation innerhalb der SS geschaffen, um das Eindringen von Gegnern in die eigenen Reihen zu verhindern und diese Gegner in ihren Vereinigungen zu überwachen, war er mehr und mehr ein Teil des Staatsapparates geworden und 1939 bei Kriegsbeginn in das neugeschaffene Reichssicherheitshauptamt mit innen- wie außenpolitischen geheimdienstlichen Aufgaben eingebaut worden.

Von allen diesen Organisationen saßen Personen auf der Anklagebank, die in ihnen eine herausragende, führende oder befehlende Rolle eingenommen hatten. Keitel war Chef des Oberkommandos der Wehrmacht gewesen. Jodl der höchste Generalstabsoffizier in den deutschen Streitkräften. Von Göring war die SA in ihrer Anfangsphase kommandiert worden. Heß war der höchstgestellte politische Leiter der NSDAP gewesen. Die Gestapo und der SD gehörten zu dem von Kaltenbrunner geleiteten Amt. Rosenberg besaß neben anderen auch den Titel eines Reichsleiters der NSDAP. Sauckel hatte in Thüringen, Streicher in Franken auch die Ämter der NSDAP-Gauleiter innegehabt. Mithin war schon im Verlauf von deren Verhören die Sprache notwendig auch auf diese Organisationen gekommen. Doch wenn es um diese als Ganze ging, konnten Biographien einzelner herausragenden Persönlichkeiten allein nicht als beweiskräftig genug gelten. Über ihre Rolle musste gesondert verhandelt werden. Dazu erhielten auch sie Verteidiger.

In der Reihe der in Rede stehenden Organisationen besaßen SA und SS die zahlreichste Mitgliedschaft. Die mit der geringsten Zahl an Zugehörigen hingegen war die Reichsregierung, die als kollektiv arbeitendes Organ nach 1937 aufgehört hatte zu existieren. Dass seine Mitglieder strafwürdiger Tätigkeit verdächtig waren, zeigte die Besetzung der Anklagebank, auf der sich mit Heß, Frick, Neurath, von Ribbentrop, Rosenberg, Funk, Schacht, von Papen, Speer, Seyß-Inquart Reichsminister mit und ohne Geschäftsbereich befanden. Hitler hatte die turnusmäßigen Beratungen dieses traditionellen, seit der Reichsgründung 1871 bestehenden Gremiums, nachdem sie immer seltener geworden waren, schließlich ganz eingestellt. Er bevorzugte, mit den Ministern einzeln oder in kleinen Gruppen zu beraten, die von Fall zu Fall einberufen wurden.

## Ministerkollegen und Parteigenossen

Damit konnte von einer Gesamtverantwortung der Mitglieder dieses Kabinetts im Kriege nicht mehr die Rede sein. Das vermehrte die Chancen der Angeklagten, sich darauf herauszureden, nichts gewusst zu haben und unbeteiligt geblieben zu sein. Nicht in jedem Falle war das verlogen. Doch wirkte die immer wiederholte Behauptung »Mein Name ist Hase ...« lächerlich und unglaubwürdig. Denn es entstand so ein Bild von einer Gruppe führender Politiker, die schlicht ahnungslos gewesen wäre und ungleich weniger informiert als der sprichwörtliche »Mann auf der Straße«. Unbezweifelbar: Der Diktator hatte in allen ihm wichtig erscheinenden Fragen die letzten Entscheidungen sich vorbehalten und allein getroffen; doch auf der Grundlage von Vorträgen und Vorlagen, Informationen und Ratschlägen vor allem eben aus diesem Personenkreis. Vom Internationalen Militärtribunal waren dennoch nicht alle Minister unter Anklage gestellt worden. So fehlten die für Finanzen, für Justiz, für Verkehr und für Post.

Die beiden Organisationen, deren Mitgliederbestand unter allen zum Gefüge der NSDAP gehörenden siebenstellige Zahlen aufwies, waren nicht unter Anklage gestellt worden. Das war die Partei selbst, die als Deutsche Arbeiterpartei 1919 gegründet wurde und sich 1920 in Nationalsozialistische Deutsche Arbeiterpartei umbenannt hatte. Ihre Mitgliedschaft war seit 1933 riesenhaft angeschwollen und wurde gegen Ende des Regimes auf etwa 10 Millionen Menschen geschätzt. Wiewohl – anders als im Falle der Wehrmacht, vor der seit 1935 kein Entkommen war, ausgenommen durch die Flucht ins Ausland oder den Weg in ein Gefängnis – niemand in diese Organisation gezwungen werden konnte, hatten auch jenseits von Überzeugungen verschiedenste Lockungen und Druckmittel »Volksgenossen« dahin gebracht, ihre Aufnahme, die individuell und aufgrund eines schriftlichen Verlangens geschah, zu beantragen.

Größer noch war die Zahl einer der NSDAP angegliederten Organisation: die 1933 geschaffene Deutsche Arbeitsfront (DAF), die an die Stelle der verbotenen oder aufgelösten Gewerkschaften trat und deren Eigentum raubte. Wer als Arbeiter oder Angestellter zu einem industriellen, Handels- oder sonst dienstleistenden Betrieb oder anderen Unternehmen außerhalb der Landwirtschaft gehörte, kam um diese DAF-Mitgliedschaft nicht herum. Der Mitglieds-Beitrag wurde automatisch vom Lohn oder Gehalt einbehalten. Irgendwelche eingeforderten und kontrollierten Pflichten waren darüber hinaus von Mitgliedern nicht gefordert worden, ausgenommen die Teilnahme an Aufmärschen und Kundgebungen, die vor dem Kriege regelmäßig zur Demonstration der Klassen übergreifenden »Volksgemeinschaft« am 1. Mai stattfanden, der zum Tag der Arbeit erklärt worden war.

## Die Bonzen

Eine Sonderstellung in diesem polypenähnlichen Gebilde NSDAP, das sogar Organisationen für Frauen und Mädchen einschloss, hatte das Korps der Politischen Leiter eingenommen. Zu ihm gehörten die Führer der verschiedensten Nazi-Organisationen, angefangen von den Reichsleitern wie Goebbels und Ley, die sich inzwischen aus Leben und Verantwortung gestohlen hatten, über die Gauleiter an der Spitze der territorialen Organisationen, gefolgt von den Kreis- und Ortsgruppenleitern bis hin zu den Zellen- und Blockleitern in den Wohngebieten. Eine erhebliche Zahl von ihnen war in bürokratischen Zentralen tätig, andere bekleideten ihr Amt nebenberuflich. In der Öffentlichkeit zeigte sich dieser ausschließlich männliche Personenkreis zumeist uniformiert – und das sollte er auch, um Stärke und Allgegenwart der Partei zu dokumentieren. Früh wurden diese politischen Leiter wegen ihres gockelhaften Aussehens und Auftretens »Goldfasane« genannt. Der Volksmund hatte für diese Großgruppe die freilich nur hinter vorgehaltener Hand gesprochene Bezeichnung »Bonzen«. Ihnen war in den Wohnstraßen der Städte und auf den Dörfern schwer zu entkommen. Sie erschienen an Feier-, Fest- oder Siegestagen vor Haus- oder Wohnungstüren, um einen »Volksgenossen« darauf aufmerksam zu machen, dass er vergessen habe, seine Hakenkreuzfahne zum Fenster herauszuhängen. Sie klopften an, um Spenden in Form von Geld oder Naturalien einzufordern, wenn für irgendeinen das Regime stärkenden Zweck gesammelt wurde. Sie waren gleichsam die Finger am weitreichenden Arm eines Spitzel- und Kontrollsystems. Im Kriege hatten sich ihre exekutiven Befugnisse und Aufgaben bis in die Endphase der Kämpfe hinein erweitert. Sie waren an der Überwachung der herbeigeschleppten Zwangsarbeiter und von Kriegsgefangenen beteiligt. Sie hatten an Maßnahmen der Drangsalierung und Deportation der Juden mitgewirkt. Manche mobilisierten die Einwohner gegen notgelandete »Terrorflieger« zu Gewaltaktionen. Die Anklage gegen dieses Korps, das auf 600.000 bis 700.000 Angehörige geschätzt wurde, besaß viele unabweisbare Gründe.

Am 30. September 1946 wurden die Urteile über die Organisationen und deren Begründungen verlesen. Ihre generelle Bedeutung hatte in seinem Schlussplädoyer der US-amerikanische Anklagevertreter Thomas J. Dodd bezeichnet: »Dadurch, dass diese Organisationen für verbrecherisch erklärt werden, wird dieser Gerichtshof nicht nur an das deutsche Volk, sondern an die Völker der ganzen Welt eine Warnung aussprechen. Die Menschheit soll wissen: Verbrechen bleiben nicht straflos, weil sie im Namen einer politischen Partei oder eines Staates begangen worden sind, über Verbrechen wird nicht hinweggesehen, weil sie zu umfangreich sind; Verbrecher werden nicht straflos davonkommen, weil ihrer zu viele sind.« Indessen blieben die Sprüche der Richter hinter vielen Erwartungen zurück.

## Differenzierte Urteile

Wie die Urteile über die angeklagten Personen differenziert ausfielen, so auch die über die Organisationen. Die Richter befanden die SS, den SD, die Gestapo und das politische Leiterkorps als verbrecherisch, nicht aber die Reichsregierung, das Oberkommando der Wehrmacht, den Generalstab und die SA. Besonders der Spruch über die beiden militärischen Spitzengremien stieß nicht nur bei dem sowjetischen Richter auf Ablehnung, sondern ebenso in vielen Kreisen des In- und Auslands. Verbanden sich mit ihnen doch die lebhafte Erinnerung an unsägliches Unheil, dessen Quelle die dort erdachten, geplanten und dann in Befehle und Weisungen gegossenen Kriege und Feldzüge waren.

Von der Sorgfalt der Urteile zeugte zum einen, dass Angehörige von für verbrecherisch erklärten Organisationen, die nicht direkt politische Dienste und Aufgaben erfüllt hatten, wie etwa Pförtner, Botengänger, Stenotypistinnen und andere, ausdrücklich ausgenommen wurden. Auch diejenigen, die vor dem 1. September 1939 aus diesen Organisationen ausgeschieden waren, blieben erklärtermaßen außer Betracht. Denn die Frage: verbrecherisch oder nicht wurde von den Richtern nicht in jeder Hinsicht betrachtet und entschieden, sondern allein und streng nach den Prinzipien des ihrer Tätigkeit zugrundegelegten Londoner Statuts. Mithin blieben verbrecherische Handlungen unberücksichtigt, die nicht in Kriegs- oder Menschheitsverbrechen bestanden oder mit diesen in Zusammenhang gestanden hatten. Während die exklusive Reiter-SS als Sonderfall von der Verurteilung der gesamten SS-Organisation unter Einschluss der Waffen-SS ausgenommen wurde, verwies das Gericht im Fall der nicht für verbrecherisch erklärten SA aber ausdrücklich darauf, dass auch »SA-Einheiten für die Begehung von Kriegsverbrechen und Verbrechen gegen die Menschlichkeit eingesetzt wurden«, ohne dass dies jedoch die Rolle der ganzen Organisation charakterisiere.

Der Antrag der Anklage die Reichsregierung betreffend wurde mit einer anderer Begründung abgelehnt:. Zum einen, erklärten die Richter, könne nach 1937 keine Rede mehr von einer tätigen Gruppe sein, und zum anderen sei sie auch vordem so klein gewesen, dass unschwer »gegen ihre Mitglieder ohne weiteres Einzelverfahren geführt werden können«. Im Fall des Vizekanzlers der Jahre 1933/1934, von Papen endete das schon im ersten der Nürnberger Prozesse mit einem Freispruch. Später gelangten weitere Regierungsmitglieder vor die Gerichtsschranken. Lutz Graf Schwerin-Krosigk, Reichsfinanzminister von 1933 bis 1945, wurde im so genannten Wilhelmstraßen-Prozess von einem US-amerikanischen Gericht angeklagt und verurteilt. Franz Schlegelberger, der 1941/1942 geschäftsführender Justizminister gewesen war, wurde ebenfalls in einem der Nachfolgeprozesse (Juristen-Prozess) verurteilt, kam freilich frühzeitig frei und in der Bundesrepublik zeitweilig in den Genuss seiner erworbenen und inzwischen als rechtskräftig geltenden Pensionsansprüche. Alfred Hugenberg hingegen, einer der Architekten der Nazidiktatur und 1933 in der Hitler-Regierung Minister für Wirtschaft und für Landwirtschaft, entging jeglicher gerichtlichen Anklage. Die britische Besatzungsmacht inhaftierte ihn zwar, ließ ihn aber im folgenden Jahr bereits wieder frei.

An die Entscheidung des Gerichts, das OKW und den Generalstab nicht zu verbrecherischen Organisationen oder Gruppen zu erklären, ließen sich schöne Legenden vom »ehrenhaften Kriegshandwerk«

knüpfen, freilich nur, wenn die für dieses Urteil gegebene Begründung unterschlagen wurde. Zunächst erklärten die Richter, die dieser Gruppe insgesamt etwa 130 Offiziere zuordneten, dass auch sie sich wegen der Geringfügigkeit ihrer Zahl als Einzelne anklagen ließen, – ein Argument, das freilich wenig überzeugte. Wichtiger war ihnen deshalb die Feststellung, dass Generalstab und Oberkommando weder eine »Organisation«, noch eine »Gruppe« im Sinne des Statuts dargestellt hätten. Das Gerichtet erachtete beide als eine Ansammlung von Militärs, die zufällig in einem gegebenen Zeitpunkt die hohen militärischen Stellungen bekleideten. Es waren mithin formale, auf die Konstruktion der Anklage bezogene Gründe, die das Urteil bestimmten.

Dann jedoch hieß es in der Begründung der Richter weiter, es sei ihnen »viel Beweisstoff über die Teilnahme dieser Offiziere an der Planung und Führung des Angriffskrieges und an der Begehung von Kriegsverbrechen und Verbrechen gegen die Menschlichkeit vorgelegt worden. Dieses Beweisergebnis ist gegen viele von ihnen klar und überzeugend.« Und weiter: »Sie sind in großem Maße verantwortlich gewesen für die Leiden und Nöte, die über Millionen Männer, Frauen und Kinder gekommen sind. ... Ohne ihre militärische Führung wären die Angriffsgelüste Hitlers und seiner Nazi-Kumpane akademisch und ohne Folgen geblieben.« Nicht Gruppe nach dem Wortlaut des Statuts seien diese Offiziere »doch sicher eine rücksichtslose militärische Kaste« gewesen. Und über die Art, sich vor Gericht darzustellen, hieß es: »Wenn es ihrer Verteidigung zweckdienlich ist, so sagen sie, sie hatten zu gehorchen; hält man ihnen Hitlers brutale Verbrechen vor, deren allgemeine Kenntnis ihnen nachgewiesen wurde, so sagen sie, sie hätten den Gehorsam verweigert ... Die Wahrheit ist, dass sie an all diesen Verbrechen rege teilgenommen haben oder in schweigender Zustimmung verharrten, wenn vor ihren Augen größer angelegte und empörendere Verbrechen begangen wurden, als die Welt je zu sehen das Unglück hatte.« Der Urteilstext schloss: »Wo es der Sachverhalt rechtfertigt, sollen diese Leute vor Gericht gestellt werden, damit jene unter ihnen, die dieser Verbrechen schuldig sind, ihrer Bestrafung nicht entgehen.« Kein Teil des Urteilsspruchs der Richter von Nürnberg ist derart tief in Vergessenheit gebracht worden wie dieser, um in der Bundesrepublik den Weg zu ebnen für jenes geschönte Bild von der Wehrmacht und ihren Befehlshabern, das bis in die Zeiten der 1995 eröffneten Ausstellung »Verbrechen der Wehrmacht. Dimensionen des Vernichtungskrieges 1941-1944« weithin vorherrschte.

## »Waren Sie NSDAP-Mitglied?«

Die Frage, die sich die nach Tausenden zählenden Mitglieder jener Organisationen stellen mussten, die als verbrecherisch erklärt worden waren, lautete: Was bedeutet das für mich, für meine und meiner Familie Zukunft in Nachkriegsdeutschland? Kein Zweifel konnte daran bestehen, dass die Mitgliedschaft und berufliche oder ehrenamtliche Tätigkeit in einem dieser faschistischen Zusammenschlüsse als ein Makel galt. Und Deutschland wurde, wie der US-amerikanische Schriftsteller John DosPassos es genannt hat, nachdem das bereits in den Jahren der faschistischen Diktatur eingeübt worden war, nun auf andere Weise ein »Land des Fragebogens«. Nicht wenige zogen es vor, ihre Mitgliedschaft, so sie daraus einen Nachteil erwachsen sahen, in der Hoffnung zu verschweigen, dass niemand sie erkennen oder sich ihrer erinnern würde und schriftliche Zeugnisse nicht mehr verfügbar wären. Zu den Witzen der frühen Nachkriegszeit gehörte auch der: »Waren Sie Mitglied der NSDAP?« Antwort: »Nein, ich komme aus Schlesien.« Rasch entwickelte sich auch die Praxis, sich für eine Referenz bei der neuen Obrigkeit von Arbeitskollegen, Freunden und Bekannten, am besten von Überlebenden jüdischer Herkunft »Persilscheine« zu besorgen, so dass anstatt der braunen, weiße Westen vorgewiesen werden konnten.

Doch hatte der Nürnberger Gerichtshof gegen künftige Pauschalverurteilungen hinreichend vorgebaut und klar gemacht, dass zwischen der in seinem Urteil erfolgten Charakterisierung einer Organisation als verbrecherisch und dem Urteil über Einzelpersonen, die ihr angehört hatten, keine automatische Verbindung hergestellt werden sollte. Wie mit den Angeklagten des Hauptkriegsverbrecher-Prozesses verfahren worden war, so sollte auch für jedes Mitglied der SS, der Gestapo usw. geprüft werden, was es getan oder unterlassen hatte. Dieses Prinzip galt nicht nur für die als verbrecherisch eingestuften Organisationen. Wie nicht jeder ihrer Angehörigen ungeprüft verdächtigt und beschuldigt werden sollte, so war – umgekehrt – ebenso verdeutlicht worden, dass die Mitgliedschaft in Organisationen, für die diese Kennzeichnung unterblieben war, strafwürdiges Verhalten keineswegs ausschloss.

Es lag zutage, dass dies nicht die Aufgabe alliierter Gerichte oder Kommissionen sein könnte, sondern dass nach dieser Richtschnur vor allem deutsche Stellen in Aktion treten müssten. Das geschah, und es erfolgte in den verschiedenen Besatzungszonen zu verschiedenen Zeiten mit sehr unterschiedlicher Gründlichkeit und Konsequenz. Beispielhaft mag das die Biographie Wilhelm Schepmanns zeigen, eines »alten Kämpfers« und SA-Führers, der 1943 in der Nachfolge des tödlich verunglückten Viktor Lutze als so genannter Stabschef an die Spitze der Sturmabteilungen (SA) gestellt worden war. Zunächst gelang es ihm, in Norddeutschland in dem Städtchen Gifhorn unterzutauchen. 1949 ermittelten ihn britische Fahnder. Untersuchung und Prozess überstand er nahezu folgenlos. Er brachte es am Ort dann zeitweilig bis zum stellvertretenden Bürgermeister und starb unbehelligt im Jahre 1970. Es vergingen nur wenige Jahre, bis ein erheblicher Teil des Personals, das in der Politischen Polizei des Naziregimes, der Gestapo, gedient hatte, seine Karrieren im Staatsdienst der Bundesrepublik fortsetzen konnte. Am kürzesten wurden die Wege zu solchem Einstieg für einstige Mitarbeiter des Sicherheitsdienstes, deren Kenntnisse und Erfahrungen im sich entwickelnden Kalten Krieg neuen Kurswert gewannen.

## 12.
## Der Gerichtshof zieht sich zur Beratung zurück

Am 31. August 1946 traten die Verhandlungen vor dem Internationalen Militärtribunal in Nürnberg in ihre letzte Phase. Der Vortrag der Beweise durch die Anklage, die Versuche der Verteidiger, diese zu entkräften, Verhöre, Kreuzverhöre und Wiederverhöre der Angeklagten, die Auftritte der Zeugen lagen hinter dem Gerichtshof. Was zu folgen hatte, waren die Schlussplädoyers der Anklage und der Verteidiger sowie – wie üblich – die den Angeklagten zugebilligten Schlussworte. Dann würden sich die acht Richter zu geheimer Beratung über Schuld oder Unschuld und das den Angeklagten zuzumessende Strafmaß zurückziehen, womit das Verfahren eine längere Unterbrechung erfahren musste.

Die Angeklagten erhielten in der Reihenfolge, in der sie auf den beiden Anklagebänken platziert worden waren, Gelegenheit, sich in einem letzten Wort an das Gericht zu wenden. Manchem von ihnen mochte bewusst sein, dass dies überhaupt seine letzte Chance war, Aufmerksamkeit auf die eigene Person, Rolle und Haltung zu lenken. Bei allen Nuancen, welche diese Erklärungen aufwiesen – sie waren teils äußerst knapp, manche vollkommen bekenntnishaft gehalten, teils setzten sie sich noch einmal mit Argumenten der Anklage, die in deren Schlussplädoyers vorgetragen worden waren, auseinander –, so enthielten sie doch viel Gemeinsames und bestätigten dadurch, dass es sich, ungeachtet der Versuche, eine jeweils eigene Haltung zu bekunden, um eine zusammengehörige Gruppe einstiger Führer handelte.

Alle, mit der Ausnahme von Frank, blieben bei ihrer Eröffnungserklärung, dass sie sich im Sinne der Anklage als nicht schuldig betrachteten. Der ehemalige Generalgouverneur im deutsch-besetzten Teil Polens, der anhand seines minutiös geführten Diensttagebuches am überzeugendsten nicht nur seiner Taten, sondern auch seiner erbärmlichen Gesinnung überführt worden war, räumte eine zu ahndende Schuld ein. Sofern die anderen überhaupt von Schuld sprachen, gestanden sie eine politische oder moralische zu, die jedoch für das Gericht ohne Bedeutung sei. Mehrfach beteuerten sie ausdrücklich, dass ihre Schuld aus zu großer Vertrauensseligkeit gegenüber Hitler herrühre, dessen Wesen sie nicht erkannt hätten. Dieser und nächst ihm Himmler waren die beiden Führer, die nun als die »Teufel« angesehen wurden. Keitel sagte, er sei in Hitlers »Netze« gezogen worden. Fritzsche beteuerte, er sei vom »Führer« getäuscht worden. Speer bezeichnete Hitler als den »Urheber« allen Unheils. Dönitz gab sich durch die Einsicht belehrt, dass das Führerprinzip in der Politik falsch sei. Sauckel sprach davon, dass er sich in Hitler geirrt habe, und von seiner Naivität gegenüber Himmler und Goebbels.. Schacht erwähnte die »Verbrechernatur Hitlers«, auch er gestand ein, sich politisch geirrt zu haben. Raeder meinte, er hätte offenbar, um segensreich wirken zu können, an seinem Platze auch bis zu einem gewissen Grade Politiker sein müssen, doch habe das seiner ganzen Entwicklung widerstrebt. Das alles war natürlich gefahrlos, gilt doch gerade Irren als menschlich. Auf irgendeine Weise waren sie alle Opfer geworden – als Folge ihrer Leichtgläubigkeit, Resultat ihrer Erziehung und Ausfluss ihrer Neigungen.

Nach den Schlußworten der Angeklagten musste der Eindruck entstehen, dass es in Deutschland nur einen einzigen führenden Politiker und Militär gegeben habe, der den Krieg wollte – Hitler. Schacht erklärte sich zum »fanatischen Pazifisten«, Göring, der seine heiße Liebe zum deutschen Volk bekundete, wollte alles getan haben, um 1939 den Krieg zu verhindern. Von Ribbentrop behauptete, ein anderer, also der »Führer«, habe die Außenpolitik gemacht, nicht er, und bezeichnete einzig die Erfolglosigkeit seines diplomatischen Wollens als die allenfalls einzuräumende Schuld, die ihn belaste. Pläne zur Eroberung der Weltherrschaft habe er nie verfolgt. In dieser oder jener Weise schien durch diese Erklärungen immer wieder der Versuch durch, das Regime, das sie etabliert und an dessen Spitze sie gestanden hatten, im Kern als gut zu erklären, wären da nicht, so drückte sich von Schirach aus, »Entartungen und Auswüchse« gewesen, an deren Entstehen natürlich jeder unbeteiligt geblieben war, wenn er nicht überhaupt versucht hatte, sie zu verhindern.

Doch im Krieg, der dann geführt wurde, sahen sie sich nahezu alle als Organisatoren größter Anstrengungen für den Sieg, ohne dass ihnen dabei irgendwelche Eroberungsziele vorgeschwebt hätten. Dieser Krieg war »ausgebrochen«, und er sei, so Jodl, um »Sein oder Nichtsein des Vaterlandes« geführt worden. Stolz blickten die beiden Großadmirale auf den Kampf der Kriegsmarine zurück, der, wie Raeder meinte, »mit Sauberkeit und Kampfsittlichkeit« geführt worden sei. Mehrmals, und das schloss den Blick in die Kriegsjahre ein, war die Versicherung zu hören, dass das eigene Leben nur dem Volke gedient habe. Besonders stolz gab sich von Schirach für seinen Dienst an der deutschen Jugend, die er zu Vaterlandsliebe, gegen Klassenhass, für ein gesundes Leben und dazu erzogen habe, dass sie im Kriege tapfer ihre Pflicht tat. Von Neurath erwähnte seine Opfer für das Volk, und das Urteil wollte er als letztes dieser Opfer betrachten.

Gemeinsam blieben sie auch dabei, von den ungeheuren Verbrechen des Regimes erst im Gerichtssaal erfahren zu haben. Sie waren weder an deren Planung noch an deren Ausführung beteiligt gewesen. In diesem Punkt war insbesondere Keitel wegen seiner Unterschriften unter eindeutig verbrecherische Befehle, die massenhaften Tod zur Folge hatten, in schwieriger Lage. Er wie Kaltenbrunner zogen sich sodann auf den Befehlsgehorsam zurück, doch räumte der einstige OKW-Chef ein, dass er sich, käme er wieder in die gleiche Situation, dem nicht beugen würde. Niemand konnte glauben, dass die Berufung auf derart beispiellose Befehle auch nur einen mildernden Umstand abgeben könnte.

Diese Selbstdarstellungen in den Schlussworten gipfelten in Aussagen wie der Rosenbergs, er wisse sich »frei von Schuld«, Neurath erwähnte sein »gutes Gewissen«. Frick nannte sein Gewissen rein. Das gleiche tat Sauckel. Solche Beteuerungen ließen sich nicht an die Fakten knüpfen, die den Angeklagten im Gerichtssaal vorgehalten und als auf ihr persönliches Konto gehörend präsentiert worden waren. Daher bewegten sich die meisten Schlussworte fernab jeder Bezugnahme auf die gerichtsnotorisch gemachten Tatsachen. Von Schirach redete lange über seine Rolle und sein Wirken als Reichsjugendführer und kein Wort über die als Gauleiter der NSDAP und Reichsstatthalter von Wien. Seyß-Inquart ließ sich breit über Österreichs »Anschluss« 1938 aus, während ihm vor allem seine Maßnahmen als Reichskommissar der Niederlande vorgehalten worden waren. Kam er dennoch darauf, nannte er die Deportation der Juden eine »Evakuierung«. Niemand wollte Menschen, die in die Hand der deutschen Eroberer gefallen waren, je irgendetwas Böses angetan oder auch nur zugedacht haben, was nicht durch Kriegsnotwendigkeiten erzwungen gewesen sei. Den Niederländern wäre es, so der einstige oberste Besatzungsherr, unter Bedingungen der Nazi-Okkupation besser gegangen als in einem neutralen Land während des Ersten Weltkrieges. Für die nach Deutschland verschleppten Zwangsarbeiter wollte Sauckel sich ständig eingesetzt haben, – besorgt um ihre Gleichstellung mit den deutschen Arbeitern, die es ihrerseits gar nicht fertig gebracht hätten, Ausländer als Sklaven neben sich schuften zu sehen.

Speer unterließ es ganz, sich auf das Feld des Konkreten zu begeben und auch nur ein Wort auf seine Rolle bei der Verteilung und Verwendung der ausländischen Arbeitskräfte und KZ-Häftlinge zu wenden. Er gab den Staats- und Technikphilosophen, der von der die Menschen terrorisierenden Technik und deren jetzt schon erreichter unheilvoller Entwicklungsstufe sprach. Er stellte sich als Warner aus eigener bitterer Erfahrung dar, der dem Gericht abschließend mitteilte, zu welchen Wahrheiten er vorgestoßen war. Nicht er allein bezeugte seinen Hang zum Tiefsinn. Frank hatte herausgefunden, dass alles Unheil letztlich durch die Abwendung von Gott hervorgerufen worden sei. Mehrfach wurde hingegen gerade die nie verlorene Bindung an den christlichen Glauben angeführt, um die eigene Haltung als fundiert antinazistisch auszuweisen. Auch andere suchten wie Speer und Frank von ihrem starken Drang nach Wahrheit zu überzeugen. Sie erwähnten die Schwere der Aufgabe des Gerichts oder auch die Unmöglichkeit, sie so kurze Zeit nach den Ereignissen zu lösen, was besagen sollte, dass angemessene Urteile auf dem Wege der Justiz gar nicht gefunden werden könnten. Unüberhörbar der Versuch der meisten, sich als Denker zu zeigen. Diese Möglichkeit blieb einem Manne wie Sauckel verschlossen. Der wünschte, als einstiger Seemann und Arbeiter gesehen zu werden, verwies auf seinen sozialdemokratischen Schwiegervater und seine zehn Kinder und schien so glaubhaft machen zu wollen, dass ihm nach sozialer Herkunft und Verwandtschaft nichts Schlechtes gegen einen Mitmenschen in den Sinn gekommen sein könne.

In den Schlussworten fehlten auch nicht die Attacken gegen die Anklagevertretung, gegen die Politik der Alliierten im Vorkrieg und gegen deren Kriegführung. Schacht warf der Anklage vor, dass sie alle seine Gegenbeweise ignoriert, ihn in der Öffentlichkeit diffamiert habe und klagte, dass er nun »ohne Subsistenzmittel und ohne Heimat« dastehe. Mehrere Angeklagte bekundeten ihren Antikommunismus. Von Ribbentrop suchte mit dem Verweis auf die deutsch-sowjetischen Abkommen vom August und September 1939, das tu quoque geltend zu machen. Jodl wollte die Kriegsverbrechen der Wehrmacht, die sich nicht leugnen ließen und die er als Härte bezeichnete, als Reaktion auf den rücksichtslosen Bomben- und Partisanenkrieg einordnen. Seyß-Inquart meinte, dass alle deutsche Schuld längst obsolet geworden sei durch Verbrechen, begangen von der sowjetischen Armee beim Erreichen des Reichsgebiets.

Fast jede Ansprache endete mit besten Zukunftswünschen für die Deutschen, die Gott ebenso schützen solle wie die »abendländische Kultur«, und für die ganze Menschheit. Sie galten dem »Verstehen« und der »Gemeinschaft der Völker«, dem »Neubau« und der »Genesung der Welt« und natürlich vor allem dem Frieden. Aus dem Munde dieser Männer hörte sich jedes dieser Worte makaber an. Dennoch: Der Gerichtshof duldete die Erklärungen ohne jede Unterbrechung, ausgenommen die Rede von Heß, der zu keinem Ende kam und fälschlich meinte, er könne, da er den Zeugenstand verweigert hatte, nun ein Referat vortragen.

Am 31. August 1946 war auch für die Verteidigung die lange Kette von Auftritten beendet. In den verflossenen Monaten hatte sich manchen Anwälten die Chance geboten, auf ihre juristischen Fähigkeiten aufmerksam zu machen und sich in der Materie als versiert zu zeigen, die für unbestimmte Zeit in weiteren Prozessen eine Rolle spielen würde. Für eine ganze Reihe der deutschen Juristen blieb es nicht bei ihrer Beteiligung am Prozess gegen die Hauptkriegsverbrecher. Eine Karriere besonderer Art eröffnete sich dem jüngsten der Nürnberger Verteidiger, Kranzbühler. Er verteidigte in den Nachfolgeprozessen vor US-amerikanischen Gerichtshöfen Alfried Krupp und im Flickprozess dessen Generalbevollmächtigten Odilo Burkart, sowie die Interessen des Konzernherrn Friedrich Flick nach dessen Verurteilung. Auch dem Saarindustriellen Hermann Röchling, der sich 1946 vor einem französischen Gericht in Rastatt angeklagt sah, schien Kranzbühler der geeignete Anwalt. Zwar konnte er die Verurteilung seines Mandanten, der 10, im Revisionsverfahren 7 Jahre Haft zugesprochen erhielt, jedoch alsbald auf freien Fuß kam, nicht abwenden. Dennoch begründete sein Auftritt eine lebenslange Verbindung mit dem restaurierten und dann expandierenden Konzern, dessen Interessen er gegenüber der französischen wie der Bundesregierung in Verhandlungen vertrat und in dessen Aufsichts- und Kontrollgremien der Jurist bis 1987 saß. Schon 1951 war er als einziger Fremde zum Familientag der Röchlings geladen worden.

Keine Frage: eine Gruppenbiografie der Nürnberger Verteidiger wäre reizvoll, wünschenswert und für die Geschichte der Bundesrepublik unter mehreren Aspekten aufschlussreich. In ihr würde Dr. Alfred Seidl auf vorderem Platz figurieren. Er hatte Rudolf Heß und Hans Frank verteidigt und wirkte später in drei der 12 Nachfolgeprozessen als Rechtsanwalt mit, im Wilhelmstraßen-Prozess, wo sein Mandant der ehemalige Reichsminister in der Reichskanzlei Hans-Heinrich Lammers war, sowie im Ärzte- und im sogenannten Pohl-Prozess. Als der ehemalige Zwangsarbeiter Norbert Wollheim, der im Bunawerk von Auschwitz-Monowitz als deportierter Jude ausgebeutet worden war, in einem denkwürdigen Prozess die IG Farben i.A. auf Entschädigung verklagte, vertrat Seidl, wie nicht anders zu erwarten, die Beklagte. In der Christlich-Sozialen Union (CSU) machte der Jurist auch politisch Karriere. Er wurde Vorsitzender der Fraktion im bayerischen Landtag und bayerischer Innenminister. Dr. Robert Servatius, der Fritz Sauckel und zugleich das Korps der Politischen Leiter der NSDAP vertreten hatte, trat Jahre später als Anwalt Adolf Eichmanns in Jerusalem hervor.

Von Seiten des Gerichts waren den Verteidigern schon im Prozessverlauf Komplimente gemacht worden, was sich taktisch erklären und auf die Atmosphäre während des Verfahrens gezielt haben mag. Außerhalb des Gerichtssaals aber war deren Rolle in der deutschen Öffentlichkeit wie unter Juristen umstritten. Sie wurde aus konträrer Sicht kritisiert. Manche Anwälte sahen sich in Briefen sogar Drohungen ausgesetzt. Die Kölner Anwaltskammer wollte gegen die aus ihrem Zuständigkeitsbereich beteiligten Nürnberger Juristen Untersuchungen einleiten.[6] Während die einen im Auftreten der Anwälte eine pronazistische Haltung erblickten, meinten andere, es seien die Feindmächte wegen der von ihnen begangenen Gesetzesverstöße in Gegenangriffen nicht hinreichend attackiert worden. Das Gericht sah sich am Ende seiner Tätigkeit zu erklären veranlasst, dass die deutschen Juristen unter seinem Schutz stünden und nicht zu behelligen seien. Lord Shawcross, der britische Chefankläger, hat ihnen noch Jahrzehnte nach dem Prozess nachgesagt, sie hätten ihre Aufgabe in »Ehre und Würde« gelöst.

Dieses Urteil ging nicht nur an einigen Tatsachen des Prozessverlaufs im Jahre 1945/46 vorbei. Es ließ auch die Rolle der Anwälte nach dem Ende der Verfahren außer Betracht. So die von Rudolf Aschenauer, dessen Zulassung allein schon von Großzügigkeit der Alliierten gegenüber dem politischen Vorleben der deutschen Juristen zeugte. Er war ein Aktivist im Gauverband Bayern des Vereins für das Deutschtum im Ausland (VDA) gewesen, einer Organisation, die bei der Mobilisierung von Deutschen im Ausland zugunsten des Naziregimes eine besondere Rolle gespielt hatte. Aschenauer hatte in Nürnberg im Einsatzgruppenprozess Otto Ohlendorf verteidigt, der zum Tode verurteilt und dessen Urteil auch vollstreckt wurde. Später war der Anwalt einer der Organisatoren von Hilfsstellen, auch der beiden christlichen Kirchen, die sich für Begnadigungen und Freilassungen der verurteilen Kriegsverbrecher einsetzten und Druck auf den Hochkommissar der USA ausübten, bei dem die entsprechenden Rechte lagen. 1955 war er an der Wiedergründung des VDA beteiligt.

Der Gerichtsvorsitzende kündete das Urteil für den 23. September an, schloss aber eine Verschiebung dieses Termins nicht aus.[7]

Tatsächlich brauchten die Richter dann eine Woche mehr, um zu ihren Entscheidungen zu gelangen.

## 13.
## Das Urteil

Am 30. September 1946 füllte sich der Sitzungssaal 600 im Nürnberger Justizgebäude noch einmal so dicht wie am Tage der Prozesseröffnung. Das Richterkollegium hatte in den Wochen zuvor in Beratungen seine Urteile formuliert. Nun sollten sie bekannt gegeben werden. Die Entscheidungen der vier stimmberechtigten Richter waren einhellig oder, wenn sich das nicht erzielen ließ, durch eine Abstimmung drei gegen eine Stimme gefallen. Wo sich zunächst zwei gegen zwei Voten gegenüber gestanden hatten, war erneutes Abwägen notwendig gewesen. Das Stimmenverhältnis blieb zunächst geheim. Erst Jahre später wurde es durch das Studium von Aufzeichnungen der Beteiligten bekannt. Neben den Freisprüchen waren vor allem die ausgesprochenen Zeitstrafen umstritten. So hatten sich bei der Festlegung des Urteils gegen Albert Speer, bevor es zur Einigung dreier Richter auf eine Haft von 20 Jahren kam, zunächst zwei Richter für die Todesstrafe ausgesprochen.

Zunächst verlasen die Richter die Begründungen für ihre Schuld- bzw. die Freisprüche. Befunden worden war für jeden Angeklagten, unter welchem der vier Punkte der Anklage er als schuldig oder nicht schuldig angesehen wurde. Sodann wurden die Entscheidung darüber bekannt gegeben, welche der faschistischen zivilen und militärischen Organisationen das Gericht als verbrecherisch charakterisiert hatte. Dabei wurde zweierlei deutlich: Dass eine der in Rede stehenden Organisationen, nämlich das Oberkommando der Wehrmacht und der Generalstab, diese Kennzeichnung nicht erfuhr, bedeutete nicht, dass von deren Angehörigen keine verbrecherischen Befehle erteilt oder befolgt worden waren. Damit war lediglich ausgedrückt, dass es sich dabei um diffuse organisatorische Strukturen handelte, die den Richtern ein eindeutiges Gesamturteil nicht geboten sein ließen. Und: die Kennzeichnung als verbrecherische Organisation, als welche die Gestapo und die SS in allen ihren Teilen markiert wurden, besagte wiederum nicht, dass jeder einzelne ihrer Zugehörigen ohne weitere Prüfung als Verbrecher zu betrachten und zu behandeln sei. Vielmehr müsse künftig von Person zu Person geprüft und entschieden werden, ob und wie sie sich schuldig gemacht habe.

Während die Urteilsverlesung bei Anwesenheit aller Angeklagten erfolgte, wurden am folgenden Tag, dem 1. Oktober, die Angeklagten jeweils einzeln in den Saal geführt, um das ihnen bestimmte Strafmaß zu hören. Es lautete in 11 Fällen auf dead by hanging. Auch dem abwesenden Martin Bormann, dessen Verbleib auch während der Monate des Prozesses nicht hatte aufgeklärt werden können, wurde diese Strafe bestimmt. Rebecca West, eine der Beobachterinnen des Gerichtsverfahrens, hat diese Gruppe der Urteile später mit den Worten kommentiert: »Jeder dieser Männer, die gehenkt wurden, hatte Verbrechen begangen, für die er auch nach deutschem Recht sein Leben verwirkt haben würde, und es wäre dann ein Beil gewesen, das ihn getötet haben würde.«[8] Sieben Angeklagte erhielten Zeitstrafen zugesprochen, die von 10 Jahren bis zu lebenslanger Haft lauteten. Drei Angeklagte wurden freigesprochen. Nicht alle Strafzumessungen waren einstimmig zustande gekommen. Doch nur der sowjetische Richter gab öffentlich bekannt, in welchen Fällen er eine schärfere Ahndung als richtig angesehen hatte.

Damit war der öffentliche Teil des Verfahrens definitiv beendet. Der Gerichtssaal leerte sich. Die Berichterstatter meldeten in alle Welt die Höhe der Urteile und beschrieben, wie die Angeklagten sie entgegengenommen hatten. Die Vertreter der Nachrichtenbüros und der Presse umdrängten auch die drei Angeklagten, die für nicht schuldig befunden und sofort auf freien Fuß gesetzt worden waren: Franz von Papen, ein Architekt der Nazidiktatur und 1933/1934 Hitlers Vizekanzler, Hjalmar Schacht, seit 1934 Reichsbankpräsident, seit 1935 auch kommissarischer Reichswirtschaftsminister und Generalbevollmächtigter für die Aufrüstung, und Hans Fritzsche, Leiter der Rundfunkabteilung im Reichspropagandaministerium, kehrten in das zivile Leben zurück und stellten sich als völlig schuldlos an allem Unheil dar, dass der deutsche Faschismus über Europas Grenzen hinaus in die Welt gebracht hatte.

Auf wie viele »Fachleute« die Bundesrepublik in den Jahren vor und nach ihrer Gründung auch zurückgriff, – die drei waren politisch gleichsam verbraucht, weshalb keiner von ihnen im Westen von Nachkriegsdeutschland noch eine politische Rolle zu spielen vermochte. Ganz ungeschoren kamen die drei Exponenten des Naziregimes jedoch auch nicht davon. Papen wurde in ein Spruchkammerverfahren verwickelt und 1949 zu acht Jahren Arbeitslager verurteilt, war jedoch nach zwei Jahren frei. Es war ihm während dieser Zeit offenbar soviel Muße geblieben, dass er schon 1952 als der erste der »Nürnberger« einen Memoirenband erscheinen lassen konnte, dem er den Titel »Der Wahrheit eine Gasse« gab. Die damit formulierte Herausforderung schlug aber fehl. Ein Rezensent fand für das Buch die treffende Kennzeichnung *Der Wahrheit eine Gosse*. Hitlers Steigbügelhalter verstarb 1969 in seinem neunzigsten Lebensjahr. Auch Schacht wurden von einer Spruchkammer acht Jahre Arbeitslager zudiktiert, doch wurde der Entscheid von einer Berufungskammer in Ludwigsburg aufgehoben. Kenntnisse und Beziehungen einsetzend betätigte er sich weiter als Bankier und in mehreren Staaten als Finanzberater. Seine Erinnerungen »76 Jahre meines Lebens« können sich an historiografischem Wert mit denen Papens messen. Wie diese wurden sie keine Quelle der Geschichtswissenschaft, sieht man von dem Zweig ab, der sich mit Verfälschungen und Beschönigungen von Personen, Tatsachen und Entwicklungen sowie mit bloßen Rechtfertigungsschriften befasst.

An jenem 1. Oktober war die Arbeit des Gerichtshofes jedoch noch nicht vollständig beendet. Die Richter hatten sich mit Ersuchen der Verurteilten zu befassen. Die zum Tode verurteilten Militärs, Generalfeldmarschall Wilhelm Keitel und Generaloberst Alfred Jodl wollten nicht am Galgen, sondern vor einem Erschießungspeleton enden, was ihnen als ehrenvoll und ihrem militärischen Status angemessen erschien. Der einstige Großadmiral Erich Raeder, der von 1929 bis

1943 an der Spitze der Kriegsmarine gestanden hatte und zu lebenslanger Haft verurteilt worden war, bat ebenfalls darum, erschossen zu werden. Diese Anträge wurden ausnahmslos abgelehnt.

Am 16. Oktober trat in einem dafür hergerichteten Nebengebäude des Justizkomplexes der Henker in Aktion. Hingerichtet wurden außer den beiden Militärs Hans Frank, Ernst Kaltenbrunner, Joachim von Ribbentrop, Alfred Rosenberg, Fritz Sauckel, Seyß-Inquart und Julius Streicher. Hermann Göring hatte sich in der Nacht vor der Vollstreckung der Urteile in seiner Zelle töten können, ohne dass je aufgeklärt wurde, auf welchem Wege er in den Besitz des Giftes gelangt war. Deutsche Zeugen der Hinrichtung waren der bayerische Ministerpräsident Wilhelm Hoegner und der Generalstaatsanwalt beim Oberlandesgericht Nürnberg Friedrich Leistner. Die Leichname wurden in einem Münchener Krematorium verbrannt und die Asche an einen geheimgehaltenen Ort gebracht. Dass und wo sie in einem kleinen Nebenfluss der Isar versenkt worden war, wurde später ruchbar. Das Ziel dieses Verfahrens, irgendwelchen Verehrern der Hingerichteten keinen Wallfahrtsort zu liefern, war erreicht worden.

Die zu Zeitstrafen verurteilten sieben Angeklagten blieben zunächst im Zellenbau in Nürnberg. 1947 zogen sie in das ausschließlich für die Hauptkriegsverbrecher bestimmte Gefängnis in Berlin-Spandau um, das im US-amerikanischen Besatzungssektor der Stadt lag. Hier herrschte in den folgenden Jahrzehnten, ungeachtet der wechselvollen Geschichte des Verhältnisses der einstigen Alliierten zueinander, ein Viermächte-Regime. Die am Prozess beteiligten Siegermächte stellten, von Monat zu Monat einander ablösend, ihre Kontingente für die Leitung und Bewachung des Gefängnisses. Seine Insassen waren anfänglich die zu lebenslanger Haft verurteilen Rudolf Heß, Raeder und Funk, der zu zehn Haftjahren verurteilte Dönitz sowie Constantin Freiherr von Neurath, der 15 Jahre zu verbüßen hatte, und Albert Speer und Baldur von Schirach, deren Strafen auf 20 Jahre lauteten.

Für keinen dieser Insassen gab es in den folgenden Jahren eine Haftverkürzung auf dem Gnadenwege.

Dennoch leerte sich der Bau partiell früher als es die Höhe der

Urteile besagte. Als erster gelangte von Neurath, der Älteste der Einsitzenden, wieder auf freien Fuß, da er nicht länger als haftfähig angesehen wurde. Er verstarb zwei Jahre darauf, 83jährig. 1955 kam auch Raeder schon frei. Er profitierte von dem öffentlichen Druck maßgeblicher politischer und kirchlicher Kreise der Bundesrepublik, alle verurteilten deutschen Militärs frei zu lassen und damit den Weg für die Einbeziehung der Bundesrepublik in die NATO und die Verwendung von einstigen Wehrmachtsgenerälen und –offizieren in der westdeutschen Armee frei zu machen. Diese Entwicklung unterstützte Hitlers einstiger Großadmiral in den folgenden letzten fünf Jahren seines Lebens. 84jährig verstarb er, der zuvor seine zweibändigen Memoiren hatte veröffentlichen lassen.

Sein Nachfolger Dönitz kam 1956 nach dem Ende seiner Haftzeit frei. Schon zwei Jahre später brachte er als das erste seiner Bücher den Memoirenband, »Zehn Jahre und zwanzig Tage«, auf den Markt; er erwies sich darin als unbelehrt, wie auch in seinen folgenden Veröffentlichungen, bei öffentlichen Auftritten und bis an sein Lebensende – er erreichte das neunzigste Lebensjahr. 1957 wurde auch Funk nicht länger als haftfähig angesehen und aus Spandau entlassen. Er starb drei Jahre später in seinem siebzigsten Lebensjahr. Zuvor noch hatte ihn eine westdeutsche Spruchkammer zu einer Geldstrafe verurteilt, die als Sühne für seinen Anteil an der Judenverfolgung angesehen wurde.

Nun befanden sich nur noch drei der Verurteilten in Gewahrsam der Alliierten und unter Haftbedingungen, die sich manche der deutschen Kriegsgefangenen, die letzten waren 1955 nach Deutschland zurück gelangt, gewünscht haben würden. Speer und von Schirach kamen nach dem Ende ihrer Haftzeit frei. Der einstige Reichsjugendführer, spätere Gauleiter und Reichsstatthalter von Wien ging in Diensten der illustrierten Zeitschrift Stern sofort daran, seine Memoiren zu schreiben, wobei ihm ein Redakteur, eine Stenotypistin und ein ghostwriter zur Seite standen. Alsbald, 1967, erschienen die Texte auch als Buch. Es erhielt den Titel »Ich glaubte an Hitler« und sollte den Autor als einen in jungen Jahren Verführten und sodann in das Regime Verstrickten erscheinen lassen. Jahrzehnte später sprach einer von Schirachs Söhnen über die Enttäuschung, die ihn erfasst hatte, als die Begegnung mit seinem Vater ihn erkennen ließ, dass auch zwei Jahrzehnte Zeit des Überlegens diesen nicht zu einer kritischen Bewertung seiner Rolle gebracht hatten.

Speer ließ sich mit der Abfassung seiner Erinnerungen mehr Zeit. Sie erschienen 1969 und von da an in vielen Auflagen. Bei ihrer Abfassung hatte er mit dem Publizisten und Hitlerbiografen Joachim Fest einen gewieften Ratgeber zur Seite. Wie schon im Gerichtssaal verstand es der einstige Rüstungsminister, den Eindruck von Selbstkritik und Reue zu erwecken und gleichzeitig die Rolle, die er an der Seite Hitlers namentlich seit Anfang 1942 gespielt hatte, soweit sie sich mit verbrecherischen Handlungen verband, abzuschwächen. Indessen haben quellengestützte Untersuchungen von Historikern verdeutlicht, dass Speers Strafe hochwahrscheinlich anders ausgefallen wäre, wenn das Gericht alle jene Tatsachen gekannt hätte, die erst später ans Tageslicht kamen. Jedenfalls dürfte sein Entlassungsdatum aus Spandau später gelegen haben. Und möglicherweise hätte auch sein Todesdatum anders gelautet. Er verstarb 1981 auf einer Reise in London. Von diesem hinzu gekommenen Wissen über Speers Anteil an verbrecherischen Handlungen ist jedoch kaum etwas zur Kenntnis der Zeitgenossen gelangt und das, wiewohl Speer zur bevorzugten Figur der Produzenten von Kino- und Fernsehfilmen geworden ist. Es scheint im Umkreis von Hitler keine interessantere Person gegeben zu haben als diesen aus gutbürgerlichem Hause stammenden Architekten, der durch seine Praktiken als Rüstungsminister mehr zu Verlängerung des bereits verlorenen Krieges beigetragen hat als selbst der Fanatischste unter den Durchhalte-Feldmarschällen der Wehrmacht.

Die andauernde Vorliebe für Speer mag mehrere Gründe haben. Einer besteht darin, dass die Fokussierung auf seine Biografie ermöglicht, viele Themen auszulassen, die nach wie vor dringend der Aufklärung bedürfen. Speer hat, anders als Papen und Schacht, keine Rolle bei der Etablierung der Diktatur gespielt. Speer war, anders als Raeder, Keitel und Jodl, unbeteiligt, als der Weg in den Krieg geplant, geebnet und beschritten wurde. Er wurde nicht vor einem einzigen Angriff auf ein friedfertiges Land nach Meinung oder Mitwirkung gefragt. Erst der Zufall eines Flugzeugabsturzes, bei dem der Rüstungsminister umgekommen war, hatte ihn als dessen Nachfolger an den herausragenden Platz im engsten Führungskreis gebracht. Da, im Januar 1942, sah sich die Clique der Eroberer zum ersten Mal vor einem Scherbenhaufen ihrer Pläne. Der lag vor Moskau. Speer, nach Schirach der jüngste auf der Anklagebank, gehörte nach dem Datum seines Parteibeitritts zur NSDAP, der erfolgte im Jahr 1931, zwar noch zu den Frühchen, gemessen an seinem Geschichte gestaltenden Anteil aber war er der Spätling unter den Angeklagten.

Einzig der »Stellvertreter des Führers« verblieb nach 1966 weiter in Spandau und das noch für mehr als zwei Jahrzehnte. 93jährig nahm sich der Gefangene das Leben. Für ihn allein war das Urteil uneingeschränkt wirksam geworden, das auf lebenslänglich gelautet hatte. Daran besaß Heß einen doppelten eigenen Anteil. Der eine bestand aus seiner Rolle in den Jahren seines Aufstiegs im Zeichen des Hakenkreuzes. Der andere aus seiner Haltung im Gerichtssaal und während seiner Haft. In seinem Schlusswort in Nürnberg hatte er erklärt, dass er, gäbe es für ihn eine zweite Chance, tun würde, was er getan hatte. Keine weitere Information, und schon die im Gerichtssaal erhaltenen hätten genügen können, veranlassten ihn zu einem Wort der Distanz oder gar des Bedauerns. Dies und die Bewegung, die in der Bundesrepublik sich für die Freilassung des letzten Gefangenen einsetzte, bewirkten gerade mit, dass es ungeachtet des Alters des Gefängnisinsassen zu keiner Begnadigung kam. Heß war zu einer Galionsfigur der Unbeirrbaren und ihrer jungen Gefolgschaft geworden. Als er im pfälzischen Wunsiedel, unweit der Stätte seiner theatralischen Auftritte auf Aufmarschfeldern des Nürnberger Parteitages, beigesetzt worden war, wählten (Neo)Nazis den Ort als Stätte ihrer alljährlichen Wallfahrten, deren (vorerst?) letzte 2004 mit richterlicher Genehmigung stattfinden konnte.

Nürnberg, Blickpunkt vieler Millionen, die den Prozess auch zu einem Gericht der Völker gemacht hatten, und Treffpunkt einer internationalen Gesellschaft, wie sie sich in den folgenden Jahren in keiner deutschen Stadt mehr einfinden sollte, leerte sich im Oktober

1946. Doch nicht vollständig. Kam es auch nicht, wie ursprünglich gedacht, zu weiteren Prozessen vor internationalen Tribunalen, so blieb die Stadt und ihr Gerichtsgebäude doch der Ort, an dem US-amerikanische Gerichtshöfe weiter gegen führende Zivil- und Militärpersonen des Regimes und gegen mehrere Tätergruppen Anklage erhoben. Insgesamt fanden bis 1949 hier zwölf weitere Verfahren statt, die als Nürnberger »Nachfolgeprozesse« in die Geschichte der strafrechtlichen Verfolgung von NS-Verbrechern eingingen und von denen jedes Denkwürdigkeit besitzt. Dazu verblieben ein Teil des juristischen Personals und deren Helfer in der Stadt an der Pegnitz. Während Robert Jackson in die USA zurückkehrte, wo er frühzeitig verstarb, übernahm mit Telford Taylor ein Mann die Rolle des Chefanklägers, der nicht weniger entschlossen war als jener, die Untaten aufzuklären und die Beteiligten zu bestrafen.

Nicht beendet war aber auch die Verarbeitung des Materials, das zur Hinterlassenschaft des Prozesses gegen die Hauptkriegsverbrecher gehörte. Gesichert werden musste dessen Erfassung, Ordnung und Archivierung. Zugleich beschlossen die Richter der vier Staaten, dass das Protokoll der Verhandlungen und die in deren Verlauf herangezogenen und vom Gericht zugelassenen Dokumente gedruckt werden sollten. 1947 erschien (bis 1949) eine deutschsprachige Ausgabe, die insgesamt 42 Bände umfasste und die freilich nur in wenige wissenschaftliche und andere Spezialbibliotheken gelangte. Deutsche Historiker, zunächst noch durchweg Angehörige der älteren Generation, die zumeist auch in den Jahren der Nazidiktatur beruflich tätig gewesen waren, zeigten wenig Interesse, sich forschend dieser Quellen zu bedienen. Soweit sie sich überhaupt zu den zwölf Jahren zwischen 1933 und 1945 äußerten, geschah das in sehr allgemeinen, von den Quellen fernen Betrachtungen, in denen nicht selten Zuflucht im Dunkel des Irrationalen gesucht wurde. Den Buchmarkt beherrschten in der Bundesrepublik die Erinnerungen und »Analysen« von Generalen und Admiralen der Wehrmacht. Auch nach den Vorstellungen der Bundesregierung Adenauer war Nürnberg wie überhaupt die von Deutschen begangenen Verbrechen kein Thema, das im gesellschaftlichen Bewusstsein gehalten werden sollte.

Im ostdeutschen Staat wurde ein breiteren Kreisen zugänglicher Einblick in die Tätigkeit des Internationalen Tribunals durch eine zweibändige Quellen-Edition möglich, die Peter Alfons Steiniger, ein an der Berliner Humboldt-Universität tätiger Völkerrechtslehrer, im Staatsverlag 1957 herausbrachte. Er versah sie mit einer Einleitung, in der er sich mit den inzwischen von Juristen erhobenen Einwänden gegen den Prozess auseinander setzte. Im gleichen Jahr erschien in deutscher Übersetzung ebenfalls in einem DDR-Verlag das Buch eines polnischen Juristen, der in der polnischen Delegation am Nürnberger Gerichtsverfahren teilgenommen hatte. Sein Titel lautete: »Als wäre Nürnberg nie gewesen«.

Der Name der Stadt an der Pegnitz hatte durch den Prozess einen neuen Beiklang erhalten. Der reihte sich an frühere, das »Nürnberger Ei«, die Lebkuchen und Würstchen, das Spielzeug, anders an als die Reichsparteitage und die berüchtigten Gesetze vom 15. September 1935. In der Geschichte des Völkerrechts standen fortan die Nürnberger Prinzipien. Zum ersten Mal war eine Führungsgruppe, die einen Erdteil in einen Krieg getrieben hatte, ergriffen, angeklagt, abgeurteilt und bestraft worden.

## 14.
## Umschiffte Klippen

Nicht nur, dass der Prozess gegen die deutschen Hauptkriegsverbrecher stattfinden konnte, als nach dem Ende des Krieges kaum mehr als ein halbes Jahr vergangen war, vermag in Erstaunen zu setzen. Nicht weniger beachtenwert ist die Tatsache, dass das Verfahren im Verlauf der zehn Monate, die es dauerte, von den erheblichen Veränderungen in den Beziehungen der vier Staaten, die es trugen, nicht in Mitleidenschaft gezogen wurde. Ein britischer Prozessbeobachter, Robert W. Cooper, der bald nach Prozessende ein informatives Buch über das Gerichtsverfahren und seine Eindrücke veröffentlichte, schrieb unter Verweis »auf die ungewissen Strömungen der Nachkriegszeit« treffend und bildhaft: »Nürnberg war wenigstens eine Oase guten internationalen Einvernehmens.«[9] An anderer Stelle, den Eindruck wiederholend, erinnerte er sich: »Nürnberg kapselte sich sozusagen von einer noch im Schmelztiegel befindlichen Welt entschlossen ab«[10]. Einer seiner Kollegen, Peter Calvocoressi, fasste den gleichen Eindruck in die Worte: »In einer Hinsicht war Nürnbergs Beitrag außergewöhnlich. In einem schwierigen und herausfordernden Jahr arbeiteten die Repräsentanten der vier Mächte harmonisch zusammen und für diese Zeit war Nürnberg der einzige Platz, an dem sie das taten. Die Gegensätze waren gering an Zahl und gänzlich unbedeutend.«[11] In der Tat: Der sich erhebende eisige Hauch des Kalten Krieges schien die Mauern und Wände des Justizgebäudes in Nürnberg nicht durchdringen zu können. »Draußen« aber war er deutlich zu spüren. Zwei herausragende und in Erinnerung gehaltene Ereignisse machten den bedrohlichen Wandel deutlich.

Im Westminister College, in der US-amerikanischen Kleinstadt Fulton (Missouri), hielt Winston Churchill am 5. März 1946 in Anwesenheit des Präsidenten Harry S. Truman einen Vortrag, der als Eiserne-Vorhang-Rede weltbekannt wurde. Der britische Politiker, der in Großbritannien, Jahrzehnte nach seinem Tod, in einer repräsentativen Umfrage zum bekanntesten Briten aller Zeiten gewählt werden sollte, forderte damals die Neubestimmung des Verhältnisses der »freien Welt« zur UdSSR. Im Kern plädierte der inzwischen in seiner Heimat als Oppositionspolitiker wirkende Churchill für die Wiederherstellung der gleichsam klassischen historischen Front, die durch die politische, militärische, wirtschaftliche und propagandistische Befeindung des Staates entstanden war, der aus dem Sieg der Großen Sozialistischen Oktoberrevolution im Jahre 1917 hervorgegangen war. Hitler, die Politik des Naziregimes und der faschistische Mächtekoalition hatten mit ihrem Angriff nach zwei Richtungen, gegen die angeblich »jüdischen Plutokratien« im Westen und gegen den so genannten »jüdischen Bolschewismus« im Osten, diese Frontstellung durcheinander gebracht, neue Widersprüche erzeugt und alte aufgewertet. Die bis 1939 reichenden Versuche, dieses Deutschland unter dem Hakenkreuz ausschließlich an der Front gen Osten zu platzieren und seine expansiv-kriegerischen Kräfte nach Osten zu kanalisieren, waren komplett gescheitert. Die Hitlerjugend sang zwar »Nach Ostland geht unser Ritt« und »In den Ostwind hebt die Fahnen«, doch war das nur ein kurzer Auftakt von 18 Tagen geworden. Dann hieß es wieder »Siegreich woll'n wir Frankreich schlagen« und »Bomben auf Engelland«. Das Entstehen einer Anti-Hitler-Koalition im Jahre 1941 aus so verschiedenen Mächten, wie es die »Großen Drei« darstellten, war Reaktion auf Entscheidungen, die zuvor Hitler im Führerhauptquartier getroffen hatte.

Nun, nachdem der Faschismus in Europa als gefahrdrohende Macht liquidiert war, sollten die alten antisowjetischen Stellungen wieder bezogen werden. So lautete der Appell des britischen Konservativen, der vom Geist und der Tradition der Anti-Hitler-Koalition nichts in die Gegenwart und Zukunft überführt wissen wollte. Freilich ließ Churchill das nicht als Kursänderung und Rückkehr zu einer Politik erscheinen, die sich wieder in den Antisowjetismus und das Ziel der Beseitigung des Sozialismus einnordete. Vielmehr bezichtigte er die UdSSR des Expansionismus und der Gefährdung der »christlichen Zivilisation«. Er malte seinen Zuhörern ein Bild von einem Europa, das mehr und mehr unter den Einfluss der Parteien der Kommunistischen Internationale geraten würde. Niemand wisse, wo der enden werde, behauptete er, und klagte die Sowjetunion der Preisgabe der gemeinsamen Kriegsziele und der Teilung und Verfeindung Europas mit den Worten an: »Von Stettin an der Ostsee bis hinunter nach Triest an der Adria ist ein ‚Eiserner Vorhang' über den Kontinent gezogen.« Widerstand gegen die sowjetische Ost- und Mitteleuropa-Politik deklarierte Churchill als Eintreten für Frieden, Freiheit und Demokratie. In Moskau konnte die Rede nur als Ruf zur Sammlung der Gegner um eine anglo-amerikanische Achse verstanden werden. Noch aber stand der Durchsetzung dieser Generallinie entgegen, dass das Ansehen der UdSSR in vielen kapitalistischen Staaten der Welt, besonders in denen der einstigen Kriegsverbündeten, außerordentlich hoch war. Dem hatte Churchill auch taktisch mit mehreren Verbeugungen vor dem russischen Volk und der Erwähnung von »comrade

Stalin« Rechnung getragen. Offenkundig war er sich bewusst, dass der ideologische und politische Frontwechsel von Millionen weg von der Kooperation hin zur Konfrontation seine Zeit brauchen werde.

Die Hauptverhandlung war schon beendet und der Gerichtshof beriet über die Urteile und das Strafmaß, als der US-amerikanische Staatssekretär James F. Byrnes am 6. September 1946 in Stuttgart eine öffentliche Rede hielt. Auch sie bekundete den eingetretenen Wandel in den Beziehungen der einstigen Alliierten. Insbesondere wurde sie als ein Zeichen für das Auseinanderdriften ihrer Politik im Hinblick auf Nachkriegsdeutschland aufgenommen. Die eigentliche Herausforderung, die dieser Text an den bisherigen Verbündeten im Osten richtete, bestand in der Distanzierung von den Vereinbarungen über die deutsche Ostgrenze, die 1945 in Potsdam getroffen worden waren. Auch wenn deren endgültige Fixierung dem Friedensvertrag vorbehalten worden war, so ließen sowohl der Inhalt des Vertragstextes wie auch die darauf folgenden Maßnahmen keinen Zweifel darüber, dass die Gebiete jenseits von Oder und (Görlitzer) Neiße fortan zu Polen gehören würden. Die deutlichste Sprache redete die Aussiedlung von Millionen von Menschen aufgrund einer Übereinkunft der Siegermächte, die auch bestimmte, dass die davon betroffenen Deutschen auf die Besatzungsgebiete verteilt werden sollten, da keines allein die Belastungen würde tragen können, die das Eintreffen dieses Menschenstroms fraglos bedeutete. Diese Verträge infrage zu stellen, hieß nicht nur, Unruhe auf dem Feld internationaler Politik und Diplomatie zu schaffen.

Die Bestimmungen über die künftige Ostgrenze Deutschlands waren für die Deutschen die schwerwiegendsten Folgen des Krieges. Viele der Umgesiedelten und Vertriebenen aus den einstigen deutschen, jetzt polnischen Gebieten, dazu weitere aus der Tschechoslowakei und aus dem immerhin dem Reich verbündet gewesenen Ungarn, die ihre deutschen Minderheiten loswerden wollten, lebten in höchst ungewissen und manche auch in elenden Verhältnissen. Sie waren nur zu bereit, jede Meldung oder Parole aufzugreifen, wenn sich daran ein Funken Hoffnung knüpfen ließ, wieder in ihre Heimat zurückkehren zu können. Kein Politiker, am wenigsten ein US-amerikanischer Außenminister, konnte einen Moment im Zweifel sein, an welche unverheilten Wunden er da rührte, solchen in Deutschland und auch in Nachkriegspolen, der wiedererstandenen Tschechoslowakei und schließlich in der Sowjetunion. Die Rede von Byrnes war eine Ermutigung für die sich noch zaghaft gruppierenden Revisionisten, aus denen sich dann Formationen der Revanchisten bildeten. Als Zuarbeit für die Verteidigung in Nürnberg kam sie freilich schon zu spät.

Doch hatten die Verteidiger, wenn auch nicht im Gerichtssaal, davon Witterung genommen, dass sich in den Beziehungen der vier Mächte, deren Juristen den Prozess führten, Konflikte anbahnten, die nicht von zufälliger Natur waren. Aus deren Ausweitung glaubten sie für sich Chancen erwachsen zu sehen. So könnte sich das einheitliche Interesse vermindern, die Zusammenarbeit der Richter und Anwälte erschüttert werden, der Prozessverlauf sich komplizieren und verzögern. Robert W. Cooper beschrieb das Vorgehen der deutschen Rechtsanwälte so: »Wenn es überhaupt einen im voraus festgelegten Plan bei den Anwälten der Verteidigung gab, so bestand es anscheinend darin, jeden (gewöhnlich mit der russischen Diplomatie und militärischen Strategie zusammenhängenden) Beweispunkt herauszugreifen, der die Beziehungen der Alliierten trüben konnte.«[12] Taktisch kaprizierten sie sich darauf, Themen in die Verhandlungen einzuführen, mit denen sich Ankläger in Angeklagte verwandeln ließen. Dafür schienen ihnen Tatsachen aus der Vorgeschichte und der Frühphase des Krieges geeignet. Dass das Reich bis 1939 so rasch und in einem Ausmaß zu Kräften gelangt war, mit denen es sodann in Europa Staat für Staat herausfordern oder überrennen konnte, war auch Begünstigungen zuzuschreiben, die ihm durch politische und wirtschaftliche Maßnahmen der Westmächte zuteil wurden. Dazu gehörten der Abschluss des deutsch-britischen Flottenvertrages von 1935, die Hinnahme der Remilitarisierung der Rheinlande 1936, das Münchener Abkommen von 1938 und, ungeachtet aller Bündnispflichten und Garantieversprechen, die völlige Preisgabe der Tschechoslowakei 1939. Auch der mit Deutschland betriebene Außenhandel war dem Tempo der deutschen Aufrüstung förderlich, ja hatte dieses auf Teilgebieten überhaupt erst ermöglicht.

Das Hauptinteresse der Verteidiger, den Spieß gleichsam umzudrehen, konzentrierte sich aber gegen die sowjetische Vertretung. Diese Haltung dürfte auch den politischen Überzeugungen der deutschen Anwälte voll und ganz entsprochen haben, unter denen sich mehrere einstige NSDAP-Mitglieder befanden. Sie versuchten nicht mehr und nicht weniger, als den Anklägern und Richtern der UdSSR das Recht abzusprechen, überhaupt in diesem Gerichtsverfahren aufzutreten. Die juristische Basis glaubten sie in dem Grundsatz des tu quoque (du auch) gefunden zu haben. Er besagt, dass jemand, der sich des gleichen Verbrechens schuldig gemacht habe, dessen auch ein Angeklagter beschuldigt wird, keine Legitimation besitzt, sich zum Ankläger und Richter zu machen. Fraglos hatte die Sowjetunion am 17. September 1939 mit ihrem Einfall in das von den deutschen Eroberern zwar militärisch schon besiegte und weithin besetzte, aber als Subjekt des Völkerrechts existierende Polen sich selbst einer Aggression schuldig gemacht. Gleiches galt für den von ihr eröffneten Krieg gegen Finnland. Beides konnte weder durch geschichtliche Argumente gerechtfertigt werden, wie den Verlust früher zu Russland gehörender Territorien, noch durch das Interesse, sich auf einen zu erwartenden Angriff Deutschlands dadurch vorzubereiten, dass die eigene militärgeografische Position durch ein vergrößertes Vorfeld verbessert wurde.

Die Verteidigung suchte diese Ereignisse völkerrechtswidriger Außenpolitik der UdSSR im Gerichtssaal zur Sprache zu bringen. Sie mochte um so eher auf einen Erfolg ihres Vorgehens hoffen, als ihr dabei Hilfsdienste zuteil wurden. Einer der Verteidiger erhielt aus bis heute unaufgeklärter Quelle den im Beutegut aufgefundenen, aus dem Bestand des Reichsministeriums für Auswärtiges herstammenden Text des deutsch-sowjetischen Geheimvertrags vom August 1939 zugespielt. Darin hatten sich die beiden Staaten über die Inbesitznahme polnischen Gebiets im Falle eines Krieges des Reichs gegen Polen geeinigt und faktisch die vierte, wiederum restlose Teilung des Landes beschlossen. Die Bestimmungen dieses Vertrags wurden verwirklicht und eingehalten, bis Deutschland den Krieg gegen die UdSSR begann, in dessen Verlauf Stalin und die sowjetische Führung eine

Neubestimmung ihrer Polenpolitik vornahmen und die Wiederherstellung eines polnischen Staates vorsahen, freilich eines Nachbarn, dessen Außenpolitik gegenüber jener der Zwischenkriegszeit eine Neuorientierung erfahren sollte. Die Absicht der »Einführung« des deutsch-sowjetischen Vertrages von 1939 samt seinem geheimgehaltenen Teil in die Nürnberger Verhandlungen lag zutage. Der Versuch scheiterte jedoch schon im Ansatz. Nicht der Abschluss des deutsch-sowjetischen Nichtangriffsvertrages im Jahre 1939 werde vor dem Gericht verhandelt, sondern sein unprovozierter Bruch im Jahre 1941, so die sowjetische Position, der sich die Vertretungen der anderen drei Mächte anschlossen.

Gleiches galt für ein zweites Thema, von dem deutsche Verteidiger sich eine Sprengwirkung, zumindest aber ihnen dienende Komplikationen in den Beziehungen der Vertreter der vier Mächte versprachen: Katyn. Der Name steht für eines der schlimmsten Verbrechen der sowjetischen Staatsführung unter Stalin, die den Befehl gab, in ihre Hände gefallene polnische Offiziere, insgesamt etwa 11.000 Militärangehörige, zu ermorden. Das geschah 1940. Die Massengräber waren während der Zeit der deutschen Okkupation aufgefunden worden. Ihre Entdeckung ließ sich von der deutschen antisowjetischen Inlands- und Auslandspropaganda nach Kräften ausbeuten. Die sowjetische Führung hatte daraufhin, als ihre Armee 1944 in das Gebiet kämpfend zurück gelangte, in dem das Verbrechen begangen worden war, versucht, es den deutschen Eroberern anzulasten und dafür eine »Expertenkommission« eingesetzt.

Nun, in Nürnberg, hatte die Anklagevertretung der UdSSR, entgegen der Vorschläge der Juristen der anderen Delegationen, die Untat auf das deutsche Konto und das der Angeklagten gesetzt, allerdings ohne einen einzelnen damit persönlich zu belasten. So kam es im Gerichtssaal am 1. und 2. Juli 1946, schon gegen Ende der Beweisvorträge, zu einer Konfrontation der Versionen, die jeweils von drei Zeugen der Anklage bzw. der Verteidigung bekräftigt wurden. Schließlich wurde das Thema im Verlauf des Prozesses nicht weiter verfolgt und in den Schuldsprüchen tauchte der Name Katyn nicht auf. Bei den damals verfügbaren unbezweifelbaren Informationen blieb die Täterschaft ungeklärt. Bis heute, nachdem die Staatsführung der UdSSR nach 1990 das Verbrechen eingestand, muss jedoch dahingestellt bleiben, ob alle in Nürnberg an der Verbreitung der Lüge beteiligten sowjetischen Juristen den wahren Sachverhalt kannten und lediglich auf Geheiß aus dem Kreml handelten oder ob sie selbst an die Lüge von den deutschen Tätern glaubten. Indessen vermochten auch die Erörterungen des Massakers von Katyn nicht, den Gang des Prozesses zugunsten der Angeklagten und der Verteidigung zu beeinflussen.

Alle Klippen, geschichtliche Tatsachen, die von den Vertretern der vier Mächte in Nürnberg zu meiden waren, rührten aus einer Zeit her, in der die Versuche gescheitert waren, rechtzeitig ein Sicherheitssystem und eine das faschistische Reich abschreckende Anti-Hitler-Koalition zu schaffen. Nun, nach den Erfahrungen des Zweiten Weltkrieges und seines Vorgängers aus den Jahren 1914 bis 1918, dominierte in New York wie in London, in Paris wie in Moskau das Interesse an dauerhaften Sicherungen gegen das Wiedererstehen einer deutschen Militärmacht. In dieses Interesse ordnete sich der Prozess ein, der von Juristen voran- und zu Ende gebracht wurde, die ihrerseits eine moralische und politische Verantwortung für die Zukunft spürten und ihr auch gerecht wurden. Es dürfte eine lohnende Aufgabe sein, die Biographien der Richter und Anwälte, dazu die der herausragenden Persönlichkeiten ihrer Stäbe auf ihre Rolle im Nachkrieg zu untersuchen. Viele von ihnen haben zeitlebens an den »Nürnberger Prinzipien« festgehalten. Es war vor allem der Krieg der USA in Vietnam, der diese Haltung auf eine langdauernde Probe stellte.

Am 2. Oktober 1946 gehörte der Prozess vor dem internationalen Gerichtshof der Vergangenheit an. Zu weiteren Verfahren dieser Art kam es nicht, das gegen Göring und andere blieb das einzige. Jedoch wurde gegen Befehlshaber, Kommandeure und Soldaten der deutschen Wehrmacht, gegen Besatzungsherren und das Personal von Konzentrationslagern in Übereinstimmung mit den Festlegungen der Siegermächte in jenen Ländern prozessiert, in denen sie verbrecherisch tätig gewesen waren. Die westlichen Siegermächte führten in ihren Besatzungsgebieten in den folgenden Jahren Verfahren vor ihren

Tribunalen durch, von denen die vor US-amerikanischen Gerichtshöfen, die später die Bezeichnung der 12 Nachfolgeprozesse erhielten, und die Kette der in Dachau durchgeführten Verfahren die bekanntesten waren und blieben.

Nicht wenige Juristen, die in ihnen als Richter oder Ankläger tätig wurden, besaßen eigene Erfahrungen aus dem Hauptkriegsverbrecher-Prozess und alle konnten sich daran orientieren. Das letzte der Großverfahren, in denen Generäle und Offiziere der Wehrmacht und der Waffen-SS, Minister, Staatssekretäre, NSDAP-Führer und Diplomaten angeklagt wurden, endete im Jahr 1949. Auch der Vorsatz, deutsche Industrielle wegen ihres verbrecherischen Anteils an der Kriegsführung juristisch zur Verantwortung zu ziehen, wurde wahrgemacht. Es kam in Nürnberg zum Flick-, zum Krupp- und zum IG Farben-Prozess, und sie endeten mit Verurteilungen (und auch Freisprüchen) von Kapitaleignern und Industriemanagern. Es waren vor allem die Ausplünderung von Produktionsanlagen in den eroberten Ländern und die Ausbeutung der Arbeitskraft von Zwangsarbeitern, Kriegsgefangenen und Insassen von Konzentrationslagern, Verbrechen, die als solche schon in der Haager Landkriegsordnung von 1907 festgeschrieben waren, die den Urteilssprüchen zugrunde lagen. Den überlebenden Gepeinigten mochte das eine Genugtuung sein, doch sollte es noch Jahrzehnte dauern, bis deutsche Unternehmen, die selbst oder deren Vorgänger Profiteure des Krieges gewesen waren, unter internationalem Druck einer eher armseligen Geste der Entschädigung für die noch Lebenden nicht mehr ausweichen konnten.

In dem Maße, wie in den Führungskreisen der kapitalistischen Großmächte des Westens das Interesse wuchs, den 1949 entstandenen westdeutschen Staat in eine politisch-militärische Front gegen die Sowjetunion einzubeziehen und zu diesem Zweck den Aufbau einer Armee zu gestatten, sank selbstredend das Interesse, den 1945 Geschlagenen noch unbeglichene Rechnungen zu präsentieren. Die US-amerikanischen Juristen, die in Nürnberg die Verfahren gegen Angehörige der militärischen und zivilen Elite vorbereitet hatten, sie durchführten und keineswegs dachten, dass sie mit dem zwölften Prozess an ein Ende gelangt seien, bemerkten das sinkende Interesse, das die Politiker in Washington ihrer Arbeit entgegenbrachten und spürten, dass man ihnen bedeutete, Schluss zu machen. Die Gerichtsprozesse störten den Übergangsprozess, in dem aus Besiegten treue Verbündete im festen Rahmen einer westlichen Verteidigungsgemeinschaft werden sollten, die sich als Wahrer der Werte der »freien Welt« ausgab.

In der gewandelten Atmosphäre wurden von der westdeutschen Öffentlichkeit die zwölf Nachfolgeverfahren und deren Ergebnisse immer weniger wahrgenommen. Das kam dem reduzierten Geschichtsbild von der faschistischen Diktatur sehr zugute. Schon wurden Informationen über die Prozesse gegen deutsche Wehrmachtsgenerale, der OKW-Prozess und der gegen die so genannten Südost-Generale, die Befehlshaber in den besetzten Staaten Jugoslawien und Griechenland gewesen waren, überdeckt von der einsetzenden Memoiren-Produktion anderer Generale, welche die Legende vom unbefleckten Schild der faschistischen Streitkräfte verbreiteten. Ihrer bedienten sich auch die angeklagten Generale vor Gericht. Generalfeldmarschall Leeb, der für alle seine Mitangeklagten das Schlusswort sprach, erklärte: »Was über den rein kriegerischen Zweck des Krieges hinaus auf russischem Boden geschehen ist, fällt der Wehrmacht nicht zur Last. Es ist ohne unser Wissen und Zutun geschehen.«[13] 1949 ließ sich bereits in Büchern wie *»Stalingrad wie es wirklich war«* lesen, dass die deutschen Soldaten »ihre Pflicht für ihr Vaterland« ebenso erfüllt hätten, »wie es Millionen von Soldaten anderer Nationen auch getan haben«. Im Rückschluss hieß das: Nichts anderes hatten ihnen ihre Befehlshaber und Kommandeure befohlen. Ein Teil von ihnen, mit diesem Selbstbild versehen, ging nun daran, die Bundeswehr aufzubauen. Die Juristen der USA konnten in Nürnberg ihre Akten einpacken und ihre weiteren Vorhaben vergessen.

Zur gleichen Zeit begannen die Attacken gegen die Tätigkeit dieser Juristen, das Verfahren und die gefällten Urteile, schärfer und unverschämt zu werden. Die deutschen Revisionisten erhielten Schützenhilfe aus dem Ausland, so durch den Franzosen Maurice Bardeche, der – die massenhaften Tatsachenbeweise ignorierend – wie viele nach ihm als unvoreingenommener Forscher auftrat und vorgab, die

Fakten zu prüfen. In der Einleitung zu seinem Pamphlet *»Die Politik der Zerstörung«* schrieb er: »Sollten wir beim Schreiben dieses Buches feststellen, dass die deutsche Armee oder die nationalsozialistische Partei Verbrechen begangen haben, dann werden wie sie natürlich auch Verbrechen nennen.«[14] Bardeche trat in der Maske Sr. Scheinheiligkeit auf. Die Publikation rief zur Einheitsfront gegen Kommunisten und Marxisten, die er als Urheber des Nürnberger Urteils ausgemacht hatte. Zwar wurde der Autor in Frankreich zu einem Jahr Gefängnis verurteilt, am 1. Juli 1954 auch verhaftet, doch am 17. bereits wieder freigelassen und begnadigt.

## 15.
## Das Echo

Kaum war der letzte Angeklagte an diesem 1. Oktobertag aus dem Gerichtssaal geführt und die abschließende Sitzung des internationalen Tribunals von Lordrichter Geoffrey Lawrence geschlossen worden, da eilten die Berichterstatter der Nachrichtenagenturen und der Presse, die an diesem Tage wie selten zuvor die Tribüne und einen Raum gefüllt hatten, in den das Geschehen im Ton übertragen worden war, an Fernschreiber und Telefone. Um den Erdball verbreitete sich die Nachricht von den Entscheidungen, welche die vier Richter nach Beratungen, die länger gedauert hatten als vorgesehen – ursprünglich war das Urteil für den 23. September angekündigt worden – getroffen hatten. Über Rundfunksender und durch Sonderausgaben von Zeitungen erfuhren Millionen, was den Angeklagten von Nürnberg bevorstand. Zwölfmal war die Todesstrafe ausgesprochen worden, siebenmal Haftstrafen zwischen lebenslang und zehn Jahren, zudem waren drei Freisprüche ergangen. Das Echo ließ weltweit nicht auf sich warten.

Im Zentrum Münchens, der einstigen »Hauptstadt der Bewegung«, hatten sich Menschenschlangen gesammelt, um auf die Auslieferung der damals pro Woche in zwei Ausgaben erscheinenden Süddeutschen Zeitung zu warten. Sie wurde ihnen für 15 Reichspfennige verkauft. Für den 11. Oktober kündigte die Nymphenburger Verlagsanstalt eine Broschüre mit dem vollen Wortlaut des Urteils an, das in den folgenden Tagen in Zeitungen in langen Auszügen gedruckt wurde. Das Sekretariat des Gerichtshofes gab bekannt, dass in den nächsten Tagen der erste von insgesamt 20 (es wurden dann 22) Bänden in Druck gehe, in denen der gesamte Prozess wortgetreu dokumentiert sein werde.

Schon nach flüchtigem Lesen der Nachricht begannen auf den Straßen die Diskussionen, mitunter hitzig geführt. Die Reporter von Zeitungen stießen kaum auf Schwierigkeiten, Meinungen von Passanten auf Straßen und Plätzen einzuholen. Sie reichten von Zustimmung bis Enttäuschung. Kaum jemand erlegte sich Schweigen auf, sofern nicht Sympathie für einen einzelnen oder die Angeklagten insgesamt öffentlich besser verborgen werden sollte. Manche mochten sich auch still fragen, was die Urteile für sie selbst an Konsequenzen bargen. Die konnten sich vor allem aus den Urteilssprüchen ergeben, welche zum Charakter der Organisationen getroffen worden waren und die SS, Gestapo und den SD sowie das Korps der Politischen Leiter der NSDAP für verbrecherisch erklärt hatten.

Das Ausmaß an Interesse, das dieser erwartete Schlusspunkt des Prozesses in Deutschland erreichte, übertraf weit die Aufmerksamkeit während der Monate zuvor. Da hatten ausländische Beobachter mitunter unverhohlene Enttäuschung darüber ausgedrückt, dass so viele, von deren Rolle und Erleben im Gerichtssaal, wenn auch zumeist indirekt die Rede war, dem Ereignis kaum folgten. Antworten, die das erklärten, lagen nahe. Jannet Flanner sah sie wie andere Prozessbeobachter zum einen darin, dass sich Verhöre und Verhandlungen zum Teil endlos in die Länge zogen und in deren Verlauf naturgemäß vieles an Fragen und Feststellungen wiederkehrte. Vor allem aber verwies sie auf das aktuelle Befinden der Bevölkerungsmehrheit. Diese sei von Sorgen des Alltags erdrückt, verdrossen durch die vieljährige Propaganda der Nazis und daher auch gegen gutgemeinte Versuche, sie aufzuklären, misstrauisch. Quer durch alle Klassen seien die Menschen als Folge des Regimes geschädigt, taub und apathisch. Auch breite sich in Schichten, die sich für gebildet hielten, bereits die Meinung aus, man habe über diese Dinge nun genug gehört.

## Pro und contra

Selbstverständlich galt das Interesse von Millionen Menschen in den vom Krieg heimgesuchten Staaten vor allem den Schuldsprüchen, welche die ehemaligen politischen und militärischen Führer des Reiches betrafen, insbesondere den Personen, die an der Spitze der Besatzungsregimes gestanden hatten. Gleichzeitig suchten Kommentare von Politikern und Juristen, die Gedanken und Diskussionen auf das für die Zukunft wichtigste Ergebnis dieses Verfahrens zu richten. Die Richter der vier Mächte hatten einhellig den Angriffskrieg nicht nur für völkerrechtswidrig und verbrecherisch erklärt, sondern vollkommen klar gemacht, dass ein Verbrechen dieses Typs nicht der Anonymität eines Staates anzulasten sei, sondern, da an dessen Spitze Menschen handelten, diese folglich für ihr Tun und Lassen einzustehen hätten. Mit diesem revolutionierenden Schritt in der Geschichte des Völkerrechts verband sich die Hoffnung, von ihm werde eine starke abschreckende Warnung ausgehen, könne doch fortan niemand mehr seine eigenen Handlungen hinter dem Schutzpanzer des Staates verbergen, womit die Aussichten der Völker, in Friedenszeiten zu leben, gewachsen seien. Noch mehr Zeit brauchte es, die Tragweite der Bestimmung und Aburteilung der Verbrechen gegen die Menschheit in ihrer zukünftigen Bedeutung zu erfassen.

Was die Strafmaße anlangte, gingen die Meinungen in Europa wie in den USA häufig auseinander. Sie waren im Kollegium der vier Richter entweder einstimmig oder in einem Abstimmungsverhältnis von drei zu einer Stimme zustande gekommen. Alle Beteiligten hielten sich an die Vereinbarung, ihr jeweiliges Stimmverhalten bei der Festsetzung der Strafhöhe nicht öffentlich zu machen. Lediglich aus dem publizierten Sondervotum des sowjetischen Richters ließ sich entnehmen, in welchen Fällen er für eine schärfere Bestrafung eingetreten war. Erst Jahrzehnte später wurde durch historische Forschungen ermittelt, wie die Entscheidungen der einzelnen Richter von Fall zu Fall gelautet hatten. Da wurde offenbar, dass das sowjetische Mitglied des Kollegiums keineswegs in einer dauernden Konfrontation mit den drei anderen Juristen gestanden und gestimmt hatte, sondern sich von Fall zu Fall sehr unterschiedliche Stimmverhältnisse ergeben hatten und manche Urteile erst aufgrund von Kompromissen zustande gekommen waren.

Namentlich in Ländern, die unter der Besatzungsherrschaft schwer gelitten hatten, so in Frankreich und der Tschechoslowakei, wurden die Urteile unterhalb von Todesstrafe und lebenslänglicher Haft zumeist als zu milde erachtet. Dass gegen Konstantin von Neurath, einst Herr auf der Prager Burg, eine Haftstrafe von fünfzehn Jahren ausgesprochen worden war, wurde in der Tschechoslowakei als verfehlt angesehen. Einige der Angeklagten, so wurde gefordert, sollten nach dem Spruch des Internationalen Gerichtshofes nun noch nationalen Gerichten übergeben werden, damit die Verbrechen verhandelt würden, die von ihnen im jeweiligen Lande verübt worden waren. In Österreich wurde verlangt, und auch der Justizminister machte sich das zu eigen, Baldur von Schirach, den zu 20jähriger Haft verurteilten einstigen Reichsstatthalter von Wien, und den freigesprochenen Franz von Papen wegen seiner Rolle beim »Anschluss« ausgeliefert zu bekommen.

Schon in den Abkommen, welche die Alliierten während des Krieges schlossen, war mehrfach vereinbart worden, dass die deutschen Kriegsverbrecher nicht nur verurteilt, sondern die ausgesprochenen Urteile auch vollstreckt werden sollten. Das schloss das Recht der Verurteilten, Gnadengesuche einzureichen, nicht aus. Manche von ihnen stellten die Anträge selbst, für andere wurden sie mit deren Einwilligung von Anwälten oder Angehörigen der Familien gestellt. Über Gewährung oder Ablehnung hatte der Alliierte Kontrollrat in Berlin zu entscheiden. Der korrigierte kein Urteil. Auch die Anträge Keitels und Jodls, erschossen, nicht gehängt zu werden, wurden abgewiesen. Gleiches galt für Raeders Ansinnen, der sich in jeder Richtung für unschuldig hielt, ihn zu erschießen, statt ihn für den Rest seines Lebens, den der Siebzigjährige als gering ansah, in ein Gefängnis zu stecken – der einstige Großadmiral verstarb, 1955 freigelassen, erst 1960. Die Zahl der Gesuche nach Strafmilderung hielt sich indessen in engen Grenzen. Vom Münchener Michael Kardinal Faulhaber berichtete die Presse, er habe den Papst gebeten, er möge sich für die Abwandlung der Todesstrafe für Hans Frank, der als reuiger Sünder in den Schoß der Alleinseligmachenden zurückgekehrt war, einsetzen.[15] Doch erging aus dem Vatikan das Zeichen, der Heilige Vater werde in keiner Weise zugunsten von Verurteilten tätig werden. Er hätte sich damit nur in Gegensatz zu Millionen katholischer Gläubiger setzen können. Nicht anders verhielt sich die auf eine Intervention zugunsten von Seyß-Inquart angesprochene Wilhelmina, Königin der Niederlande. Auch sie ließ abwinken.[16]

## Umstrittene Freisprüche

Hart umstritten waren weithin und vor allem in Deutschland die zugunsten von Papen, Schacht und Fritzsche ergangenen Freisprüche. Viele sympathisierten mit den abweichenden Standpunkten des sowjetischen Mitglieds des Richterkollegiums. Auf den schärfsten Widerspruch stieß das »Nicht schuldig« für den einstigen Steigbügelhalter und Vizekanzler Hitlers. Das mag seine Ursache darin gehabt haben, dass der vorletzte Reichskanzler der Weimarer Republik stärker im Rampenlicht der Öffentlichkeit gestanden hatte als Schacht, dessen Anteil an Hitlers Weg in die Wilhelmstraße jedoch kaum geringer gewesen war. Auch Dwight D. Eisenhower drückte Verwunderung über den Freispruch aus. Der Vorsitzende der Sozialdemokratischen Partei in den drei Westzonen, Kurt Schumacher, sah in ihm eine »Ermutigung der kapitalistischen und politischen Reaktion«[17], und noch konnte niemand glauben, dass sozialdemokratische Führer nur vier Jahre später in den Chor derer einstimmen würden, welche dem Hohen Kommissar der USA die »Gnadenarie« vorsangen. Die Pariser Zeitung Combat bemerkte, dass sich in den Haltungen von Papens und Schachts die »Sünden einer ganzen Gesellschaftsschicht« ausgedrückt hätten.[18]

Von Papen, so lautete die vielfach erhobene Forderung, solle vor ein deutsches Gericht gestellt und wegen Hochverrats angeklagt werden. Niemand glaubte, dass er und Schacht, wie beide behauptet hatten, je von ernst zu nehmender Gegnerschaft gegen das Regime und den »Führer« geleitet gewesen wäre. Sie galten als skrupellos und einzig auf ihren persönlichen Vorteil bedacht. In Deutschland wurden die Freisprüche vor allem als hochgradig ungerecht gegenüber Hunderttausenden von »kleinen« Nazis angesehen, die sich in Arbeits- und anderen Lagern befänden. Sie wurden zudem mit dem Los einstiger Wehrmachtssoldaten verglichen, die als Kriegsgefangene etwa in französischen Bergwerken Schwerstarbeit leisten mussten. Mehr noch, die Freisprüche schienen zu beweisen, dass wieder einmal die Kleinen hängen müssten, während man die Großen laufen lasse. In einer Atmosphäre, in der vielen Deutschen etwas über den Zusammenhang von politischem Einfluss und Kapitalmacht zu dämmern begann, wurde vermutet, dass internationale Beziehungen der Finanzwelt sich zugunsten Schachts ausgewirkt hätten. Sein und von Papens Freikommen wurde als böses Omen für das Vorhaben betrachtet, führende deutsche Wirtschaftsführer, Bankiers und Industrielle zur Verantwortung zu ziehen.

Zunächst war nur unter den beteiligten Juristen der vier Mächte bekannt, dass es nach dem gemeinsamen Gerichtsverfahren gegen die deutschen Hauptkriegsverbrecher keine weiteren, namentlich solche gegen deutsche Kapitaleigner und Manager an der Spitze von Großunternehmen, geben werde. In einem vertraulichen Brief an den Präsidenten hatte Robert H. Jackson noch von Nürnberg aus seine Argumente dagegen geltend gemacht. Der Gewinn solcher Prozesse für die USA wurde von ihm gering veranschlagt, dagegen käme man in Gesellschaft mit den sowjetischen Kommunisten und den französischen Linken, die es nicht bei der Bestrafung von Politikern und Militärs belassen wollten. Würde man deutsche Industrielle nur wegen ihres Beitrags zur Kriegsrüstung zur Verantwortung ziehen, dann könne das auf Ablehnung der Rüstungsindustriellen im eigenen Lande stoßen und die Beziehungen der Regierung zur Wirtschaft in den USA trüben und deren militärische Anstrengungen so behindern, dass sie gegenüber der UdSSR, wo derartige Komplikationen aufgrund anderer Eigentumsverhältnisse ja nicht entstehen würden, ins Hintertreffen geraten könnte.[19]

Diese Haltung war mit jener nicht mehr identisch, die der US-amerikanische Chefankläger vor Beginn der Hauptverhandlung im Fall der Einbeziehung Alfried Krupps in den Prozess eingenommen hatte. Angesichts dieser sich abzeichnenden Entwicklung drängten antifaschistische Kreise in allen Besatzungszonen, dass Deutsche »die Abrechnung mit den Verbrechern« nun selbst in die Hände nehmen sollten. Heinz Schmidt, einer der Prozessbeobachter und Kommentator des Berliner Rundfunks, erklärte in einer Sendung, auf den Freispruch für Schacht Bezug nehmend, die Deutschen sollten nun über Krupp, Thyssen, Flick und Klöckner, die Namen wurden von ihm stellvertretend genannt, zu Gericht sitzen. Prozesse gegen die ehemaligen Generalfeldmarschälle Kesselring und Rundstedt müssten zudem das Urteil gegen das Oberkommando der Wehrmacht korrigieren.[20]

Freilich: Die Forderung, die verbrecherische Tätigkeit ziviler und militärischer Führer des Naziregimes zum Gegenstand juristischer Verfahren vor deutschen Gerichten zu machen, ging häufig mit der Konstruktion eines Gegensatzes zwischen der Masse der Deutschen und der Minderheit der Führungsschicht einher, den es so nicht gegeben hatte. Das bereitete den Antifaschisten erkennbare Schwierigkeiten in der Argumentation. Der Intendant des Berliner Rundfunks und spätere Ministerpräsident des Landes Sachsen, Max Seydewitz, ehemals einer der Führer der Sozialistischen Arbeiterpartei Deutschlands, die aus einer linken antiopportunistischen Absonderung von der Sozialdemokratie hervorgegangen war, nun aus schwedischer Emigration zurückgekehrt, bemerkte in einem unmittelbar vor der Urteilsverkündung gesendeten Kommentar zwar, dass die Frage der Mitschuld des deutschen Volkes in der ganzen Welt noch lebhaft diskutiert würde, bezog dazu aber keine eigene Stellung. Stattdessen sagte er, dass gerade Antifaschen wüssten, wie schwer es »unter der Nazidiktatur war, frei nach seinem Willen zu handeln«, und stützte so – gewiss unfreiwillig – das sich weit ausbreitende Argument, dessen sich auch die Angeklagten in Nürnberg bedient hatten: Ich bin es nicht, Adolf Hitler ist es gewesen.[21]

Gegen diese Reduzierung der Schuldfrage wandte sich Hans Mayer über Radio Frankfurt, einen Sender der US-amerikanischen Besatzungsmacht. In einem Kommentar, der am 2. Oktober 1946 zu hören war, kam er auf die Wegbereiter des Faschismus und auf alles Unheil zu sprechen, das dessen Sieg folgte: »Mitgearbeitet hatten daran die Generale, die nach dem letzten Weltkrieg geblieben waren, auch als der Kaiser ging. Mitgeholfen hatten die Richter des Reichsgerichts, die mittaten bei der geheimen Aufrüstung. Mitgeholfen hatten jene Wirtschaftsführer, die mit ihrem Geld die Bürgerkriegsbanden organisierten. Mitgeholfen hatten die Stahlhelmführer und die nationalistischen Sprecher der Kriegervereine. Mitgeholfen hatten deutsche Erzieher und deutsche Intellektuelle ... Mitgeholfen habe alle jene Politiker von Brüning über Papen und Schleicher, die daran arbeiteten, die deutsche Republik zu unterhöhlen, widerstandsunfähig zu machen und an den Terror auszuliefern.«[22] Mayer, der wenig später einem Ruf nach Leipzig an die dortige Universität folgte, hob – gegen alle bis heute verbreiteten Tendenzen der Gleichmacherei von Einfluss, Handlungsmöglichkeiten, Verantwortung und Schuld – die Rolle der geistigen Führungsschichten bei der Zerstörung der Republik hervor. Auch andere Kommentare zum Prozessende kamen an der Rolle der Volksmassen nicht vorbei, so beispielsweise der von Fritz Ermarth – er wurde 1947 kurzzeitig Intendant des Senders – in Radio Stuttgart, den ebenfalls die US-amerikanische Militäradministration betrieb und der anfänglich vor allem die deutschsprachigen Programme von Radio Luxemburg übernahm.

## Noch kein Gnadenfieber

Die Wirklichkeit deckte jedoch alle Befürchtungen über das Versickern und Versiegen der juristischen Verfolgung begangener Kriegs- und Menschheitsverbrechen zunächst noch nicht. Während des Nürnberger Prozesses hatten viele parallele Ereignisse und Tatsachen dafür gesprochen, dass dem Recht unterschiedslos Geltung verschafft werden solle. Ein kanadisches Militärgericht verurteilte im Dezember 1945 den Kommandeur der SS-Division »Hitlerjugend«, Generalmajor der Waffen-SS Kurt Meyer (»Panzermeyer«), wegen der auf seine Befehle hin 1944 in den Kämpfen in der Normandie begangenen Kriegsverbrechen zum Tode.[23] Dem NSDAP-Gauleiter und Chef der Zivilverwaltung im okkupierten Elsass, Robert Wagner, sprach am 3. Mai 1946 ein französisches Militärgericht in Straßburg die Todesstrafe aus, die – anders als im Fall von Meyer – auch vollstreckt wurde.[24] Am 13. Mai 1946 endete in Dachau der Mauthausen-Prozess, in dem 61 Angehörige des Personals des Konzentrationslagers angeklagt, verurteilt und, nach der Bestätigung der Mehrheit der Urteile, 49 auch hingerichtet wurden. Ein US-amerikanisches Militärgericht klagte Personen an, weil sie am 26. August 1944 in den Straßen von Rüsselsheim acht in Gefangenschaft geratene Piloten der US-Streitkräfte gelyncht und sechs von ihnen getötet hatten. Auch in diesem Prozess wurde auf Korrektheit des Verfahrens geachtet. Die Angeklagten erhielten als Anwalt einen Angehörigen der Besatzungstruppe gestellt, der deren Interessen mit allen juristischen Argumenten vertrat. Fünf Todesurteile wurden gefällt.

Gleichzeitig begannen die so genannten Spruchkammern ihre Tätigkeit. Eine in Frankfurt a. M. etablierte sprach Urteile gegen drei Personen, die einen Bäckermeister bei der Gestapo denunziert hatten, was ihn vor den Volksgerichtshof und auf das Schafott gebracht hatte.[25] In der britischen Besatzungszone wurden mit einem Schlag 33 Aufsichtsratsmitglieder und Direktoren deutscher Großbanken verhaftet, um sie bis zur Anklage in Gewahrsam zu halten.[26] Weitere Personen aus der Führungsgruppe des Regimes, die seit Kriegsende unbehelligt gelebt hatten, wurden hinter Schloss und Riegel gesetzt. So ließ die britische Militärregierung am 5. Oktober 1946 Alfred Hugenberg, der mit Hitler vor dem 30. Januar 1933 die Koalitionsvereinbarung von NSDAP und Deutschnationaler Volkspartei ausgehandelt hatte und einige Monate Minister im Hitlerkabinett gewesen war, auf seinem Gut Rohbraken in Westfalen verhaften.

Die Regierungen auch der Westmächte vertraten den Standpunkt, dass ihre Rolle bei der juristisch-politischen Abrechnung mit den Urteilen von Nürnberg nicht beendet sei. Bekanntgemacht wurde, ein US-amerikanischer Stab bereite weitere Verfahren vor. Die Militärbehörden der USA, Großbritanniens und Frankreichs machten zudem klar, dass die drei nach dem Maßstab der vier Anklagepunkte in Nürnberg Freigesprochenen ihnen keineswegs als unbescholten galten. Das sowjetische Sondervotum ließ es weder Schacht noch Fritzsche geraten erscheinen, sich in das Einflussgebiet der UdSSR zu begeben, wo sie gegen Kriegsende in Brandenburg bzw. Berlin gelebt hatten. Doch bekamen sie auch mit ihrem Verbleib »im Westen« erhebliche Schwierigkeiten. Britische Behörden beeilten sich nicht, den Gesuchen beider stattzugeben, Genehmigungen für den Aufenthalt in ihrer Zone zu erhalten. Und von Papens Antrag, in das französisch besetzte Gebiet einreisen zu dürfen, wurde abgelehnt. Die Stuttgarter Zeitung schrieb unumwunden, eigentlich müssten doch deutsche Gerichte die Haftbefehle gegen diejenigen schon ausgestellt haben, für deren Anklage nun sie zuständig wären.[27]

So saßen von Papen, Schacht und Fritzsche, die versicherten, sie wollten sich in ein Leben abseits aller Politik zurückziehen, zunächst in Nürnberg fest. Sie erfuhren von Forderungen, sie alsbald wieder vor Gericht, diesmal vor ein deutsches, zu stellen und sie bis dahin zu inhaftieren. Papen verblieb zunächst im Justizgebäude, wo er aus seiner Zelle in einen anderen Raum verlegt wurde. Fritzsche kam, unter Polizeiaufsicht gestellt, in der Stadt unter. Schacht begab sich nach Württemberg, um vorerst auf dem »Katharinenhof«, einem Anwesen von Paul Reusch, der bis 1942 Vorstandsvorsitzender der zum Haniel-Konzern gehörenden Gutehoffnungshütte Aktienverein für Bergbau und Hüttenbetrieb gewesen war, Unterschlupf zu finden. Dort wurde er am 7. Oktober 1946 kurz nach seinem Eintreffen verhaftet. Während der zuständige Militärgouverneur in Bayern die dortigen deutschen Behörden hinderte, Papen und Fritzsche zu inhaftieren, hatte der in Württemberg den deutschen Stellen freie Hand gelassen und dafür auch die Deckung durch den höchstgestellten US-amerikanischen Besatzungsoffizier, General Lucius D. Clay erhalten. Der bezog den Standpunkt, es sei Sache der Deutschen, wie sie es mit den Freigesprochenen hielten. Die Besatzungsmacht gewähre ihnen lediglich Geleit bis zu einem Ort ihrer Wahl und würde danach einzig darüber wachen, dass streng nach Gesetz verfahren werde. Insbesondere seien die drei nicht ein zweites Mal der Teilnahme an jenen Verbrechen zu beschuldigen, von denen sie in Nürnberg freigesprochen worden waren.

Alle Besatzungsmächte waren mit den bis zu öffentlichen Protesten reichenden Bekundungen gegen die milden Urteile durchaus einverstanden. Am deutlichsten äußerte sich der Unwille in Berlin, wo inmitten von Ruinen eine von 10.000 Teilnehmern besuchte Kundgebung auf dem August-Bebel-Platz stattfand, zu der die Sozialistische Einheitspartei aufgerufen hatte und auf der Max Fechner, ein aus der Sozialdemokratie zur Einheitspartei gestoßener Funktionär, sprach, der selbst im Naziregime mehrfach inhaftiert gewesen war. Am 4. Oktober heulten in der einstigen Reichshauptstadt um 14 Uhr die Sirenen und riefen zu einer zehn Minuten währenden Arbeitsniederlegung zum Zeichen des Widerspruchs vor allem gegen die Freisprüche. Die Verkehrsmittel standen still. Es beteiligte sich etwa eine Viertel Million Menschen. Mancherorts fanden kurze Versammlungen statt. In einem Siemenswerk wurde eine Resolution angenommen, welche die Einwände ausdrückte. In Nürnberg kam es zu einem kurzzeitigen Streik der Straßenbahner. Clay wertete diese Proteste von Deutschen als »Ermutigung« und nicht als »Ausdruck von Respektlosigkeit« gegenüber dem Gericht.[28]

## Gegen die These und die Praxis von der Kollektivschuld

Ungleich weniger Aufmerksamkeit als die Urteilssprüche, die gegen die 22 Angeklagten ergingen, fanden jene, die hinsichtlich der Organisationen gefällt worden waren. Dabei waren gerade sie es, die für Millionen Deutsche folgenreich werden sollten. Schon im Prozessverlauf war von Anwälten der Verteidigung versucht worden, die Anklage gegen Institutionen und Organisationen ganz zu Fall zu bringen. Sie suchten zu verhindern, dass Millionen einstiger Parteigenossen, von Mitgliedern der SA und der SS, dem haftenden Makel ausgesetzt sein würden, einer verbrecherischen Organisation angehört zu haben. Daraus mussten zumindest Nachteile für künftige Berufswege befürchtet werden. Die Stuttgarter Zeitung schrieb, als im Prozessfortgang schließlich die Anklageerhebung gegen die Organisationen begonnen hatte, manche Deutsche würden einen größeren Schock über die Bestrafung von 1 Million empfinden, die in deren Reihen gestanden hatten, als über den Tod von 5 Millionen Menschen.[29] Noch war unvorstellbar, dass ein früheres Mitglied der NSDAP und SA je wieder der Regierung eines deutschen Staates angehören könnte. Doch vergingen nur sieben Jahre bis Gerhard Schröder, ein Mann mit dieser Biographie, im zweiten und dritten Kabinett Adenauer Innenminister wurde.

Indessen: Die Richter erteilten mit ihren Entscheidungen, welche faschistische Organisationen und Institutionen betrafen, allen eine Absage, welche die These von der Kollektivschuld der Deutschen zur Grundlage ihrer Nachkriegspolitik in Deutschland machen wollten. Zwar erklärten sie Organisationen des Regimes, die SS, den Sicherheitsdienst und die Gestapo für verbrecherisch, weil sie im Zentrum des Großverbrechens agiert hatten. Doch – und das wurde Richtschnur für die Verfahrensweise mit deren Mitgliedern – wurde zugleich festgestellt, diese Markierung bedeute nicht, dass jedes ihrer Mitglieder oder jeder ihrer Angehörigen damit als Verbrecher angesehen und strafbarer Handlungen verdächtigt oder bezichtigt werde. Vielmehr sei jede Person auf ihre tatsächliche Rolle, also jeder Einzelfall, zu prüfen. Mit anderen wies der Vorsitzende der SED, Otto Grotewohl, in einer Würdigung des Urteils auf diese Differenzierung hin, die den Deutschen eine Chance für die eigene Auseinandersetzung mit der Vergangenheit öffne.

Zudem waren nicht alle angeklagten Organisationen als verbrecherisch beurteilt worden. Den Sturmabteilungen (SA,) dem Reichskabinett und dem Oberkommando der Wehrmacht (OKW) samt dem Generalstab war diese Qualität nicht zugesprochen worden, was wiederum nicht bedeutete, dass nicht auch aus ihren Reihen Personen wegen verübter Verbrechen anzuklagen wären. Namentlich das Urteil über OKW und Generalstab stieß vielfach auf Ablehnung. Der auch in diesem Punkte abweichende Standpunkt des sowjetischen Richters wurde weithin geteilt. Besorgt bezeichnete der frühere Außenminister der USA, Sumner Welles, dem der Freispruch von Papens als »am meisten befremdend« erschien, das Urteil über den Generalstab als »dem Weltfrieden der Zukunft entgegengesetzt«.[30]

In Kommentaren zu den Ergebnissen des Nürnberger Prozesses kehrten Journalisten und Politiker immer wieder zum Verhältnis der deutschen Volksmassen zu den Verurteilten zurück und ebenso zur geschichtlichen Rolle der Millionen und Abermillionen von Gefolgsleuten des Regimes im Vorkrieg und Krieg. Die Stuttgarter Zeitung schrieb am Tage nach der Urteilsverkündung, es dürfe nicht vergessen werden, dass »unser Volk es war, das diesen Führern hemmungslos und oft mit Jubel folgte«. Stumm hätte im Gerichtssaal jemand gesessen, der im Londoner Statut der Vier Mächte, jenem Abkommen, das die Grundlage des Prozesses gebildet hatte, nicht vorgesehen gewesen sei: das deutsche Volk und zwar sowohl in Gestalt der von den Machthabern Verfolgten wie auch in der Gestalt der mißbrauchten Anhänger.

Von der Gefolgschaftstreue von Millionen deutschen Männern und auch Frauen, ohne die die Machthaber nicht hätten anrichten können, was sie verübten, war in den Reden der Ankläger jedoch wenig und nur mit äußerster Zurückhaltung die Rede gewesen. Faktisch ergab sich daraus ein Widerspruch zwischen der nahezu endlosen, aber doch keineswegs erschöpfenden Aufzählung der geschehenen Verbrechen und dem Ausklammern der Frage, die den hohen Prozentanteil von Deutschen betraf, die sie begangen oder indirekt an ihnen mitgewirkt hatten, indem sie die Voraussetzungen und Bedingungen schufen, die sie ermöglichten.

Dieses Thema – die Deutschen und das Naziregime – hatte in seiner Eröffnungsrede schon der US-amerikanische Chefankläger angeschlagen und gab die dann beibehaltene Richtung an, in der es im weiteren Prozessverlauf gesehen wurde. Jackson sagte am zweiten Prozesstag: »Wir möchten ebenfalls klarstellen, dass wir nicht beabsichtigen, das ganze deutsche Volk zu beschuldigen. Wir wissen, dass die Nazi-Partei bei der Wahl nicht mit Stimmenmehrheit an die Macht gelangt ist. Wir wissen, dass ein unseliges Bündnis sie an die Macht gebracht hat, ein Bündnis, zu dem sich die Besessenen des wütenden Umsturzwillens unter den Nazi-Revolutionären mit der Hemmungslosigkeit unter den deutschen Reaktionären und der Angriffslust unter den deutschen Militaristen zusammengetan hatten. Wenn die breite Masse des deutschen Volkes das nationalsozialistische Parteiprogramm willig angenommen hätte, wäre in den früheren Zeiten der Partei die SA nicht nötig gewesen, und man hätte auch keine Konzentrationslager und keine Gestapo gebraucht, beides Einrichtungen, die sofort geschaffen wurden, nachdem die Nazis sich des Staates bemächtigt hatten.«

Jackson hatte sich die heute in deutschen Geschichtsbüchern selten anzutreffende Auffassung zu eigen gemacht, die schon von Zeitgenossen des Ereignisses vertreten worden war, dass der 30. Januar 1933 Ergebnis einer Intrige aus Kreisen der politischen, wirtschaftlichen und militärischen Elite des Reiches gewesen war und nicht dem Willen der Volksmehrheit entsprang. Doch blieb ungesagt, dass die starke Minderheit von Deutschen, die Hitler als Reichskanzler wollte – sie hatte in der Mitte des Jahres 1932 mehr als 37 Prozent der Wähler betragen – sich rasch in eine Mehrheit verwandelte. Dies ebenso ignorierend wie die Verheerungen der Weltwirtschaftskrise zeichnete Jackson ein nahezu idyllisches Bild vom Moment der Machtübergabe an Hitler und seine Führungsgruppe: »Im Jahre 1933 sahen wir das deutsche Volk nach dem Rückschlag des letzten Krieges sein Ansehen in Handel, Industrie und Kunst zurückgewinnen.« Jedoch, fuhr er fort: »Das Nazi-Regime hat diesen Aufstieg unterbrochen.«

Dazu passte nicht, dass der US-amerikanische Ankläger die Deutschen gleichzeitig ein enttäuschtes und verwirrtes Volk nannte. Das bezog sich auf die Nachwirkungen der Kriegsniederlage, den Versailler Vertrag und die Nachkriegspolitik der Siegermächte. Er gab den einstigen Kriegsgegnern des Reiches eine Mitschuld an der eingetretenen Entwicklung, eine Position, die er Jahre später so uneingeschränkt gewiss nicht wieder bezogen haben würde. Da nämlich hatten die Revisionisten in der Bundesrepublik sich darauf verlegt, über den Verweis auf »Versailles« die Schuld am Aufkommen und Sieg der Faschisten zu exportieren. So aber lief das von Jackson gezeichnete Geschichtsbild darauf hinaus, dass die Deutschen von den Naziführern überwältigt und von diesen sodann ihren Zwecken gefügig gemacht worden wären. Verweise auf die Kontrolle und Herrschaft über das Volk, auf dessen Drill und Unterjochung, auf das Einimpfen der Ideologie und ähnliches, dazu die Bemerkung, welche die Konzentrationslager schlechthin als gegen das deutsche Volk gerichtet einstufte, waren zu einseitig, als dass sie Funktionsweise, Effektivität und Erfolg des Regimes hätten treffend charakterisieren können.

Jedenfalls waren Anklage und Richter weit entfernt, den Deutschen eine Kollektivschuld aufzubürden, ein umso größeres Verdienst, weil diese Sicht zur Zeit des Verfahrens aufgrund der noch frischen Erfahrungen aus den Jahren der Besatzung in Europa weithin vorherrschte. Daher gehört es in das Reich der Legenden, wenn einer der Verteidiger, der Völkerrechtslehrer Herbert Kraus, ein Jahr nach dem Ende des Prozesses in einer Vorlesung in der Aula der Göttinger Universität rühmte, die Gruppe der deutschen Anwälte hätte den Kampf um Bejahung oder Ablehnung der Gesamtschuld des deutschen Volkes gewonnen, und zudem, was auf Jahrzehnte in Mode kommen sollte, behauptete, die Verbrechen hätten sich »hinter einer Mauer des Schweigens« und daher in vollkommener Unkenntnis der Deutschen vollzogen.[31]

Peter Calvacoressi, Hilfsankläger Großbritanniens, schrieb bald nach dem Ende des Prozesses diesem auch das Verdienst zu, verderbliche Legenden getötet zu haben, noch bevor sie geboren worden wären.[32] Nicht anders sah das Karl Anders, Berichterstatter von BBC London: »Der billigen Legende dürfte es diesmal schwer fallen, sich gegen ein solches Material unumstößlicher Tatsachen durchzusetzen«[33]. Das erwies sich als viel zu optimistisch. Einschließlich der Legende vom Dolchstoß, dem die deutsche Streitmacht angeblich zum Opfer gefallen sei, wurden in der Bundesrepublik glatte Ausflüchte, wortreiche Rechtfertigungen und dreiste Lügen wiederbelebt und verbreitet, die schon aus den Jahren nach dem Ersten Weltkrieg bekannt waren, und durch weitere ergänzt. Nur das »Im Felde unbesiegt« ließ sich, nachdem sich die Alliierten an der Elbe getroffen hatten, nicht wieder glaubhaft machen. -

Auch die Repräsentanten der vier Mächte sahen die Deutschen letztlich in der Rolle von Opfern, die sie vor allem gegen Ende des Krieges unstreitig geworden waren. Der Faschismus, konstatierte Jackson, habe das deutsche Volk »auf die tiefste Stufe des Elends geworfen, von dem frei zu werden es sobald nicht hoffen darf.« Dieser Teil der Anklagerede gipfelte in dem Satz: »Wahrlich, die Deutschen – nicht weniger als die Welt draußen – haben mit den Angeklagten eine Rechnung zu begleichen.« Natürlich wurde diese Wendung alsbald vielfach zitiert, so von Karl Jaspers in seinen Vorlesungen zur Schuldfrage im Wintersemester 1945/1946, in denen er seinen Zuhörern eine positive Einstellung zum Nürnberger Prozess zu begründen und zu vermitteln suchte und das Gerichtsverfahren als den Beginn eines langen Weges zu einer durch Frieden gekennzeichneten Weltordnung darstellte.[34]

Dieses Geschichtsbild mochte den Deutschen, die den Prozessauftakt verfolgten, wohl tun. Und es war nach allem, was wir von Jackson wissen, gewiss nicht ein Produkt von Berechnung, nicht entworfen in der Absicht der Anbiederung oder gar des Einschmeichelns. Vielmehr stand die Erforschung des Regimes erst an ihrem Anfang. Doch wurde mit der Hervorhebung der Verführung das Interesse an der Schuldabweisung bedient, das viele Deutsche leitete und u.a. dazu führte, dass sie beispielsweise in dem freigesprochenen Demagogen Fritzsche, der nun vermutlich glimpflich davon kommen werde, einen ausmachten, der sie in die Verirrung geführt und zu Opfern gemacht hatte.

So hatte Jackson die Sache aber keineswegs angesehen. Er besaß einen ungetrübten Blick auf die Massen von Naziaktivisten, wie eine ungleich weniger zitierte Passage seiner Rede bewies: »Tausend kleine Führer diktierten, tausend Nachahmer Görings stolzierten umher, tausend Schirachs hetzten die Jugend auf, tausend Sauckels ließen Sklaven arbeiten, tausend Streichers und Rosenbergs schürten den Hass, tausend Kaltenbrunners und Franks folterten und töteten, tausend Schachts, Speers und Funks verwalteten, unterstützten und finanzierten die Bewegung.«

Von der überwiegenden Mehrheit der Deutschen jedoch wurde ihr eigenes Tun auf Beifall und Jubel eingeschränkt und auf ein ihnen abgezwungenes Verhalten reduziert, zu dem es keine Alternativen gegeben habe. Von der Mehrschichtigkeit der Faktoren, die Millionen unter das Hakenkreuz geführt hatte, war noch nicht die Rede. Dem kam zugute, dass mehrere Verurteilte sich in ihren letzten Worten vor Gericht – und das nun freilich berechnend – in Gesten vor das deutsche Volk gestellt hatten. Göring erklärte, das Volk sei frei von Schuld, und von Schirach, der sich Jahre später in Memoiren selbst als gläubig Verführter darstellen sollte, beteuerte dasselbe für die Jugend. Doch bedeuteten solche Wendungen nicht, dass die einstigen Führer etwa Schuld wirklich auf sich genommen hätten. Noch unter dem Galgen, wo ihnen Gelegenheit zu letzten Äußerungen gegeben wurde, suchten sie sich als Patrioten darzustellen. Niemand gestand, dass er sein Vaterland zugrunde gerichtet hatte. Von Ribbentrop appellierte an Gott, der Deutschland schützen solle, Keitels letzte Worte lauteten »Alles für Deutschland«, Kaltenbrunner sprach »Glückauf, Deutschland«, Frick äußerte pathetisch »Lang lebe das ewige Deutschland«, Jodl bevorzugte den Stil eines rückkehrenden Wanderers »Ich grüße Dich, mein Deutschland« und Seyß-Inquart beteuerte »Ich glaube an Deutschland«. Bis zur Aufhellung der Rolle der Volksmassen und der Feststellung der Antriebe, die sie bestimmten und prägten, blieb der Weg noch weit, und auch sechs Jahrzehnte später ist die Geschichtswissenschaft, wie insbesondere ihre Kontroversen um allzu vereinfachende Antworten in den Publikationen von Daniel J. Goldhagen (1995) und Götz Aly (2005) zeigten, noch nicht zu einer völlig überzeugenden Antwort gelangt.

Aus diesem Abstand ist gefragt worden, wie die deutschen Zeitgenossen sich zu dem Prozess in Nürnberg verhielten – damals im Angesicht der materiellen, geistigen, moralischen und politischen Kriegsfolgen. Waren sie, die in ihrer Masse dem Regime, begeistert oder nicht, freiwillig oder gezwungen, gedient hatten, unter dem Eindruck der Enthüllungen des Gerichts zu entschiedener Abwendung von der Naziideologie, zur Verurteilung des Eroberungswahns oder gar zu selbstkritischen Überlegungen gekommen? Die Geschichtswissenschaft hat auch darauf keine fest begründete Antworten parat. Weitere Forschungen darüber sind wünschenswert, aber wegen der Quellenlage, wenn auch nicht aussichtslos, so doch schwierig. Sicher ist nur, dass der Prozess der Minderheit von sich formierenden antifaschistischen Kräften in allen Besatzungszonen eine Ermutigung war und sie aus seinen Verhandlungen und Urteilen eine Masse von Fakten beziehen konnten, die sie als aufklärende Argumente zu nutzen trachteten, um ihre Landsleute zu neuer Parteinahme zu bewegen. Das war in einer Zeit keine leichte Aufgabe, in der der Alltag der Menschen beherrscht war von Sorgen um Ernährung und Bekleidung, eine regen- und winterfeste Behausung, einen Arbeitsplatz, um das Schicksal von Angehörigen der Familie und Freunden. Dennoch fanden inmitten zerstörter Städte politische Kundgebungen statt, auf denen Antifaschisten sprachen und die Forderung laut wurde, diesen Prozess als Beginn, nicht als Schlussstrich zu betrachten. Am 2. Oktober, dem Tag nach der Urteilsverkündung, sendete der Berliner Rundfunk einen Kommentar von Heinz Schmidt unter der Dachzeile: Nürnberg kein Abschluss, sondern ein Anfang! Mit Bezug auf die ergangenen Freisprüche hieß es darin in einer extrem euphorischen Darstellung der Reaktion in der deutschen Öffentlichkeit, es wachse »überall in Deutschland, in allen Schichten des gesamten deutschen Volkes, in seltener Einmütigkeit die Forderung: Jetzt ist es Zeit, dass wir Deutschen selbst mit den Kriegsverbrechern abrechnen, jetzt müssen deutsche Gerichte vollenden, was der Nürnberger Urteilsspruch begann.«[35]

Das dürfte eine Wunschvorstellung, nicht eine Momentaufnahme der Realität gewesen sein. Das Echo auf den Prozess war ungleich vielfältiger und wandelte sich offenkundig im Verlauf des Verfahrens. Wie immer das angelegt und durchgeführt wurde, war es, was die Wirkung auf die Deutschen anging, von vornherein mit Problemen behaftet. Wenn deren Aufmerksamkeit, Nachdenklichkeit und Zustimmung gewonnen werden sollte, dann musste ihnen – wie erwähnt – erklärt werden, dass in Nürnberg nicht sie, das Volk, sondern die

Führer angeklagt würden. Das geschah in der Presse. Wortwörtlich genommen, war das auch unbezweifelbar. Faktisch aber konnte niemand, der vorurteilslos dachte, daran vorbeidenken, dass es doch diese 19 Verurteilten nicht allein gewesen waren, die unbeschreibbares Unheil über die Bewohner weitester Teile Europas und noch über dessen Grenzen hinaus gebracht hatten. Ohne die Mitwirkung von Millionen ihrer Landsleute, angefangen von den Wahlentscheidungen zugunsten der NSDAP und Hitlers an der Wende von den zwanziger zu den dreißiger Jahren bis hin zum befehlsgehorsamen Kämpfen und Aushalten in »Festungen« und in Trümmern liegenden Städten noch im Frühjahr 1945, wären diese Führer nicht an die Macht und dann zu deren verheerendem Gebrauch gelangt. Kein Geschichtsbuch hätte ohne sie je deren Namen verzeichnet.

Unausgesprochen stand die Frage im deutschen Nachkriegsraum: Und ihr? Sie wurde, ob aus Ratlosigkeit oder politischem Kalkül, das sich in den bald folgenden Landtagswahlkämpfen in den westlichen Besatzungszonen geltend machte, schon bei Prozessbeginn in einem Artikel der Stuttgarter Zeitung mit der Feststellung beantwortet, die Deutschen seien die ersten Opfer dieses Regimes gewesen. Diese Sicht geriet mit dem verbreiteten Selbstmitleid nicht in Konflikt, das in allen Kreisen existierte und sich auf die als »Gefallene« beweinten Männer und Söhne, die im Luftkrieg getöteten Frauen und Kinder, verlorene Heimat oder Habe, die vermissten Kriegsgefangenen, die zerstörten Lebenspläne berief und gründete. Nur eben: Was waren die Deutschen, bevor auch sie zu Millionen Opfern wurden?

Die unter ihnen anfänglich verbreitete Zustimmung zum Prozess, die in Umfragen in der US-amerikanischen Besatzungszone festgestellt wurde, dürfte ihren Ursprung in dem allgemeinen Bedürfnis besessen haben, Schuldige für das eigene Unglück auszumachen und bestraft zu sehen, und im Speziellen auch darin, dass sich das Verfahren mit der Hoffnung verband, es werde dabei bleiben, »die da oben« zu belangen. Die verlor sich indessen im Prozessverlauf zunehmend, nicht durch Reden und Vorgänge im Nürnberger Gerichtssaal. Es fanden aber gleichzeitig vor anderen Militärgerichtshöfen der Alliierten juristische Verfahren gegen weitere Täter statt, über die in

Zeitungen berichtet wurde. Die Prozesse gegen die Mörder von Dachau und Bergen-Belsen mochten noch als Sonderfall gelten. Das KZ-Personal, wenngleich nach Tausenden zählend, bildete eine begrenzte Gruppe. Doch es gab zwischen der Nordsee und den Alpen viel mehr Personen, die fürchten mussten, an die Reihe zu kommen und wegen ihrer Teilnahme an Untaten zur Verantwortung gezogen zu werden. Sie sahen sich von den eindeutigen Erklärungen der Besatzungsmächte über die strikte Verfolgung der Täter beunruhigt und bedroht. Auf der Leporelloliste figurierten die Akteure der »Reichskristallnacht«, die Denunzianten ihrer Nachbarn, Kollegen und Familienangehörigen, die Schinder der Zwangsarbeiter in Industrie und Landwirtschaft, die Teilnehmer an Lynchaktionen gegen feindliche Flieger, die Richter und Staatsanwälte der Nazijustiz, die an der »Euthanasie« beteiligten Ärzte, die Dichter und Schriftsteller, die Hitler in ihren Elogen auf einen gottähnlichen Platz gehoben hatten, zu schweigen von der Unzahl von Lobrednern des Regimes in Uniform, in Zivil oder unter Talaren und Priesterröcken. Gründe von Einzelnen, sich zu wünschen, dass die Lichter nicht auf sie und ihre Biographien gerichtet wurden, existierten millionenfach. Dies gab den Boden für eine kompakte Stimmung gegen die »Siegerjustiz«, eine Kennzeichnung, die zunehmend an die Stelle der ursprünglichen Wahrnehmung eines in Nürnberg praktizierten fairen und unabweisbar notwendigen Verfahrens trat.

Nun bestritten die Repräsentanten der vier Mächte nicht, dass sie nicht nur als Juristen, sondern auch als die Sieger richteten. Die Frage lautete jedoch, ob sie das nach feststehenden, nachprüfbaren und eingehaltenen Rechtsnormen taten, und nicht nach einem dumpfen Rechts- oder Volksempfinden, auf das sich Nazijuristen berufen hatten, oder aus einem bloßen Rachegefühl. Auf der gleichen Ebene lag die Charakterisierung des Verfahrens als »Schauprozess«. Die übergroße Zahl aller prozessualen Gerichtsakte besitzt seinen Adressaten auch in einer mehr oder weniger breiten Öffentlichkeit, der mit Urteil und Begründung verdeutlicht werden soll, was ein Staat, im Nürnberger Fall: eine Gruppe von Staaten, für Recht und was sie für Unrecht erachtet, was sie als Verbrechen qualifiziert, mithin, was sie hinzunehmen und zu dulden bereit ist und was sie für strafbar hält. Insofern existiert ein sich immer wieder geltend machendes Interesse, dass die Bürger auf das Geschehen in Gerichtssälen schauen. Für den Prozess in Nürnberg galt das in extremer Weise. Die Blicke von Millionen richteten sich auf das Geschehen im Saal 600 des Justizpalastes. Auch die Aufmerksamkeit, die ihm galt, machte das Gericht der Sieger zugleich zu einem Gericht der Völker.

Und gerade die Deutschen sollten nach dem erklärten Willen der Siegermächte auf diesen Prozess »schauen«. So erweist sich die Kennzeichnug »Schauprozess«, die zur Herabsetzung und Diffamierung bestimmt ist, als unsinnig, zumal die Deutschen, die durch Zeitungen nicht nur über das Geschehen im Gerichtssaal informiert wurden, sondern selbst über das Leben der Angeklagten in ihren Zellen, über deren Möglichkeiten, sich mit ihren Verteidigern zu beraten und auch die Prozessberichterstattung zu verfolgen. Die deutschen Zeitgenossen dürften sich aus den Praktiken der weithin von deutschnationalen und später von NS-Richtern und -Anwälten dominierten politischen Justiz kaum an ein in seinen juristischen Grundlagen und seinem Verlauf vergleichbar offengelegtes Gerichtsverfahren erinnert haben. Vor deutschen Richterbänken war es nicht erst seit 1933 anders zugegangen.

Der Mann, der sich während der Vorbereitung des Gerichtsverfahrens und im Prozessverlauf fraglos das Hauptverdienst an der Feststellung der geschichtlichen Tatsachen und ihrer Zuordnung in die Verantwortung der Angeklagten erworben hatte, Robert H. Jackson, war schon nach den Schlußplädoyers der Anklage aus Nürnberg abgereist. Er hatte seinen Kollegen in der US-amerikanischen Vertretung die Plädoyers zu den Organisationen und deren Rolle überlassen. In einer Pressekonferenz verabschiedete er sich und hob die ausgezeichnete Zusammenarbeit der vier Mächte während des Prozesses hervor.[36] Nun, da er in den USA vom Urteilsspruch erfuhr, drückte er Bedauern über die Gerichtsentscheidungen zu von Papen und Schacht aus und ebenso über die das OKW und den Generalstab betreffenden. Dennoch erinnerte sich der US-amerikanische Chefankläger mit Genugtuung an die »harten Monate in Nürnberg«, von denen er 1954 schrieb, dass sie richtig verwendet worden seien und er in ihnen, »die wichtigste, ertragreichste und schöpferischste Arbeit« seines Lebens getan hätte.[37]

In vielen Kommentaren wurde hervorgehoben, dass die Begründungen der Urteile für die Zukunft gesehen bedeutender sei als die ausgesprochenen Strafmaße. Diese Texte, schrieb die Süddeutsche Zeitung, enthielten ein Stück Geschichtsschreibung.[38] Und der Korrespondent der Zeitung W. E. Süskind bemerkte, sie böten eine Darstellung »wie wir sie unseren Kindern ins Schulbuch schreiben müssen.« [39] Was aus diesem Vorschlag wurde, verdiente eine eigene Untersuchung. Am Ende des Prozesses drückten viele ihre Genugtuung und ihre Erwartungen für eine bessere Zukunft aus. Eugene Aroneanu hoffte, es werde von dem Gerichtsverfahren ein Impuls ausgehen, so dass die »Menschheitsentwicklung zu einem tiefgründigen Wandel veranlasst wird.«[40] Der deutsche Emigrant, Karl Anders, inzwischen britischer Staatsbürger geworden und in den Kriegsjahren bei BBC London vor allem für Sendungen zuständig gewesen, die sich an deutsche Arbeiter wandten, schrieb, der Prozess »wurde nicht so sehr für die Untat von gestern als für eine Welt von morgen geführt.«[41]

Gegen solche Wünsche und Hoffnungen konnte sich öffentlich kaum jemand aussprechen. Sie waren in aller Munde, auch in denen jener Gegner des Prozesses, die kaum, dass die Urteile gesprochen waren, in Aktion traten. Davon zeugt eine Veranstaltung, die im Herbst 1946 drei Abende lang in Stuttgart stattfand, dort von einer Privatstudiengesellschaft getragen wurde und wohl hauptsächlich Intellektuelle zusammengeführt haben dürfte. Der Hauptakteur der dort geführten Debatte über das Gerichtsverfahren war Wilhelm Grewe, seit 1943 Professor für Völkerrecht an der Berliner Universität, inzwischen in Göttingen in gleicher Funktion, bald in Freiburg, später juristischer Berater des ersten Bundeskanzlers und schließlich im diplomatischen Dienst der Bundesrepublik u.a. in Washington. Grewe trug eine Generalattacke gegen das Gericht und das von ihm angewendete Verfahren vor. Auf eine Rechtsgrundlage, so seine zentrale These, hätte sich das Kollegium der Richter nicht stützen können. Diese Behauptung verband er mit einem Bekenntnis zur Fortentwicklung des Völkerrechts, doch sei in Nürnberg ein juristisch unstatthafter Vorgriff auf erst noch international zu vereinbarendes und festzuschreibendes Recht erfolgt.

Wie die verkürzte Niederschrift der Diskussionsbeiträge erkennen lässt[42], fand diese Position und nicht die seines Kontrahenten den Beifall des Publikums. Schon konnten in der deutschen Öffentlichkeit die in Nürnberg gescheiterten Versuche der Verteidigung, den Spieß gleichsam umzudrehen, fortgesetzt werden. Freilich nicht gegen die Besatzungsmacht am Orte, aber gegen die »Russen« wie der Vorschlag einer Teilnehmerin bezeugte, die »Zwangsverschickung« deutscher Spezialisten in die UdSSR zu Wiedergutmachungsarbeiten »zu ächten«.[43]

Otto Küster, als Jurist 1933 aus dem Staatsdienst entfernt, später Rechtsanwalt, dann Wehrmachtssoldat, nun im Justizministerium des Landes Württemberg Abteilungsleiter, verteidigte das Vorgehen des Gerichts, fand jedoch mit seiner Meinung, die Deutschen hätten mit dem Blick in ihre Zukunft Grund, den Nürnberger Prinzipien »freudig zuzustimmen«, wenig Unterstützer.[44] Es charakterisierte Grewes Vorgehen, dass er die beispiellos verbrecherischen, von niemandem vorausgesehenen, weil unvorhersehbaren Tatbestände und folglich die außergewöhnliche Situation der Nürnberger Richter mit keinem Wort würdigte. Er bestand darauf, dass 1939, wenn gegen Verursacher von Angriffskriegen auch moralische Sanktionen existiert hätten, das Recht auf einen solchen Krieg juristisch unbeeinträchtigt gewesen sei. Eine sich aus internationalem Recht herleitende strafrechtliche Verantwortung hätte für Göring und die anderen daher nicht existiert. Aus der Tatsache, dass Kriege wie der vom Deutschen Reich geführte im Briand-Kellog-Pakt 1928 zu internationalen Verbrechen erklärt worden waren, hätte sich nicht mehr als eine Wiedergutmachungspflicht des Staates, also des Deutschen Reiches, herleiten lassen.

Grewe bot 1946 praktisch das gesamte Repertoire an juristischen Einwänden gegen den Prozess. Er behielt seine Haltung bei, was seine steile Karriere im Staatsdienst der Bundesrepublik nicht behinderte oder auch nur bremste. Zur Methode, mit der Attacken von solchem

Typ vorgetragen wurde, zählte schon in dieser frühen Phase auch die Berufung auf willkommene Stimmen des Auslands. Eine war die von Randolph Churchill, des Sohnes des gewesenen britischen Premiers, der wenige Tage nach der Urteilsverkündung drucken ließ, »dass der Hauptgrund dafür, dass sich die Nazi-Führer vor Gericht fanden, nicht darin bestand, dass sie Krieg führten, sondern darin, dass sie den Krieg verloren.«[45] Hier wurden schlicht die Ursachen für Anklage und Urteil mit der Grundvoraussetzung verwechselt, die das Stattfinden des Prozesses besaß.

\* \* \*

Im Jahr 2005 trennten die Zeitgenossen vom Ende des Zweiten Weltkrieges sechs Jahrzehnte. Das gab schon vor dem 8. Mai, dem Jahrestag des Sieges der Anti-Hitler-Koalition und der Befreiung auch der Deutschen vom Faschismus, Anlass zu vielerlei Gedenken und Erinnerungen. Wissenschaftliche, bildende und politische Veranstaltungen fanden statt, Bücher wurden neu herausgegeben oder wieder aufgelegt, Zeitungen und Zeitschriften erörterten das große Thema, Sendungen der Fernsehstationen befassten sich mit ihm. Die Initiativen verschiedenster Kräfte weiteten sich zu einer Kampagne aus. Sie übertraf noch den Umfang jener, die zehn Jahre zuvor anlässlich des 50. Jahrestages sich ereignet hatte. Gesprochen wurde schließlich von einer »Erinnerungsschlacht«. Diese, kaum geschlagen, wurde auf ihren Gehalt und die Interessen, die sich in ihr geltend gemacht hatten, untersucht.

### Eine große Unbekannte

Demgegenüber hielt sich in der Bundesrepublik ein halbes Jahr später die Erinnerung an den Beginn der juristischen Abrechnung mit den Verbrechern an der Spitze des Naziregimes in erheblich engeren Grenzen. Diese Praxis besaß Tradition. In einer Besprechung des Stanley-Kramer-Films »Das Urteil von Nürnberg« (Originaltitel:

Judgment at Nuremberg), in dem u.a. Spencer Tracy, Maximilian Schell, Burt Lancaster und Marlene Dietrich spielten und der als historische Vorlage einen der so genannten Nachfolgeprozesse, den Juristenprozess, hatte, schrieb der Filmkritiker Ulrich Behrens rückblickend: »Anfang der 60er Jahre waren in der Bundesrepublik Deutschland – anders als in der damaligen DDR – die Urteile des Internationalen Militärgerichtshofs mit dem Bann des Tabus belegt. Man wollte noch immer verdrängen und auch verleugnen. Hinzu kommt, dass viele in diesen Prozessen Verurteilte längst wieder, zum Teil vorzeitig, aus der Haft entlassen worden waren.« Zu diesem Befund kam 1965 auch der polnische Völkerrechtler Jerzy Sawicki, Professor an der Universität Warschau und während des Prozesses Angehöriger der polnischen Delegation, aus dem Rückblick nach zwei Jahrzehnten. Über das Ereignis herrsche in den westlichen Ländern »beinahe ein totales Schweigen«, sagte er auf einer Konferenz in Berlin, und verwies auf die aus diesem Anlass ergangenen Aufrufe, die letzten drei der in Spandau einsitzenden Häftlinge, also Speer, Schirach und Heß, zu entlassen.[46]

Im Vorwort zu einem Buch, das 1967 erschien und auf einer Artikelserie fußte, die zwei Jahre zuvor in der Illustrierten Stern erschienen war, hieß es: Der Prozess sei in seiner Entstehung, seinem Verlauf und seiner Bedeutung »immer noch eine der großen Unbekannten der jüngsten Vergangenheit«. Dazu trage bei, wurde weiter konstatiert, dass die »Bundesregierung ... bis heute zu dem Urteil von Nürnberg jedes deutliche Wort vermieden« hat. Mehr noch: »Als ,Bewältigung unserer jüngsten Vergangenheit' getarnt, vollziehe sich die Rehabilitierung einiger der als Hauptkriegsverbrecher Verurteilten – sei es durch eigene Rechtfertigungsversuche, sei es durch Apologeten, die sich Historiker nennen.« Dazu würden auch Argumente Hilfsdienste leisten, die ein »allzu positivistischer Flügel der Jurisprudenz« vortrage. Diesseits von juristischen Fachpublikationen sei es schwer, sich über den Prozess zu informieren. Das waren zurückhaltende Urteile. Tatsächlich wurde von Lehrstühlen des Völkerrechts in der Bundesrepublik seit Jahren massive Attacken gegen das Nürnberger Verfahren und die ausgeworfenen Urteile vorgetragen. Autoren mehrerer Lehrbücher des Völkerrechts bezogen diese Haltung, so die Ordinarien für Völkerrecht an den Universitäten München und Kiel, Friedrich Berber und Georg Dahm, ein schwer belasteter Nazi-Aktivist, Mitglied der NSDAP und der SA, der nach 1945 zunächst nach Pakistan ausgewichen war, bis er einen Ruf nach Kiel erhielt. Berber schrieb 1962, der Prozess habe nur die »Eliminierung der Führer des besiegten Staates durch die Siegerstaaten mit dem Überwiegen des Strafzwecks der Rache« verfolgt.[47] Damals lag als allgemeinverständliche Lektüre einzig das von Joe Heydecker, einem Journalisten, der am Prozess teilgenommen hatte, gemeinsam mit Johannes Leeb verfasste Buch »Der Nürnberger Prozess« vor. Es war 1958 erschienen und erlebte viele Nachauflagen.

Gegenüber diesem Befund wirkte die Beurteilung der bundesrepublikanischen Situation durch Hartley William Shawcross, den einstigen britischen Chefankläger in Nürnberg, wie ein Persilschein von der Art, wie sie seinerzeit die Nürnberger Angeklagten vorgewiesen hatten. Der Richter, der im Alter von 101 Jahren 2003 verstarb, schrieb 1967: »Die westdeutsche Regierung hat schließlich das Kriegsverbrecherproblem außerordentlich verantwortungsbewusst behandelt, und die westdeutsche Justiz hat in ganzen Serien beispielhafter Verfahren auch die Nürnberger Prinzipien angewandt.« Derlei Verlautbarung gehört in die Kategorie der Liebesdienste aus der Zeit des Kalten Krieges. Selbst ein eifriger Apologet der Geschichte der Bundesrepublik würde gleiches heute nicht mehr drucken lassen. Doch verbarg Shawcross seine Enttäuschung über die ausgebliebenen Wirkungen des Prozesses auf die Weltpolitik nicht: »Noch trauriger stimmen die zynischen Verletzungen des in Nürnberg geschaffenen Völkerrechts, die wir inzwischen erleben mussten: Korea, Ungarn, Kaschmir, Algerien, Kongo, Vietnam.« Seine Warnung lautete: »Wenn die Menschheit überleben soll, müssen die Prinzipien von Nürnberg am Ende den Sieg davontragen.«

## Wie die Katze um den heißen Brei

Auch vierzig Jahre später ist um den inzwischen 60. Jahrestag des Beginns des Nürnberger Prozesses kein Gedränge von Politik, Wissenschaft und den Medien zu beobachten. Das besitzt einen naheliegenden Grund. Die Hauptakteure in Nürnberg, darunter die US-amerikanischen Juristen, hatten 1945/1946 erklärt, hier werde für die Zukunft Völkerrecht angewendet und gesetzt und fortan würde sich jeder Staat an den »Nürnberger Prinzipien« messen lassen müssen. Das Verfahren wie die Urteile wurden als eine Warnung angesehen und bekannt gemacht, gerichtet an alle, die es nach Aggressionskriegen gelüsten sollte: Es könnte euch ergehen wie den Göring, Keitel und Jodl. Ein Strang wartet auf euch.

Die von Shawcross 1967 aufgezählte Tatsachenreihe ist länger geworden und sie hat sich charakteristisch verändert. Waren Korea, Ungarn, Vietnam noch den großen Auseinandersetzungen um die künftige Gestaltung der Erde zwischen den antagonistischen Weltsystemen zuzurechnen, so galt das für die Kriege nach dem Zusammenbrechen des von der Sowjetunion geführten Blocks, also die Kriege des letzten Jahrzehnts, nicht mehr. Von ihnen zu sprechen, heißt zuvörderst auf die Politik der USA und deren weltweiten Führungs- und Machtanspruch kommen. Der soll akzeptiert und verwirklicht, aber nicht auf seine Vorläufer, seine Geschichte und seine Antriebe hin untersucht werden. Permanent werden propagandistische Nebelwerfer in Stellung gebracht und in Aktion gesetzt, um Ursachen und Ziele der Kriege gegen Jugoslawien und den Irak zu verhüllen. Unausgesetzt dauern die Anstrengungen fort, frei erfundene und auch in den Menschenrechten wurzelnde Gründe für deren Unausweichlichkeit glaubhaft zu machen.

In der Bundesrepublik Deutschland, einem Verbündeten der transatlantischen Supermacht, in Betrachtungen zu diesem 60. Jahrestag Klartext zu reden oder zu schreiben, erregt Verdacht, der eben gebildeten Regierung der Großen Koalition und deren Vorsatz entgegen zu arbeiten, beste Beziehungen zur USA-Administration herzustellen. Wer, der als Journalist oder Publizist unfrei arbeitet, will sich, zumal in diesen Zeiten, diesem Verdacht und der Gefahr des Verlustes seines Arbeitsplatzes aussetzen?

Entsprechend fallen Berichte und Kommentare aus, die an das Gerichtsverfahren in Nürnberg erinnern. Der Deutschlandfunk leitete die Empfehlung für eine am Vorabend des Jahrestages des Prozessbeginns (am 19. November 2005) ausgestrahlte Sendung mit dem Satz ein: »Es war ein Medienspektakel aller ersten Ranges, aber kein Tribunal.« Ein eher zufälliges Beispiel für diese Art der Erinnerung bietet die Gießener Allgemeine (18. November 2005) mit ihrem Artikel »In Nürnberg setzten Siegermächte bewusstes Signal«, eine Überschrift, die erwarten ließe, dass der Autor seine Meinung darüber sagen werde, wie es um dessen Beachtung in den Jahrzehnten danach und in der Gegenwart stehe. Weit gefehlt. Bei der Erwähnung der Tatsache, dass die »Nürnberger Prinzipien« als Grundlage des modernen Völkerstrafrechts gelten und für den Internationalen Strafgerichtshof in den Haag maßgeblich sind, wird Halt gemacht. Kein Wort über die Haltung der USA zu dieser Institution, keine Bemerkung über dessen faktische Machtlosigkeit gegenüber nachgewiesenen Verbrechen und namentlich bekannten Verbrechern. Politisch ist diese Art von Geschichtserinnerung so steril wie jeder medizinische Operationssaal sein sollte.

Andere Redaktionen und deren Autoren, so die der Berliner Zeitung, haben sich auf das Thema des 1945 gesetzten Völkerrechts und der Geschichte seines Fortwirkens besser gar nicht erst eingelassen. Das in der Hauptstadt erscheinende Blatt (Ausgabe vom 19./20. November 2005) behauptet ohne eine Erläuterung, der Prozess blieb »in der deutschen Rechtsgeschichte immer ein Fremdkörper«, und ergänzt, gern sprach man, wer immer »man« gewesen sein mag, von »Siegerjustiz«. Der Autor, jede historisch-politische Betrachtung meidend, wich auf die Beschreibung des Erscheinungsbildes, der Redeweise und des »Erzählmusters« der Zeugin der Anklage Marie-Claude Vaillant-Couturier aus, ohne auch nur eine einziges Faktum zu erwähnen, das sie in ihrer Aussage über die Zustände in den Konzentrations- und Vernichtungslagern Auschwitz und Ravensbrück, die sie überlebt hatte, zu Protokoll gab.

Was sich in Artikeln der Presse und Kommentaren anderer Medien mehr oder weniger komplikationslos umgehen ließ, kam indessen auf einigen Konferenzen, die aus Anlass des 60. Jahrestages des Prozessbeginns stattfanden und bei denen Juristen, Historiker und Politiker aufeinander trafen, doch zur Sprache. So im November bei einer Veranstaltung, die vom Bundesministerium der Justiz und der in Berlin etablierten American Academy einberufen wurde. Die Forderung nach einer zum Positiven veränderten Haltung der USA gegenüber dem ständigen Haager Gerichtshof, der inzwischen 500 Mitarbeiter zählt, begegnete der frühere Botschafter der Vereinigten Staaten in Bonn, John C. Kornblum, mit der Feststellung, die Europäer hätten offenbar »psychische Schwierigkeit«, die USA als Weltmacht zu akzeptieren, und forderte »ein bisschen mehr Solidarität« mit seinem Land, das »eine schwierige Zeit« durchlebe.[48]

Zum Umgang mit dem 60 Jahre zurückliegenden Ereignis gehört auch das Interesse, das dem vom Internationalen Militär Tribunal angeklagten Personal entgegengebracht wird. Von wem ist die Rede, wer wird kaum erwähnt? Die Stuttgarter Zeitung, die 1945 sechs Tage vor Eröffnung des Prozesses auf einer ganzen Zeitungsseite die Angeklagten vorstellte, begann deren Reihe mit Hjalmar Schacht, Franz von Papen und Konstantin Freiherr von Neurath. Diesen drei, ihrer Gesinnung nach Deutschnationalen, war gemeinsam, dass sie schon in der Weimarer Republik eine politisch herausragende Rolle gespielt hatten. Schacht als Präsident der Reichsbank (bis 1930), von Papen als ultrakonservativer Zentrumspolitiker und 1932 für einige Monate als Reichskanzler und von Neurath als Außenminister in den Regierungen von Papen und Schleicher. Alle drei hatten ihre Karrieren zunächst im Nazireich fortgesetzt. Von Neurath blieb Außenminister (bis 1938), von Papen wurde Vizekanzler (bis 1934), Schacht besetzte 1933 den Posten des Chefs der Reichsbank erneut, dazu 1934/35 kommissarisch den des Reichswirtschaftsministers und 1935 auch den des Generalbevollmächtigten für die Aufrüstung. Und sämtlich verloren sie auch ihre bedeutende Stellung. Von Neurath wurde auf den Platz des Reichsprotektors nach Prag abgeschoben (bis ihn dort Frick 1943 ablöste), von Papen auf die Posten des Botschafters in Österreich (bis 1938) und danach in der Türkei (bis 1945), während Schacht zwar im Reichskabinett blieb, aber in dieser Eigenschaft praktisch weder etwas zu sagen noch zu entscheiden hatte. Die Stuttgarter Zeitung schrieb dazu dennoch, Schacht sei in Nürnberg wohl der interessanteste Angeklagte, eine Feststellung, womit ihr Autor Gespür für die Notwendigkeit bewies, sich mit den Kontinuitäten deutscher Geschichte und Politik zu befassen, für die der Finanz- und Wirtschaftsfachmann doch stand.

2005 indessen hat keine Redaktion im Zusammenhang mit dem Prozess die Scheinwerfer auf diesen Mann gelenkt. Favorit der Medien wurde aus der Reihe der Naziführer Albert Speer. Das Fernsehen hat ihm nicht nur einen zweiteiligen Film gewidmet, sondern ihn auch in Sendungen wie »Schuld und Sühne des Albert Speer« herausgehoben. Er gilt als der Bußfertige, der gelernt hat. Nicht weniger Attraktivität geht von seiner Biographie aber wohl auch deshalb aus, weil sich mit ihr genau die Fragen vermeiden lassen, auf die sich die Zeitung in der württembergischen Hauptstadt damals bezog. Speer war, als die Intrige der »Machtergreifung« inszeniert wurde, ein politischer Nobody – und also unbeteiligt. Er hatte nichts beraten und entschieden, als es auf den Weg in den Krieg ging und auch noch nicht, als die Eroberungen begannen.

Erst im Moment der ersten Krise des Regimes, als der Blitzkrieg gegen die UdSSR gescheitert war, trat er infolge eines Zufalls, des Absturzes des Flugzeugs, der den Rüstungsminister Fritz Todt in den Tod riss, in das Zentrum der Macht. Bezugnahmen auf die Biographie Speers lassen die Chance zu, über die Ursachen für das Aufkommen des Faschismus in Deutschland ebenso zu schweigen wie über die Entstehung des Zweiten Weltkrieges. Und sie bietet reichlich Möglichkeiten, die geschichtliche Realität auszublenden und stattdessen über die Schwächen und die Verführbarkeit des Menschen, eines kultivierten Bürgers zumal, geschwätzig, unterhaltsam und folgenfrei zu philosophieren.

Was die Geschichtswissenschaft in den letzten Jahren über die Rolle des Rüstungsministers zutage gefördert hat, kommt dabei nicht in Rede. In der Summe dürfte dieses Wissen bei den Beratungen der

Nürnberger Richter gereicht haben, ihn in Spandau zum Gesellen von Rudolf Heß auf Lebenszeit gemacht zu haben.

Im Geschichtsdenken der Deutschen hat der Nürnberger Prozess gegen die deutschen Hauptkriegsverbrecher auch nach sechs Jahrzehnten noch keinen festen Platz gefunden.

## 16.
## Exkurs I: Ohne Gustav oder Alfried Krupp – die Rolle der Industriellen

Die Besetzung der zweireihigen Bank der Angeklagten verdeutlichte das Interesse des Gerichts, gleichsam einen Panoramablick auf das Verbrechen beladene Regime und seine Eliten zu ermöglichen, und bezeugte, welche Vorstellungen kurz nach Kriegsende in den Führungskreisen der Alliierten über Stellung und Macht, Einfluss und Verantwortung von Personen an der Spitze des Nazistaates und der deutschen Gesellschaft existierten. In dieser Reihe fehlten jedoch die Mächtigen der Banken und der Industrie. Das war ein Regiefehler und so nicht beabsichtigt gewesen. Denn alle Beteiligten waren entschlossen, die Rolle der Führer in der deutschen Wirtschaftselite zum Gegenstand der juristischen Untersuchung zu machen. Deutlich signalisiert hatten das namentlich auch politische Kräfte in den USA. Die Allgemeine Zeitung, die von der Amerikanischen Armee, so die Bezeichnung im Untertitel, herausgegeben wurde, hatte am 12. Oktober auf der ersten Seite eine »schwarze Liste« von 42 deutschen Großindustriellen veröffentlicht, die zu den Förderern des deutschen Faschismus gerechnet wurden. Von ihnen wurde verallgemeinernd gesagt: dass es – erstens – nicht wahr sei, dass sie erst spät und halb unter Zwang sich der Führung Hitlers angeschlossen hätten, sondern dass es – zweitens – vielmehr Schwerindustrielle und Angehörige der Hochfinanz gewesen seien, die den 30. Januar ermöglichten und dann – drittens – aus eigener Initiative an der Umstellung der Wirtschaft auf Rüstung und Krieg teilnahmen. Die Liste begann mit A und dem Grafen Hans Bodo von Alvensleben, früherer Präsident des Herrenklubs und Gutsherr in Neugattersleben, und endete bei Z mit Wilhelm Zangen, dem Wehrwirtschaftsführer, einstigen Leiter der Reichsgruppe Industrie und Generaldirektor des Mannesmann-Röhrenwerke.

Auf der Liste der Anzuklagenden hatte auch Gustav Krupp von Bohlen und Hallbach gestanden. Die Richter wurden jedoch durch eine Ärztekommission, bestehend aus hochrangigen Spezialisten aller am Prozess beteiligten Staaten, die eigens an das Krankenlager Krupps auf dessen Gut Blühnbach in Österreich gereist war, unterrichtet, dass der 75jährige an »seniler Gehirnerweichung« litt und sich in verhandlungsunfähigem Zustand befand.[49] Ein Verfahren in absentia lehnte der Gerichtshof in diesem Fall – anders als in dem Martin Bormanns – ebenso ab wie den Vorschlag, den Sohn und Nachfolger des alten Herren, Alfried Krupp von Bohlen und Halbach, der den nach einer so genannten »Lex Krupp« in Familienbesitz überführten Konzern seit 1943 geleitet hatte, auf die Anklagebank zu setzen.[50] Letzteres geschah hauptsächlich deshalb, weil dadurch eine Verschiebung der Prozesseröffnung notwendig geworden wäre. Doch zeigten sich die Vertreter der Anklage während der vor Gericht geführten Beratung am 14. November 1945 entschlossen, auch wenn aus dem Bezirk der deutschen Rüstungsindustrie niemand in persona angeklagt werden würde, die Rolle der deutschen Industrie im Prozessverlauf zur Sprache zu bringen. Das blieb keine leere Ankündigung.

## Der verdrängte Teil des Verfahrens

Schon in dieser vorbereitenden Sitzung war die Rede auf den Zusammenhang von Politik und Wirtschaft, auf das Zusammenwirken von Naziführern und Industriellen gebracht worden und zwar von ausnahmslos allen Vertretern der Anklage. Robert H. Jackson, der zugleich im Auftrag seines französischen und sowjetischen Kollegen sprechen konnte, sagte über die Erfahrungen, welche von den drei Staaten und deren Bewohnern mit der Essener Waffenschmiede gemacht worden waren: »Wir vertreten drei Nationen dieser Erde; eine von ihnen wurde dreimal mit Kruppschen Waffen überfallen, eine andere hat im Verlauf des Krieges im Osten unter der Wucht des Krieges gelitten wie nie ein Volk zuvor, und eine von ihnen hat zweimal den Atlantik überquert, um, soweit es in ihren Kräften stand, Streitigkeiten zu beenden, die durch den deutschen Militarismus entfacht waren.«[51] Weiter erinnerte er daran, dass »die Krupp-Unternehmungen seit mehr als 130 Jahren blühten und gediehen, indem sie die deutsche Kriegsmaschine mit Kriegsmaterial versahen.« Deren Tätigkeit wäre nicht auf die Ausführung von Regierungsaufträgen beschränkt gewesen. »Die Krupp-Werke waren auch an der Aufhetzung zum Kriege aktiv beteiligt, sowie – durch Deutschlands Ausscheiden – an dem Schiffbruch der Abrüstungskonferenz und des Völkerbundes; und schließlich nahmen die Krupp-Werke an der politischen Agitation zur Unterstützung des gesamten Nazi-Angriffsprogramms ebenfalls aktiven Anteil. Dies war nicht ohne Gewinn für die Kruppschen Unternehmungen, und wir sprachen bereits von dem auffallenden Aufstieg ihrer Gewinne, der ihrer Mithilfe an den deutschen Vorbereitungen für einen Angriffskrieg zuzuschreiben ist.« Die Machthabenden hätten die Dienste dieses Unternehmens derart geschätzt, dass sie 1943 es eigens durch eine »Lex Krupp« Hitlers ermöglichten, dass die Krupp-Werke in ein Familienunternehmen umgewandelt werden konnten, worauf diese ganz in das Eigentum und unter das Kommando des Sohnes Alfried gerieten.[52]

Der britische Hauptankläger Sir Hartley Shawcross versicherte den Richtern darauf, er sei ebenso von der zu lösenden Aufgabe überzeugt, »vor dem Gerichtshof und vor der Welt die Rolle aufzudecken, die die Großindustriellen bei der Vorbereitung und Führung des Krieges gespielt haben.« Und das werde »im Verlaufe dieses Prozesses geschehen, gleichgültig ob Gustav Krupp von Bohlen oder Alfried Krupp als Angeklagte in dem Prozess erscheinen oder nicht.«[53] Das Material, fuhr Shawcross fort, dass gegen Krupp vorliege und auch das über die »allgemeine Rolle, die die Großindustriellen gespielt« haben, werde im Prozess unterbreitet werden, und zudem würden »je nach dem Ausgang des gegenwärtigen Prozesses andere

Verfahren eröffnet werden, möglicherweise gegen Alfried Krupp, möglicherweise gegen andere Großindustrielle«.[54] (Das geschah bis 1949 dann auch vor ausschließlich US-amerikanischen Gerichtshöfen, die Prozesse gegen Eigentümer und Direktoren der Kruppwerke, des Flick-Konzerns und der IG-Farben AG führten.) In den politischen Kreisen Großbritanniens besaß diese Haltung aber keine ungeteilte Unterstützung. Es war schon im Oktober 1944 im Parlament zu einer an den Außenminister Anthony Eden gerichteten Anfrage gekommen, ob sich unter den in Zukunft anzuklagenden deutschen Führern auch Industrielle befinden würden. Die Antwort Patrick Deans, eines Sachverständigen des Ministeriums, ließ darauf wenig Hoffnung, denn er erklärte, dass die Tatsache, Hitler gefördert und finanziert zu haben, kein Kriegsverbrechen darstelle.[55] In diesem wie in anderen Fällen kam damals, möglicherweise aus Mangel an Informationen, nur die politische Rolle der Eigentümer und Manager von Großunternehmen in das Visier, während die Ausbeutung von Zwangsarbeitern, Kriegsgefangenen und Häftlingen und die Plünderungen in besetzten Gebieten, die später in den Gerichtsverfahren gegen Industrielle bei der Urteilsfindung ausschlaggebend wurden, außer Betracht blieben.

Nach Shawcross bekräftigte der französische Ankläger Charles M. Dubost die Notwendigkeit, die Vorwürfe gegen Krupp und andere Großindustrielle vorzubringen, von denen er sagte, dass diese »die Machtergreifung der Nazis, die Nazi-Regierung und die Nazi-Propaganda unterstützten, die Nazis finanzierten und schließlich die Wiederaufrüstung Deutschlands förderten, damit es seinen Angriff fortsetzen könnte.«[56] Bemerkenswert bleibt an diesem Auftakt die Einhelligkeit des Urteils der Juristen über ihr Vorgehen und die Benennung der Themen, die dabei zur Sprache kommen mussten. Das waren (1.) der Beitrag von Führern der Wirtschaft zum Aufstieg der NSDAP bis in die Staatsmacht, (2.) der Anteil von Personen aus dieser Gruppe an der raschen Etablierung des faschistischen Regimes, eingeschlossen die Finanzierung der Hitlerpartei, (3.) die mithelfende Rolle von Wirtschaftsführern bei der materiellen Vorbereitung des Eroberungskrieges und (4.) der Part der Großindustriellen während der

Führung des Krieges. Es wäre zu wünschen, dass diese Themen sich heute in den Schulbüchern der Bundesrepublik Deutschland wiederfinden ließen.

Es waren dann vor allem die Anklage und die Verhöre Görings, der beiden Reichswirtschaftsminister und des Reichsministers für die Bewaffnung, die Licht in eines der tief verborgenen Geheimnisse der Entstehung und des Funktionierens der faschistischen Diktatur bringen konnten, eines Regimes, das sich marktschreierisch als Staat der Volksgenossen ausgegeben hatte, (eine Fälschung, die in der deutschen Historiographie jüngst, zu »Hitlers Volksstaat« verkürzt, wieder in Kurs gesetzt wurde). Gelingen konnte das Vorhaben freilich nur, wenn die Anklage über Beweisdokumente verfügte, denn es stand nicht zu erwarten, dass einer der Angeklagten aus freien Stücken dabei mithalf. Solche Dokumente besaß die Anklage aufgrund der bewundernswerten Leistungen von Fahndern, die in der kurzen Phase der Prozessvorbereitung das massenhafte Beutegut aus Schriftverwaltungen und Archiven gründlich durchmustert hatten. Schriftstücke waren gefunden worden, die den Rang von Schlüsseldokumenten für die Erforschung der deutschen Geschichte von 1932/1933 bis 1945 behielten. Drei, die im Prozess eine Rolle spielten, seien genannt: das stenographische Protokoll der Sitzung im Reichsluftfahrtministerium vom 12. November 1938, auf der unter Görings Vorsitz die Strategie und Taktik der weiteren Judenverfolgung festgelegt wurden, die Aufzeichnungen des Chefadjutanten der Wehrmacht, Oberst Friedrich Hoßbach, über die Beratung im engsten Kreis der Oberbefehlshaber am 5. November 1937, in deren Verlauf sich Hitler zum ersten Mal über die späteste Zeitspanne äußerte, innerhalb derer der Krieg zu beginnen sei (das »Hoßbach-Protokoll«[57]) sowie die Aufzeichnungen des Nachfolgers von Hoßbach, Oberstleutnant Rudolf Schmundt, über die Ansprachen Hitlers an die Generalität über den unmittelbar bevorstehenden Krieg und dessen Ziele am 23. Mai (Schmundt-Bericht[58]) und die stichwortartigen Notizen über die zweite Ansprache Hitlers an die Oberbefehlshaber am 22. August 1939 mit der Erklärung: »Bei Beginn und Führung des Krieges kommt es nicht auf das Recht an, sondern auf den Sieg« und der befehlsförmigen Forderung:

»Herz verschließen. Brutales Vorgehen.«[59] Die Geschichte der Auffindung dieser Dokumente unter Trümmern, in Auslagerungsstätten und Verstecken wurde nie geschrieben. Sie wäre kaum weniger dramatisch zu lesen als die der Ergreifung der »Größen des Dritten Reiches«.

Die intimsten Kenntnisse über die Beziehungen zwischen den obersten Naziführern, den späteren Staatsführen und Exponenten der deutschen Großindustrie und der Banken besaß fraglos Hjalmar Schacht. Er war bis 1930 und dann wieder ab 1933 (bis 1939) Vorsitzender des Direktoriums der Reichsbank, 1934 (bis 1938) kommissarischer Reichswirtschaftsminister, dazu seit 1935 auch (insgeheim) Generalbevollmächtigter für die Aufrüstung, noch bis 1943 Mitglied eines nicht mehr tagenden Kabinetts geblieben und nach dem Attentat auf Hitler 1944 inhaftiert worden. Schacht konnte von sich sagen, dass niemand – selbst Papen nicht – mehr für die Ernennung Hitlers zum Reichskanzler getan hatte als er. Das nahm er freilich für sich nicht in Anspruch, sondern wies sein Eintreten für Hitlers Kanzlerschaft bei »kompetenten« Personen zurück. Ja, gab er zu, er sei im Dezember 1930 in der Wohnung eines befreundeten Bankiers mit Göring zusammen getroffen. (In einer späteren Vernehmung fiel dann der Name des Bankiers Emil Georg von Stauß[60], dessen Erwähnung nicht von Nachteil sein konnte, denn dass dieser ein Parteigänger Hitlers gewesen war und von 1930 bis 1932 der NSDAP-Reichstagsfraktion angehörte, war bekannt und zudem war Stauß 1942 verstorben.) Ja, er habe in dessen Wohnung im Januar 1931, wo sich auch Fritz Thyssen einfand, mit Hitler gesprochen und sich gegenüber »Wirtschaftsfreunden und dergleichen« dahin festgelegt, dass Hitler Reichskanzler werden müsse.[61] Ja, er hätte Reichskanzler von Papen zur Zusammenarbeit mit Hitler in einer Regierung geraten und sei an der später als Industriellen-Eingabe[62] bezeichneten Initiative beteiligt gewesen, mit der Industrielle, Bankiers und andere Persönlichkeiten dem Reichspräsidenten Paul von Hindenburg im November 1932 die Ernennung Hitlers zum Reichskanzler empfahlen.

Keines dieser »Geständnisse« wäre ohne das Robert H. Jackson zur Verfügung stehende Material zu bekommen gewesen. Ihre Bedeutung für die Kennzeichnung des Weges der Faschisten an die Macht war erheblich, doch waren sie für sich genommen nicht prozess- und urteilsrelevant. Beihilfe zur Etablierung der Diktatur war kein Anklagepunkt, wenn nicht nachgewiesen wurde, dass sie mit dem Ziel erfolgte, eine Kraft an die Staatsmacht zu bringen, die auf einen Angriffskrieg ausging und diese gerade dabei zu unterstützen. Schacht, der sich als lebenslanger Pazifist darstellte, zog sich auf die Position zurück, er habe nur im Sinne gehabt und verfochten, einzig auf dem Verhandlungsweg Österreichs Anschluss und die Rückgabe der Kolonien zu erwirken.

Diesseits der Schwelle des 30. Januar 1933 richtete sich das Interesse der Anklage auf die Initiativen der Industriellen zur Machtbefestigung des Faschismus. Erwähnt wurde, nur nebenbei, dass sich der »Privatier« Schacht, der als Pensionär der Reichsbank auf seinem Gut Gühlen im Brandenburgischen lebte, am 30. Januar 1933 in Berlin aufgehalten hatte und dort in der Halle des Hotels »Kaiserhof«, dem bevorzugten Nobelquartier des »Führers« und seiner engsten Vertrauten, zufällig auf Göring getroffen war, der ihn mit den Worten begrüßt hätte, da kommt ja unser künftiger Reichsbankpräsident.[63] Dokumentiert wurde die Zusammenkunft Görings und Hitlers mit Wirtschaftsführern am 20. Februar 1933 im Palais des Reichstagspräsidenten, an der u.a. Gustav Krupp, Georg von Schnitzler[64], weitere Direktoren der IG-Farben AG, Albert Vögler[65] von den Vereinigten Stahlwerken und eben auch Schacht teilgenommen hatten und die mit der Zeichnung einer Wahlfondspende für die bevorstehenden, auf 100 Jahre letzten Reichstagswahlen, wie Göring versicherte, endete.[66] Zum ersten Mal kam sodann Licht in die Geschichte der »Adolf-Hitler-Spende« der deutschen Wirtschaft, die 1933 auf Initiative des Vorsitzenden des Reichsverbandes der deutschen Industrie, Gustav Krupp, eingerichtet worden war. Seitdem flossen in die NSDAP-Kassen regelmäßig Gelder, die den politischen Aktionsradius der Partei erheblich vergrößerten. Ohne freilich eine Bestätigung des Angeklagten Schacht zu erhalten, den er ins Kreuzverhör nahm, erklärte der Vertreter der Anklage, dass die Unterstützung, die das Regime aus diesen Kreisen erfuhr, eine Ursache auch in der Abschaffung der Gewerkschaften gehabt habe.[67]

Es war wiederum die US-amerikanische Anklagevertretung, die beim Vortrag von Hauptmann Whitney R. Harris die Rede auch auf den Freundeskreis des Reichsführers SS Heinrich Himmler und die aus ihm stammenden Spenden brachte. Im Kölner Bankhaus des Baron von Schröder war ein an Himmler gerichtetes Schreiben gefunden worden, in dem er dem eben auch zum Reichsinnenminister ernannten Himmler die Summe von 1.100.000 Reichsmark avisiert hatte, als »eine kleine Entlastung« und »gewisse Hilfestellung« bei des Reichsführers »besonderen Aufgaben«. Harris verzichtete mit der Zustimmung des Gerichtsvorsitzenden darauf, die ebenfalls aufgeführten Namen der Spender zu verlesen.[68]

Wichtiger, namentlich für die Anklagen in den späteren Industriellen-Prozessen, wurde, dass schon hier die schamlose, häufig mit Todesfolge einhergehende Ausbeutung der Arbeitskraft von Millionen Zwangsarbeitern und Kriegsgefangenen zur Sprache kam. Thomas J. Dodd bezog sich, als er das Anklagematerial vorlegte, beispielhaft auf die Situation in den Essener Kruppwerken, wo sich mehrere Massenlager befanden, deren Zustand mit dem von Konzentrationslagern konkurrieren konnte.

Der Ankläger verwendete eine eingeholte eidesstattliche Erklärung des Oberlagerarztes, der diese Stätten besucht hatte: »Die Zahl der erkrankten Ostarbeiter war doppelt so groß wie die der deutschen Arbeiter. Tbc. war besonders weit verbreitet. Prozentual gab es unter den Ostarbeitern viermal soviel Tbc.-Fälle als unter den Deutschen. (Deutsche 0,5 %, Ostarbeiter 2 %.)... Die Tataren und Kirgisen litten am meisten unter dieser Krankheit. Sobald sie davon betroffen wurden, brachen sie wie die Fliegen zusammen. Die Gründe dafür waren die schlechte Unterbringung, die schlechte Qualität und ungenügende Quantität des Essens, Überarbeitung und nicht genügende Ruhe. Flecktyphus war auch unter diesen Arbeitern verbreitet. Läuse, die Träger dieser Krankheit, zusammen mit unzähligen Flöhen, Wanzen und anderem Ungeziefer, plagten die Insassen dieser Lager.« Die Wachmannschaften würden sich nicht mehr in die Unterkünfte begeben und das Lager besuchende Ärzte wären von den Massen des Ungeziefers angefallen worden. Eingaben an die Direktoren und die

Unterrichtung des Leibarztes von Gustav Krupp wären folgenlos geblieben.[69]

Zu den für die Akteure heikelsten Themen aus der Rolle von Banken und Großindustriellen gehörten deren räuberischen Initiativen in den eroberten Staaten und Gebieten. Schacht, um ein – aber doch bezeichnendes – Detail zu erwähnen, der sich nach 1938 als Privatmann und an dem Geschehen unbeteiligt darstellte, wurde von Jackson der Schlichterrolle überführt, als sich die Deutsche und die Dresdner Bank 1940 nach dem Sieg der Wehrmacht im Westen um dessen Ausnutzung in Belgien und den Niederlanden als Rivalen gegenüber getreten waren. Arglos erklärte Schacht darauf, er habe nur dafür sorgen wollen, dass die beiden Banken friedlich zusammenarbeiteten.[70]

Als diese Großbanken sich in dieser Weise an die westeuropäische Beute machten, vermochten sie sich auf Erfahrungen zu stützen, die sie zwei Jahre zuvor nach der Inbesitznahme des so genannten Sudetenlandes gesammelt hatten. Damals übernahmen sie zunächst die in den tschechischen Randgebieten gelegenen Filialen der Böhmischen Diskont-Bank und der Böhmischen Unionsbank. Deren Zentralen bemächtigten sie sich dann nach dem 15. März 1939, wodurch sie, wie die sowjetische Anklagevertretung darlegte, zugleich auch einen erheblichen Teil der Industrie des zerschlagenen Staates zu kontrollieren vermochten.[71] Gewiss: Gemessen am Gesamttatbestand der gegen das Kriegsrecht verstoßenden Enteignungen, des Raubs und der Plünderungen, der Bereicherung durch Auspowerung von Arbeitskräften war im Nürnberger Prozess nur ein Bruchteil zur Sprache gekommen und nachgewiesen worden. Daran zu erinnern, heißt ein Verdienst der Juristen bewusst zu halten, das darin bestand, das faschistische Regime als Ganzes, also ohne Ausblendungen, wahrzunehmen. Es führt freilich auch zu der Feststellung, dass das Interesse, die Rolle der deutschen Wirtschaftseliten im Faschismus bloßzulegen, alsbald erlahmte. Die später in Nürnberg mit den Nachfolgeprozessen befassten Juristen erhielten aus Washington neue Instruktionen.[72]

»Nürnberg war ein Gerichtshof und keine Schule oder Universität,« schrieb Peter de Mendelssohn in der Vorbemerkung zu einem

Buch, das er, ein Beobachter des Prozesses, schon 1946 in England vorlegte und das in deutscher Übersetzung im gleichen Jahr in der britischen Besatzungszone erschien.[73] Gewiss, aber Nürnberg war auch ein geschichtswissenschaftliches Labor besonderer Art und von einer Produktivität, die später an keinem Institut innerhalb oder außerhalb einer Hochschule erreicht werden konnte. Sechs Jahrzehnte später lässt sich wünschen, dass von jenem Aspekt, der im vorstehenden Beitrag dargestellt wurde, an Schulen und Universitäten der Bundesrepublik Deutschland die Rede wäre. Denn wird auch der Anteil von Banken und Industrie an der Vorgeschichte und Geschichte der faschistischen Herrschaft im Deutschen Reich nicht verschwiegen, so dringt davon doch wenig Konkretes ins allgemeine Bewusstsein. Dafür sorgen Publikationen wie die vierbändige, 2.341 Seiten zählende einschlägige Geschichte der Dresdner Bank, von der es in einer Rezension unter der Überschrift »Moderner Ablasshandel« hieß, sie »versackt im eigenen Fett«.[74]

## 17.
## Exkurs II: Ein früh erworbenes Verdienst. Judenverfolgung und Judenmord vor dem Nürnberger Tribunal

*(Beitrag zur Festschrift für den Historiker Walter Schmidt, Mai 2005)*

Im Jahre 2005 sind seit der Eröffnung der Verhandlungen des Internationalen Militärtribunals gegen Hermann Göring u.a. sechs Jahrzehnte vergangen. Nur eine Minderheit von Zeitgenossen, Menschen in europäischen und überseeischen Staaten, denen dieser Prozesses eine Genugtuung war und die seinen Verlauf gebannt verfolgten, ist noch am Leben und vermag sich zu erinnern. Für die Nachwelt wurde alles, was in Nürnberg von Staatsanwälten, Richtern, Verteidigern, Zeugen und Angeklagten gesagt worden war, dazu die vom Gericht anerkannten und benutzten Dokumente in einem Wortprotokoll festgehalten. Die 42 gedruckten Bände »Der Prozess gegen die Hauptkriegsverbrecher vor dem Internationalen Militärgerichtshof. Nürnberg 14. November 1945 – 1. Oktober 1946. Veröffentlicht in Nürnberg, Deutschland 1947« (fortan: IMT) bilden bis heute eine unentbehrliche Fundgrube für alle, die mit der Erforschung der Geschichte des deutschen Faschismus und des Zweiten Weltkrieges befasst sind. Sie bezeugen das Verdienst der Juristen und ihrer Helfer, derer, die im Gerichtssaal auftraten, und der anderen, weniger Bekannten, die in bewundernswert intensiver Arbeit die sich türmenden Stöße erbeuteter Schriftstücke sichteten und nach im Prozess verwertbaren Beweisen für die Taten der Angeklagten fahndeten. Denn trotz aller Bestrebungen der Machthaber und ihrer Büttel, ihre schriftliche Hinterlassenschaft zu minimieren und vor allem sie belastende Dokumente zu vernichten, war ihnen das nur zu einem Teil gelungen.

Dabei konnten sich die unmittelbar auf das Gerichtsverfahren gerichtete Tätigkeit und weitere Recherchen, die in seinem Verlauf fortdauerten, auf Vorarbeiten stützen, die in mehreren Ländern der Anti-Hitler-Koalition geleistet worden waren. Sie hatten insbesondere unter dem Dach der International War Crimes Commission stattgefunden, die im Oktober 1943 mit Sitz in London gebildet worden war. Daran hatten sich 17 Länder beteiligt. Gleichzeitig waren analoge Arbeitsstäbe in mehreren Staaten gebildet worden. In Washington existierte im Kriegsministerium ein War Crimes Department. So waren bereits vor Kriegsende auf verschiedenen Wegen gewonnene Informationen über Naziverbrechen, begangen während der Kriegshandlungen und in den besetzten Gebieten, gesammelt und Personen, die an Verbrechen beteiligt waren oder als verdächtig galten, an ihnen mitgewirkt zu haben, in Listen erfasst worden.

Das Hauptproblem bestand für die Ankläger und ihre Stäbe darin, die Taten und die Täter zu einem Tatbild so beweiskräftig zusammenzuführen, dass es für die Anzuklagenden, von denen keine Mithilfe bei der Feststellung des Geschehens und dem Auffinden der Wahrheit erwartet wurde, kein Entkommen gab. Die Hauptarbeit war erst zu leisten, als der Zugriff zu den Dokumenten, zur papiernen

Hinterlassenschaft des Regimes, erkämpft war. Um sie zu bewältigen, siedelten die Juristen und deren Helfer in das besetzte Deutschland um. Diese Gruppe wurde mit dem Blick auf den nahenden Termin der Eröffnung der Verhandlungen kontinuierlich ergänzt und vergrößert. Anfänglich konzentrierte sich das Ermitteln noch und fast zu lange, wie Robert M. W. Kempner berichtet hat, auf das »historische Ganze«, bis alle Arbeit strikt auf die anzuklagenden Personen und den hieb- und stichfesten Nachweis ihrer Rolle konzentriert wurde.[75]

Heute, nach Jahrzehnten intensiver Forschungen, ist es kaum noch möglich, sich vorzustellen, wie viele Fragen die Spezialisten der Siegermächte an das zerschlagene Regime, seine Struktur, die Verteilung von Rechten, Kompetenzen und Aufgaben, die Rolle der Organisationen und ihre Funktionsweise zu stellen hatten, auf die sie zunächst keine oder nur lückenhafte Antworten besaßen. Fragen, auf die heute jeder Student in einem Spezialseminar unschwer Antworten erhalten kann. Rückblickend hat Kempner den »Nürnberger Gerichtsstaat« als »die größte politologische und historische Forschungsstätte, die jemals existiert hat«, bezeichnet.[76] Diese Kennzeichnung übertreibt nicht. Wie reich an Personalbestand und verfügbaren Mitteln, die finanziellen einbegriffen, später forschende Einrichtungen, die sich mit dem deutschen Faschismus befassten, auch ausgestattet worden sind, keine reichte an diesen Apparat heran.

Auch dessen Ziele und die sich aus ihnen ergebende Arbeitsmethodik waren einmalig. In welcher Geruhsamkeit entstehen heute wissenschaftliche Monographien und Gesamtdarstellungen verglichen mit dem Zeitdruck, unter dem 1945/46 die Anklagebehörde mit ihren Helfern tätig war! Während der Prozess stattfand, wurde weiter nach Beweismaterial gefahndet, Gefundenes aufbereitet und in die Verhandlungen eingeführt. Wenn sich Leistung aus Arbeit pro Zeiteinheit errechnet, dann haben die Beteiligten einen Wert vorgegeben, der in späteren Jahrzehnten historiographischer Arbeit nicht zu übertreffen war. Das spricht übrigens beispielhaft für das Gewicht des »Faktors Praxis« und zeugt von der Rolle einer konkreten Zielvorgabe auch in geistigen Arbeitsprozessen, zumal dann, wenn alle, die sie voranbringen, von der Bedeutung ihres Tuns überzeugt sind.

Zu den Hürden, welche Ankläger und Richter in Nürnberg zu nehmen hatten, gehörte die nicht zu übertreffende Dreistigkeit, mit der die Angeklagten logen. Auch dabei wurden sie von ihren Verteidigern unterstützt. Der einstige Reichsmarschall präsentierte sich, sicher geleitet von Fragen seines Verteidigers, (der seine chronologisch geordneten stichwortartigen Vorgaben für seinen Mandanten freilich besser im Jahr 1938 abbrach), als gemäßigter Antisemit. Als solcher habe er, entgegen den Ratschlägen, die Hitler von Goebbels [77] und anderen als Radikale bezeichneten Führer wie Himmler und Heydrich zukamen, in der antijüdischen Politik ausgleichend und abmildernd gewirkt. Seinen Anteil an der justizförmigen per Gesetzen und Verordnungen vorangetriebenen Verfolgung der Juden, die Göring angesichts seiner vielen ihm vorgehaltenen Unterschriften nicht abzuleugnen vermochte, erklärte er als Schritte zur Ordnung des Zusammenlebens der Rassen, notwendig geworden durch das Verhalten der Juden, die sich in Politik, Kultur und Wirtschaft störend vorgedrängt hätten. Radikalisierte und ursprünglich angeblich nicht beabsichtigte Maßnahmen wären durch den Kampf der Juden gegen den Nationalsozialismus verschuldet worden. Von Judenmorden, das betraf das von allen Angeklagten am meisten gefürchtete Thema, und namentlich von dessen Ausmaß habe er nicht annähernd Kenntnis besessen. Geschweige denn, dass er es gebilligt haben würde. Nur »Vergehen« seien ihm in Einzelfällen zur Kenntnis gekommen. Görings Anwalt sagte, sein Mandant hätte erst gegen Kriegsende, als Millionen Juden getötet waren und sich nichts mehr ändern ließ, von der biologischen Vernichtung »Kenntnis erhalten«. Er hätte sich ihr sonst widersetzt.[78]

Fritz Sauckel, einst NSDAP-Gauleiter, antwortete auf die Frage seines Verteidigers Robert Servatius, ob es in Thüringen Judenverfolgungen gegeben habe, mit »Nein«. In seinem Gau hätten nur wenige Juden gelebt, an Ereignisse während des Pogroms 1938 könne er sich nicht erinnern und ebenso wenig an die Existenz von Synagogen. Es sei nicht ausgeschlossen, dass einige Fensterscheiben zu Bruch gegangen wären.[79] Doch wurde Sauckel anhand von Dokumenten überführt, dass er, im Kriege als Generalbevollmächtigter für die

Herbeischaffung von Arbeitskräften für die Kriegswirtschaft zuständig, die Landesarbeitsämter angewiesen hatte, jüdische Arbeitskräfte aus dem Produktionsprozess »abzulösen«, damit sie »evakuiert« werden könnten, und sie durch andere Kräfte zu ersetzen. Ja, feindlich sei er den Juden schon gesonnen gewesen, aber doch nur so, dass sie aus Stellungen herauskamen, in denen sie zersetzend wirken konnten. [80]

Angeklagte und Verteidiger konnten vor Gericht darauf vertrauen, dass ihre antisemitische Gesinnung und ihre Teilnahme an Maßnahmen, die den Juden im Reich die bürgerlichen Rechte entzogen, sie benachteiligten und diffamierten, für sich genommen nicht als strafbar angesehen wurden. Erst wenn diese Handlungen als Schritte auf dem Wege zum Aggressionskrieg galten, waren sie dem Statut des Gerichtshofes zufolge zu ahnden und zu bestrafen. Und diesen Nachweis auf die Personen zugeschnitten zu führen, erwies sich als nicht einfach. Denn selbst wenn, wie im Falle der Beraubung der Juden, der Zusammenhang zu dem Interesse, die Kriegskasse zu füllen, zutage lag, blieb den Angeklagten die Ausflucht, sie wären nur für die militärische Gleichberechtigung Deutschlands gegenüber den anderen hochgerüsteten Staaten gewesen, nicht aber für einen kriegerischen Einfall in andere Staaten.

So argumentierte Hjalmar Schacht, einst Reichsbankpräsident (1933), kommissarischer Reichswirtschaftsminister (1934) und Generalbevollmächtigte für die Aufrüstung (1935). In einer Diktion, die den Begründungen der NSDAP während der Anfänge der praktizierten Judenfeindschaft folgte, behauptete er, dagegen gewesen zu sein, dass Juden, einen »überwiegenden Einfluss« auf »Regierungsfragen« behielten, den sie in der Weimarer Republik in Wirklichkeit nie besessen hatten. Darüber hinausgehende Maßnahmen habe er verhindert, solange er Minister gewesen sei. [81] Kühn sagte sein Verteidiger Rudolf Dix, der Pogrom 1938 wäre nicht geschehen, wenn Schacht, der als der »mutigste und aktivste Schützer der Juden« gegolten habe, noch sein Amt behalten hätte.[82] Auch Albert Speer erklärte sich zu einem Beschützer der Juden und dies während der Phase, da sie deportiert und zu Hunderttausenden ermordet wurden. »Ich wusste, dass die Nationalsozialistische Partei antisemitisch ist, und ich wusste, dass die Juden aus Deutschland evakuiert worden sind,« sagte er dem Gericht im Stil eines Bekenners, doch nur um anzuschließen, er habe sich für den Verbleib der in der Rüstungsindustrie schuftenden Juden an ihren Plätzen eingesetzt und diese damit doch vor dem Abtransport zu den Mördern bewahren wollen, – schließlich eingestandenermaßen mit totalem Misserfolg.[83]

Folgte man den Aussagen der Angeklagten, ergab sich, dass eine beispiellose, in Massenmorde mündende Judenverfolgung in einem Staat stattgefunden hatte, in dem die erste Reihe der politischen Führer – mit Ausnahme der toten Hitler, Himmler und Heydrich – deren Gegner gewesen war, die lediglich mit ihren Abmilderungs- und Schutzbestrebungen gescheitert seien. So auch der einstige Außenminister von Ribbentrop, von dem der Zeuge Adolph von Steengracht van Moyland, einer seiner ehemaligen Stellvertreter, bekräftigend behauptete, dieser sei gegen die Politik der Judenverfolgung gewesen und habe vom Massenmorden nichts gewusst, sich aber bemüht zu erfahren, was mit den Juden, die »verschwanden«, eigentlich geschehe, und Himmler vergeblich vorgeschlagen, die »Judenkinder und -frauen« an Großbritannien und die USA zu übergeben.[84] Als der Zeuge mit der protokollierten Äußerung Ribbentrops während des Zusammentreffens zwischen Hitler und dem ungarischen Reichsverweser Horthy am 17. April 1943 auf Schloss Klessheim konfrontiert wurde, die Juden müssten vernichtet oder in Konzentrationslager deportiert werden, wollte Steengracht das Gericht glauben machen, solche Äußerungen hätten im Widerspruch zur Haltung seines einstigen Chefs gestanden und seien unter dem hypnotischen Einfluss Hitlers geschehen.[85]

Und so ging es, soweit die Angeklagten in Betracht kamen, während des gesamten Prozesses fort. Auch mit Ernst Kaltenbrunner, der 1943 Reinhard Heydrich an die Spitze des Reichssicherheitshauptamtes nachgefolgt war. In dessen Apparat war Adolf Eichmann, zu dem er keine »dienstliche Berührung« gehabt haben wollte, mit seinem Stab tagtäglich mit der Organisation des Judenmordens, vornehmlich den Deportationen nach Auschwitz, beschäftigt gewesen. Kaltenbrunner aber erklärte dem Gericht entlang der Fragen seines Verteidigers, er habe erst im Februar/März 1944 Himmler eine Antwort auf die Frage, was in Auschwitz geschehe, gleichsam abgepresst, Mit diesem Wissen hätte er von da an bei Hitler wie Himmler gegen die »Endlösung« angekämpft, aus »Bedenken humanitärer Art« und aus der taktischen Überlegung, dass durch sie jedwede außenpolitische Initiative in Richtung auf die Kriegsgegner unmöglich gemacht werde. Eine glatte Lüge war die Behauptung, dass die »Judenverfolgung« im Oktober 1944 eingestellt worden sei, und er daran den Hauptanteil gehabt habe, wie er überhaupt bei Hitler »mit Selbstverleugnung« und mehr als jeder andere für eine »andere Lösung« eingetreten sei.[86] Geradezu Mitleid heischend sprach er von sich als einem Mann, der das Unglück gehabt hätte, »gegen Ende des Krieges« ein solches Amt zu bekommen.[87] Ohne die Reihe dieser jämmerlich-verlogenen Auftritte hier vollständig referieren zu können, soll und muss noch von dem des »Frankenführers«, des NSDAP-Gauleiters und Herausgebers der Wochenzeitschrift Der Stürmer, Julius Streicher die Rede sein, der in die erste Reihe der intellektuellen Urheber des Verbrechens gehört und da gar – freilich nicht mehr vor dem Tribunal – den ersten Platz beanspruchte. Streicher, der den Namen von Reinhard Heydrich zum ersten Mal im Gerichtssaal gehört haben wollte, konnte nicht leugnen, Antisemit zu sein, doch vollkommen überzeugt und einzig in »aufklärerischer« Absicht. Er beharrte darauf, den Pogrom 1938 und die »Arisierung« des jüdischen Eigentums abgelehnt und eine internationale Lösung der »Judenfrage« erstrebt zu haben, die er in einem zu gründenden »Judenstaat« gesehen haben wollte. Die Ausdrücke »Vernichtung«, »Ausrottung« und andere hätten in seinen Artikeln schriftstellerische, nicht wörtliche Bedeutung besessen, vom Massenmorden habe er nichts erfahren, und was er darüber in schweizer Zeitungen las, hätte er einfach nicht glauben können. [88]

Es war und bleibt das Verdienst der Juristen und ihrer Stäbe, dieses Lügengebäude der von ihren Verteidigern unterstützten Angeklagten zum Einsturz gebracht und von dem Verbrechen ein wahrheitsgemäßes Bild gegeben zu haben, das »Endlösung der Judenfrage« genannt wurde und heute zumeist als »Holocaust« bezeichnet wird.

Diesem Verdienst wurde später viel und – dennoch wie mir scheinen will – insgesamt zu wenig Respekt erwiesen. Im Grunde steht und arbeitet die Geschichtswissenschaft mit ihrem gewiss ungleich reicheren und tiefenschärferen Bild von der grausigen Vergangenheit faschistischen Herrschens auf den damals gelegten Fundamenten, insbesondere auf den dokumentierten Fakten, die im Vortrag der Anklagevertretung dem Gericht und der Öffentlichkeit systematisiert unterbreitet wurden. Während die Namen der um die Erforschung des Massenmordens an den europäischen Juden hochverdienten Historiker von Raul Hilberg bis Christopher Browning, um hier nur die Namen der beiden herausragenden Vertreter der US-amerikanischen Historiographie zu nennen, nicht nur innerhalb der internationalen Zunft gut bekannt sind, gilt das nicht für die Juristen, sieht man von den Hauptpersonen der Anklage und des Gerichts ab. Am Ende seines Anklagevortrags mit dem Gegenstand Judenvernichtung hat Major William F. Walsh, Hilfsankläger der USA, diejenigen seiner Mitarbeiter genannt, denen er besonderen Dank auszusprechen hatte: Hauptmann Seymour Krieger; Leutnant Brady Bryson; Leutnant Frederick Felton; Sergeant Isac Stone und Herrn Hans Nathan. Ihnen und den vielen Ungenannten, die sich durch das besondere Beutegut, die papierne Hinterlassenschaft des Regimes, hindurchgearbeitet hatten oder denen auch zufällig Schriftstücke in die Hand fielen, die sie als wichtig erkannten, gehört das Verdienst, dass dieser erste große Prozess auch in dem Teil, der die Verbrechen an den Juden betraf, im wesentlichen auf der Präsentation und Interpretation von Originaldokumenten fußte, von denen wiederum eine erhebliche Zahl zu jenen Schlüsseldokumenten zählt, mit denen sich die Historiographie auch später immer wieder beschäftigt hat.

Das gilt, auch hier wird nur eine Auswahl benannt, für die Vorkriegszeit für das Protokoll der Sitzung, die am 12. November 1938 unter dem Vorsitz Hermann Görings im Luftfahrtministerium stattfand und in deren Verlauf – drei Tage nach dem Pogrom – eine neue Etappe der Judenverfolgung eingeleitet und ihre einzelnen Maßnahmen bestimmt wurden. Den Juristen lag auch der von Göring gezeichnete Auftrag an Heydrich vom 31. Juli 1941 vor, der den RSHA-Chef mit der Vorbereitung der »Endlösung« beauftragte, ein Text, der später von Forschern auf seine Bedeutung und seine Zwecke hin wieder und wieder geprüft und diskutiert worden ist. In den Prozess wurden von der Anklagevertretung Dokumente eingeführt, die ein lückenloses Bild von dem Verlauf des Tötens und Mordens gaben: von der Unternähung und Aushungerung, über die Ghettoisierung und Deportation bis zur Vernichtung in Gaskammern, Gaswagen und durch Arbeit. Ein Bericht von den »Erfolgen« der Einsatzgruppe A im Norden der eroberten Sowjetunion gehörte ebenso zu den Beweisstücken wie solche über die Erfahrungen bei der Verwendung jener eigens gebauten Lastwagen, in deren Aufbauten Juden durch die Motorabgase erstickt wurden. Erbeutet worden war auch der aufwändig gestaltete Bericht unter der Überschrift »Es gibt keinen jüdischen Wohnbezirk in Warschau mehr«. Dieser dokumentierte in Wort und Bild die zu einer Groß- und Heldentat stilisierte barbarische Antwort der SS-Truppen unter dem SS-Brigadeführer und Generalmajor der Polizei Jürgen Stroop auf den verzweifelten Aufstand jüdischer Kämpfer im Ghetto der einstigen Hauptstadt Polens; Stroop wurde später in Warschau zum Tode verurteilt und 1952 hingerichtet. Ein Beweisstück erster Ordnung bildete das umfängliche Dienst-Tagebuch des Generalgouverneurs Hans Frank, in dem dessen Rolle als Henker der Polen und Juden in dem ihm unterstellten Gebiet akribisch dargestellt war und aus dem sich Aufschluss über die Herrschaftsziele und Herrschaftstechniken der Eroberer ebenso gewinnen ließen wie Informationen über viele der daran beteiligten Personen. Dieser Fund brachte Frank nahezu um jede Chance, sich gleich seinen Mitangeklagten permanent mit Ausflüchten wie »nicht gewusst«, »nicht gesehen«, »nicht beteiligt« aus der Verantwortung herauszuwinden. Sein generelles Schuldbekenntnis auch am Judenmorden, das er für sich auf die intellektuelle Miturheberschaft eingrenzte, schloss nicht aus, dass auch er von Vorwurf zu Vorwurf Verantwortung und Schuld für verbrecherische Taten anderen Personen und Instanzen anlastete. In der Reihe gewichtiger Dokumente fehlte hingegen noch die von Adolf Eichmann angefertigte, von Heydrich gebilligte Niederschrift über die Zusammenkunft hoher SS-Führer mit Staatssekretären mehrerer

Reichsministerien, die am Wannsee am 20. Januar 1942 stattgefunden hatte. Ein Exemplar davon wurde erst später aufgefunden und stand der Anklage 1948 im so genannten Wilhelmstraßen-Prozess zu Verfügung.[89]

Kurzum: das grauenvolle Bild vom Verlauf des Verbrechens hätte in der Sache, nicht im Ausmaß, auch gegeben werden können, wenn kein Zeuge, Opfer oder Täter, im Gerichtssaal ausgesagt haben würde. Zu den Dokumenten aus Archiven und Aktenablagen des Regimes kamen Analysen hinzu, die bereits im Verlauf des Krieges aufgrund von Informationen in Staaten der Anti-Hitler-Koalition zusammengestellt worden waren, so u.a. von Behörden in den USA und von Exilregierungen z.B. der Tschechoslowakei und Polens, die in Großbritannien gearbeitet hatten. Doch ließ das Gericht zu den Zeugnissen auch Zeugen zu Worte kommen, teils in persona im Gerichtssaal, teils dadurch, dass deren eidesstattliche Erklärungen, die aus anderen Vernehmungen herrührten, verlesen wurden. Aus der Gruppe der Täter kamen, das waren die wichtigsten, Otto Ohlendorf, ehemals zeitweilig Kommandeur der Einsatzgruppe D, und der mehrfach als Kommandant des Konzentrations- und Vernichtungslagers Auschwitz tätige Rudolf Höß, in den Zeugenstand. Der erste wurde später im Einsatzgruppen-Prozess vor einem US-amerikanischen Militärgericht angeklagt, 1948 zum Tode verurteilt und 1951 in Landsberg am Galgen hingerichtet, Höß, an Polen ausgeliefert und in Warschau vor Gericht gestellt, endete auf die gleiche Weise 1948 am Orte seiner Verbrechen. Ihre Angaben und die Verlesung eines Vernehmungsprotokolls von Wilhelm Höttl, eines stellvertretenden Gruppenleiters im RSHA, ermöglichten mit anderen Informationen dem Gericht auch die Schätzung der Gesamtzahl der jüdischen Opfer, die mit 6 Millionen Toten durch viel später unternommene Untersuchungen als hochwahrscheinlich bestätigt wurde. Schwieriger war es, die Kette von Verbrechen bestimmten Tötungsorten und Tötungsarten zuzuordnen; Fehler, so bei der Bestimmung der Zahl der in Auschwitz Getöteten, unterliefen beim damaligen Stand des Wissens unvermeidlich. In der Reihe der in den Zeugenstand gerufenen Täter fehlten der RSHA-Chef, Heydrich, der 1942 an den Folgen eines auf ihn verübten Attentats in Prag gestorben war, der Gestapo-Chef (Amt IV des RSHA) Heinrich Müller, dessen Verbleib nach Kriegsende nie aufgeklärt werden konnte, und der im Verlauf des Prozesses mehrfach genannte Adolf Eichmann, von dem damals ungewiss war, ob er überlebt hatte, der sich aber während der Gerichtsverhandlungen unter falschem Namen zuerst in einem Gefangenlager befand, dann aus diesem entflohen und in der britischen Besatzungszone untergetaucht war.

Über den Gerichtssaal hinaus machten die Aussagen von Überlebenden des Holocaust weithin Eindruck. Das galt insbesondere für die Berichte, die Marie-Claude Vaillant-Couturier und Severina Schmaglewska, beide einst Häftlinge in Auschwitz-Birkenau, gaben. Das Zeugnis der Französin, die 1943 einunddreißigjährig mit 230 Frauen aus dem Widerstand in das Vernichtungslager deportiert worden war, ließ am 28. Januar 1946[90] kaum etwas von dem aus, was wieder und wieder die Hölle von Auschwitz genannt worden ist: den Moment des Eintritts in das Lager, die Schikanen der Appelle, die Qual der Arbeit, den Ekel angesichts von Zuständen, die der Bezeichnung Hygiene nur spotteten, die Brutalität der Aufseherinnen und ihrer Helfer aus den Reihen der Häftlinge, das Grassieren der Seuchen, die Zustände im Revier, die Sterilisationsverbrechen, die Misshandlungen und Tötung von Zwillingen, den Kindermord, das System von Bestrafungen, das Bordell, das Mädchenorchester, das Elend des Zigeunerlagers, die Extraschikanen, denen die nicht sogleich ermordeten Juden ausgeliefert waren, die Selektionen, die Täuschung der Opfer und die Morde in den Gaskammern, die Verwertung und Beseitigung der Leichen, der Umgang mit dem Gepäck, den Kleidungsstücken und aller Hinterlassenschaft.

Vaillant-Couturier schloss: »Für Monate und Jahre hatten wir nur einen Willen, dass nämlich einige von uns lebend herauskommen möchten, um der Welt zu verkünden, was diese Zuchthäuser der Nazis waren.«[91] Ihre Worte und dieser Schluss haben den Verteidiger Streichers nicht gehindert zu fragen, warum die Zeugin sich gewandt auszudrücken vermöge und sie »in so gutem Gesundheitszustand zurückgekommen« sei. Der Gerichtshof ließ diese Unverschämtheiten ungerügt durchgehen.[92] Einen Monat später, am 27. Februar 1946, sagte, der Befragung durch den sowjetischen Ankläger folgend, Schmaglewska, die sich von Oktober 1942 bis zur Deportation im Januar 1945 im Lager befunden hatte, nur über eine einzige ihrer Erfahrungen in Auschwitz aus: über das Schicksal der Kinder und der Schwangeren. Als sie geendet hatte und der Gerichtsvorsitzende, wiederum an die Verteidiger gerichtet, forschte, ob einer von ihnen noch eine Frage hätte, schwiegen sie ohne Ausnahme.[93]

Ihrem an Statuten gebundenen juristischen Auftrag entsprechend hatten die Richter der vier Mächte in Nürnberg vor allem festzustellen, wer in den beiden Reihen de Angeklagten, wann, wo, wem, was und mit welchen Folgen getan oder unterlassen hatte. Bei dieser Arbeit ist ein Bild vom Ganzen des verbrecherischen Regimes entstanden und auch vom Judenmorden in seiner Totalität. Mit beidem drängten sich ihnen Fragen auf, die das Wesen und die Ziele des deutschen Faschismus betrafen und auch den Platz, den die Politik der Ausrottung der europäischen Juden im Gesamtkonzept der Eroberer besetzte. Indem die Juristen die Angeklagten als die exponiertesten Personen des zerschlagenen Staates und der Gesellschaft in beiden platzierten und zu ergründen suchten, warum sie massenhaft unterstützt ihre Verbrechen verüben konnten, ging ihre Arbeit in die der Historiker über.

Die Staatsanwälte und ihre Helfer zeigten sich – anders als deutsche Historiker in ihren nur wenig später in den Westzonen erscheinenden Veröffentlichungen – zudem nicht geneigt, das Massenmorden, dessen Opfer Juden, Kriegsgefangene, Geiseln, behinderte und kranke Menschen geworden waren, ausschließlich irrationalen Antrieben zuzuschreiben, es nur Hitler anzulasten oder einzig als Ausbruch eines kollektiven Wahns und der Geisteskrankheit einer politischen Führungsgruppe zu begreifen und damit die Frage nach dem Warum für erledigt zu halten. Sie meinten, es müssten rationale, auf konkrete Zwecke und Ziele gerichtete Kalküle mitgewirkt haben, und versuchten, diese zu erfassen. Der britische Hauptankläger Sir Hartley Shawcross nannte das Morden »das wohl überlegte Hinschlachten ... so vieler Millionen ihrer Mitmenschen«[94]. Und, konkreter, im eigens Judenverfolgung und –mord behandelnden Anklagevortrag des

Majors William B. Walsh, Hilfsanklägers der USA, wurden dieses Verbrechen und das »deutsche Militärprogramm« zueinander in Beziehung gesetzt.[95]

Worin also bestand das Verdienst der Ankläger und Richter in Nürnberger 1945/1946 über die jeweils direkten Nachweise der Tatbeteiligung der Angeklagten hinaus, bezogen auf den »Holocaust«? Erstens in der Feststellung des Ausmaßes des Verbrechens – schon in seiner Anklageerhebung am zweiten Prozesstag sprach der Hauptankläger der Vereinigten Staaten Robert H. Jackson davon, die »meisten und wildesten Verbrechen« der Nazis hätten sich gegen die Juden gerichtet – und seiner durch keine künftigen Entwicklungen und keine wie immer gearteten Anstrengungen zu behebendenden Folgen. Walsh hat sie so ausgedrückt: »Das Gemetzel der Juden in Europa (was in korrekter Übersetzung freilich heißen musste: das Gemetzel an den Juden Europas, K.P.) kann nicht allein in Zahlen ausgedrückt werden, denn die Wirkung dieses Blutbades stellt sich für die Zukunft des jüdischen Volkes und der Menschheit noch weit tragischer dar. Alteingesessene jüdische Gemeinden mit ihrem eigenen reichhaltigen geistigen, kulturellen und wirtschaftlichen Leben, Jahrhunderte hindurch mit dem Leben der Nationen verbunden, in denen sie sich entwickelten, sind vollständig ausgemerzt. Der Anteil des jüdischen Volkes an der Zivilisation, den Künsten, Wissenschaften, der Industrie und Kultur braucht sicherlich nicht besonders vor diesem Gerichtshof ausgeführt zu werden; ihre Vernichtung, von den Nazis in beständiger, vorsätzlicher, vorbedachter und methodischer Weise ausgeführt, bedeutet für die Zivilisation den Verlust besonderer Qualitäten und Fähigkeiten, der unmöglich ersetzt werden kann.«[96] Wer könnte, was die Massenmörder anrichteten, nach einem halben Jahrhundert ausgreifender Forschungen treffender ausdrücken, als es am 14. Dezember 1945 im Nürnberger Gerichtssaal geschah? Und Shawcross erklärte in seiner Schlussansprache: »Hätten die Angeklagten kein anderes Verbrechen begangen, dieses eine allein, in das alle verwickelt sind, würde genügen. Die Geschichte kennt keine Parallele zu diesen Schrecken.« [97] Das Gericht ließ so auch nicht den Rest eines Zweifels, dass es die Untat als einzigartig ansah.

Zweitens, so drastisch in Worten und in Bildern, Fotografien wie Filmen die Verbrechen des Judenmords auch dargestellt wurden, es wurde schon vor diesem Gericht erklärt, dass das Geschehen zwar menschliches Vorstellungsvermögen übersteigt, aber dennoch die Herausforderung angenommen werden müsse, möglichst weitgehend zu klären, wie es zur Untat kommen konnte, also ihre Voraussetzungen und Bedingungen festzustellen. Einer der Ankläger der USA, Thomas J. Dodd, konstatierte: »Die Flut der gegen das jüdische Volk begangenen Verbrechen ist zu groß, als dass der menschliche Verstand sie fassen könnte«[98], und sprach im gleichen Zusammenhang von einem Verbrechen, »das man nie völlig begreifen, völlig erklären« können werde.[99] Dennoch haben die Ankläger nicht nur, was nahe lag, in der Vernehmung Streichers besonderen Wert darauf gelegt, die ideologische Saat und geistige Urheberschaft des Verbrechens nachzuweisen. Gegen Ende der Vernehmung des »Stürmer«-Herausgebers fragte Oberstleutnant Griffith-Jones, einer der Hilfsankläger Großbritanniens: »War es nun möglich, nach 20 Jahren der Verhetzung und Propaganda durch Sie und andere Nazis auf diese Weise Menschen zu vernichten? War es das, was die Ausrottung möglich gemacht hat?«[100] Damit war eine Spur gelegt, der seitdem Historiker schon in mehreren Generationen gefolgt sind, dabei freilich nicht selten auch die Frage nach den Antrieben ausschließlich ins Ideologische verengend.

Drittens hat das Gericht keinen Zweifel daran gelassen, dass der Judenmord »über die vorher beschlossenen Mittel zu einem vorher bestimmten Ende« geführt wurde[101], dass also das gesamte verbrecherische Projekt zentral ausgelöst und gelenkt war und sich mit einer Zielvorstellung verband. Was in den Dokumenten an Begründungen und Rechtfertigungen für das Judenmorden und was in der NS-Presse, ohne dass die Verbrechen eingestanden worden wären, an Verfolgungsgründen angeführt wurde, war demgegenüber sekundär und mitunter nur Beiwerk. Dazu gehörten Anklagen, Vorwürfe und Bezichtigungen wie, die Juden seien die Anstifter des Krieges gewesen, verhielten sich in ihm als »unnütze Fresser«, verbreiteten Hetze, Defätismus, Gräuel- und bolschewistische Propaganda, zeigten ein aufsässiges Verhalten, betätigten sich als Saboteure, Hamsterer und

Schieber gegen die »deutsche Ordnung«, wären Träger von Epidemien. Klargestellt wurde gegen die nach wie vor vorgetragenen Behauptungen von Angeklagten (Göring, Streicher), dass die Verfolgung der Juden von Anfang an von ihrem Verhalten völlig unabhängig und allein aufgrund und als Folge von Plänen der faschistischen Machthaber geschah.

Auch damit war ein Forschungsweg bezeichnet, auf dem in Jahrzehnten nachgewiesen wurde, dass die zur Vernichtung der Juden ergriffenen Mittel anfänglich nach der Methode, Versuch, Irrtum, neuer Versuch bestimmt wurden und dass die Bestimmung der wechselnden Ziele über mehrere Stufen erfolgte, bis der Begriff »Endlösung« jene barbarische Bedeutung erlangte, die er seit 1941 besaß. Erst spätere Gerichtsprozesse und mehr noch in jüngerer Zeit unternommene Forschungen haben die Vielzahl von Initiativen auf den mittleren und unteren Machtebenen herausgearbeitet, die das Erreichen des auf dem Höhepunkt der militärischen Erfolge bezeichneten und seitdem verfolgten Gesamtziels zusätzlich beförderten und die darauf gerichteten Maßnahmen vorantrieben.

Viertens bestand für Ankläger und Richter kein Zweifel, dass Judenverfolgung, -vertreibung und -vernichtung bereits im Verlauf ihrer Verwirklichung auch Funktionen besaßen, die den Machthabern, vorausberechnet oder zugefallen, in ihr Herrschaftskonzept passten. Zwei von ihnen, die wie das ganze Thema in späteren Forschungen eine zu geringe Beachtung gefunden haben, wurden schon am Prozessbeginn ausdrücklich genannt. Die eine, wirksam in Deutschland und im angeschlossenen Österreich schon im Vorkrieg, bestand in der »bindenden Kraft«[102], die vom antijüdischen Terror ausging. Schon vor dem Krieg war der Antisemitismus bewusst auch als in das Ausland zielende Werbung eingesetzt worden. Diese Bindekraft verstärkte sich im Krieg mit dem Übergang zum Morden und wirkte innerhalb des faschistischen Mächteblocks. Sie kettete Kollaborateure an die Führungsmacht, von Regierungschefs und Ministern bis zu vor Ort mitmordenden organisierten Hilfskräften. Eine andere Wirkung bestand in der Abschreckung, die von Ghettoisierung, Deportation und Massakern ausging. Sie stellten »eine Drohung auch gegen andere« dar, eine »Warnung für die besiegten Völker«[103], sich dem Eroberer zu unterwerfen, um der Strafe der Vernichtung zu entgehen. Mit dem Judenmord – Jackson nannte ihn die »Lanzenspitze des Schreckens« [104] – wurden mithin auch Nebeneffekte erzielt und Nebenziele erstrebt.

Fünftens haben sich die Ankläger und Richter nach dem Verhältnis des Judenmords (der »Endlösung«) zum Generalziel gefragt, das das Regime mit dem Krieg verfolgte und dem es 1941 – also in eben jenem Moment, da der Vernichtungsprozess eingeleitet wurde – nahe zu kommen schien. Zunächst befand sich die Praxis des Judenmords also in den Koordinaten des Kriegsendziels, das lautete: Europa ein »großgermanisches« Reich unter dem Hakenkreuz und ohne Juden. Die SS-Zeitung »Das Schwarze Korps« verkündete schon am 9. August 1940, den Triumph über Frankreich als den Vorboten des »Endsiegs« deutend, der »deutsche Friede« werde »ein Friede ohne Juden« sein, auch der letzte würde aus Europa vertrieben werden. (IMT, III, 589) Doch diese Relation war in den Vorstellungen der Mörder nicht unauflösbar. Wiederum in den Worten von Walsh: »Ob Sieg oder Niederlage für Deutschland, der Jude war dem Untergang geweiht. Es war die offen ausgesprochene Absicht des Nazi-Staates, dass, was immer das deutsche Schicksal sein möge, der Jude nicht unter den Überlebenden bleiben sollte.«[105] Die Frage einer Niederlage jedoch, geschweige denn die einer bedingungslosen Kapitulation, stellten sich die Machthaber lange nicht. In der Tat, sie wollten ihre Ausrottungspolitik bis an das vorbedachte Ende treiben. Die Truppen der Alliierten sollten auf ihrem Befreiungsweg nirgendwo noch einen Juden lebend antreffen. Auch die darauf gerichteten Befehle wurden schon in Nürnberg vorgewiesen.

Am 1. Oktober 1946 war die Arbeit des Internationalen Gerichtshofes in Nürnberg getan. Doch wurde, um es in einem geläufigen Bilde zu sagen, der Staffelstab der Ermittlungen und Bewertung der Naziverbrechen und des Massenmords an den europäischen Juden nicht sogleich an die Geschichtswissenschaft weitergegeben. Die begann erst Jahre später, sich gleichermaßen akribisch und eingehend damit zu befassen. In fortgesetzter Aktion aber blieben die Juristen vor allem während der so genannten Nürnberger Nachfolgeprozesse, von denen vor allem der Einsatzgruppen- und der Wilhelmstraßen-Prozess weitere Enthüllungen und Einsichten an den Tag brachten.

*Literatur*
Robert M. W. Kempner 1983: Ankläger einer Epoche. Lebenserinnerungen. In Zusammenarbeit mit Jörg Friedrich, Berlin
Pätzold, Kurt / Schwarz, Erika 1992: Tagesordnung Judenmord. Die Wannsee-Konferenz am 20. Januar 1942, Berlin

## 18. Dokumente

### Die Moskauer Erklärung vom 1. November 1943

Das Vereinigte Königreich, die Vereinigten Staaten und die Sowjetunion haben von vielen Seiten Beweise für Gräueltaten, Massakers und kaltblütige Massenhinrichtungen erhalten, die von den Hitler-Truppen in den vielen Ländern verbrochen wurden, die sie überrannt haben und aus denen sie jetzt in stetigem Rückzug vertrieben werden. Die Brutalitäten der Hitler-Herrschaft sind nichts Neues, und alle Völker und Gebiete unter ihrer Faust haben unter den Folgen einer Terrorherrschaft ärgster Form zu leiden gehabt. Neu ist nur, dass viele dieser Gebiete jetzt von den Armeen der Befreiungsmächte auf dem Vormarsch erlöst werden und dass die zurückweichenden Hitler-Hunnen ihre unbarmherzigen Grausamkeiten verdoppeln. Die grässlichen Verbrechen der Hitler-Scharen auf dem Gebiete der Sowjetunion, dessen Befreiung von ihnen jetzt vor sich geht, und auf französischen und italienischen Gebiet stellen gegenwärtig besonders klare Beweise dafür dar.

Die oben erwähnten drei alliierten Mächte, die im Interesse der zweiunddreißig Nationen sprechen, erklären demgemäss feierlich und verkünden ihre folgende Erklärung mit allem Nachdruck:

Sobald irgendeiner Regierung, die in Deutschland eingesetzt werden sollte, ein Waffenstillstand gewährt wird, werden jene deutschen Offiziere und Soldaten und Mitglieder der Nazi-Partei, die für die oben erwähnten Gräueltaten, Massaker und Hinrichtungen verantwortlich sind oder an ihnen willig teilgenommen haben, in die Länder zurückgesendet werden, in denen ihre verabscheuungswürdigen Taten verübt wurden, damit sie nach den Gesetzen dieser befreiten Länder und der dort eingesetzten Regierungen vor Gericht gestellt und bestraft werden können.

Listen mit möglichst vielen Einzelheiten aus allen diesen Ländern werden aufgestellt werden; sie werden sich besonders auf die besetzten Gebiete der Sowjetunion, auf Polen und die Tschechoslowakei, auf Jugoslawien und Griechenland, einschließlich Kretas und anderer Inseln, auf Norwegen, Dänemark und die Niederlande, Belgien, Luxemburg, Frankreich und Italien beziehen. Die Deutschen, die an Massenerschießungen italienischer Offiziere oder der Hinrichtung französischer, holländischer, belgischer oder norwegischer Geiseln oder kretensischer Bauern teilnahmen oder sich an den Gemetzeln unter der Bevölkerung Polens oder in Gebieten der Sowjetunion, die derzeit vom Feinde gesäubert werden, beteiligt haben, sollen wissen, dass sie an den Schauplatz ihrer Verbrechen zurückgebracht und dass von den von ihnen aufs schmählichste behandelten Völkern an Ort und Stelle über sie Recht gesprochen werden wird.

Mögen sich jene, deren Hände bisher noch nicht mit dem Blut Unschuldiger befleckt sind, davor hüten, sich den Reihen der Schuldigen anzuschließen, denn die drei alliierten Mächte werden sie mit aller Gewissheit bis in die entferntesten Schlupfwinkel der Erde verfolgen und ihren Anklägern ausliefern, damit die Gerechtigkeit ihren Lauf nehme.

Die obige Erklärung präjudiziert in keiner Weise die Fälle der Hauptkriegsverbrecher, deren Rechtsverletzungen keine bestimmte geographische Begrenzung haben; sie werden auf Grund eines ge-

meinsamen Beschlusses der Regierungen der Alliierten bestraft werden.
Moskau, den 1. November 1943
Roosevelt   Churchill   Stalin

## Londoner Viermächte-Abkommen vom 8. August 1945

Abkommen zwischen der Regierung des Vereinigten Königreichs von Großbritannien und Nordirland, der Regierung der Vereinigten Staaten von Amerika, der Provisorischen Regierung der Französischen Republik und der Regierung der Union der Sozialistischen Sowjet-Republiken über die Verfolgung und Bestrafung der Hauptkriegsverbrecher der Europäischen Achse.

In Anbetracht der von den Vereinten Nationen von Zeit zu Zeit bekannt gegebenen Erklärungen über ihre Absicht, Kriegsverbrecher zur Rechenschaft zu ziehen;

in Anbetracht ferner der Bestimmungen der Moskauer Deklaration vom 30. Oktober 1943 betreffend deutsche Grausamkeiten im besetzten Europa, dass diejenigen deutschen Offiziere und Mannschaften sowie Mitglieder der Nationalsozialistischen Deutschen Arbeiterpartei, die für Grausamkeiten und Verbrechen verantwortlich waren oder ihre Zustimmung dazu gegeben haben, in die Länder zurückgebracht werden sollen, in denen ihre abscheulichen Taten begangen worden sind, um nach den Gesetzen dieser befreiten Länder und der freien Regierungen, die dort gebildet werden, abgeurteilt zu werden;

in Anbetracht weiterhin der Vereinbarung, dass die Moskauer Deklaration nicht die Gruppe der Hauptkriegsverbrecher betreffen sollte, für deren Verbrechen ein geographisch bestimmter Tatort nicht gegeben ist und die gemäß einer gemeinsamen Entscheidung der Regierungen der Alliierten bestraft werden sollen,

haben nunmehr die Regierung des Vereinigten Königreiches von Großbritannien und Nordirland, die Regierung der Vereinigten Staaten von Amerika, die Provisorische Regierung der Französischen Republik und die Regierung der Union der Sozialistischen Sowjet-

Republiken (in diesem Abkommen als die »Signatare« bezeichnet) handelnd im Interesse aller Vereinten Nationen und durch ihre rechtmäßig bevollmächtigten Vertreter das folgende Abkommen geschlossen:

*Artikel 1:* Nach Anhörung des Kontrollrats für Deutschland soll ein Internationaler Militärgerichtshof gebildet werden zur Aburteilung der Kriegsverbrecher, für deren Verbrechen ein geographisch bestimmbarer Tatort nicht vorhanden ist, gleichgültig, ob sie angeklagt sind als Einzelperson oder in ihrer Eigenschaft als Mitglieder von Organisationen oder Gruppen oder in beiden Eigenschaften

*Artikel 2:* Verfassung, Zuständigkeit und Aufgaben dieses Internationalen Militärgerichtshofes sind in dem angefügten Statut für den Internationalen Militärgerichtshof festgelegt, das einen wesentlichen Bestandteil dieses Abkommens bildet.

*Artikel 3:* Jeder der Signatare soll die notwendigen Schritte unternehmen, um die Hauptkriegsverbrecher, die sich in seiner Hand befinden und von dem Internationalen Militärgerichtshof abgeurteilt werden sollen, für die Untersuchung der Anklagepunkte und den Prozess bereit zu halten. Die Signatare sollen auch alle Schritte unternehmen, um diejenigen Hauptkriegsverbrecher, die sich nicht in den Gebieten eines der Signatare befinden, für die Untersuchung der Anklagepunkte und den Prozess des Internationalen Militärgerichtshofes zur Verfügung zu stellen.

*Artikel 4:* Die in der Moskauer Deklaration festgelegten Bestimmungen über die Überführung von Kriegsverbrechern in die Länder, in denen sie ihre Verbrechen begangen haben, werden durch dieses Abkommen nicht berührt.

*Artikel 5:* Die Regierungen der Vereinten Nationen können diesem Abkommen durch eine der Regierung des Vereinigten Königreiches auf diplomatischem Wege übermittelte Erklärung beitreten, welche die anderen Signatare und beigetretenen Regierungen von jedem solchen Beitritt in Kenntnis setzen wird.

*Artikel 6:* Unberührt bleiben die Vorschriften über die Zuständigkeit oder die Gerichtsgewalt der Nationalen oder Okkupations-Gerichtshöfe, die zur Aburteilung von Kriegsverbrechern in irgendeinem alliierten Gebiet oder in Deutschland gebildet worden sind oder gebildet werden.

*Artikel 7:* Dieses Abkommen tritt am Tage seiner Unterzeichnung in Kraft und soll für die Dauer eines Jahres in Kraft bleiben. Es soll weiterhin wirksam bleiben, vorbehaltlich des Rechtes jedes Signatars, es mit einer Frist von einem Monat auf diplomatischem Wege zu kündigen. Eine solche Kündigung soll auf die in Ausführung dieses Abkommens bereits eingeleiteten Verfahren oder getroffenen Entscheidungen keinen Einfluss haben.

Zu Urkund dessen haben die Unterzeichneten dieses Abkommens unterschrieben. So geschehen zu London am 8. August 1945 in vierfacher Ausfertigung. Jede Ausfertigung ist in englischer, französischer und russischer Sprache abgefasst und jeder Text hat die gleiche Geltung.

Für die Regierung des Vereinigten Königreiches von Großbritannien und Nordirland: gez. Jowitt.

Für die Regierung der Vereinigten Staaten von Amerika: gez. Robert H. Jackson.

Für die Provisorische Regierung der Französischen Republik: gez. Robert Falco

Für die Regierung der Union der Sozialistischen Sowjet-Republiken: gez. I. T. Nikitschenko.

## Statut für den Internationalen Militärgerichtshof

### I. Verfassung des Internationalen Militärgerichtshofes

*Artikel 1:* In Ausführung des Abkommens vom 8. August 1945 zwischen der Regierung des Vereinigten Königreiches von Großbritannien und Nordirland, der Regierung der Vereinigten Staaten von Amerika, der Provisorischen Regierung der Französischen Republik und der Regierung der Union der Sozialistischen Sowjet-Republiken soll ein Internationaler Militärgerichtshof (in diesem Statut »Der Gerichtshof« genannt) zwecks gerechter und schneller Aburteilung und Bestrafung der Hauptkriegsverbrecher der europäischen Achse gebildet werden.

*Artikel 2:* Der Gerichtshof besteht aus vier Mitgliedern und vier Stellvertretern, von jedem Signatar soll ein Mitglied und ein Stellvertreter ernannt werden. Die Stellvertreter sollen soweit an allen Sitzungen des Gerichtshofes teilnehmen. Im Falle der Erkrankung eines Mitgliedes des Gerichtshofes oder seiner anders begründeten Unfähigkeit, sein Amt auszuüben, tritt sein Stellvertreter an seine Stelle.

*Artikel 3:* Weder der Gerichtshof, noch seine Mitglieder oder Stellvertreter können von der Anklagebehörde oder dem Angeklagten oder seinem Verteidiger abgelehnt werden. Jeder Signatar kann sein Mitglied des Gerichtshofes oder seinen Stellvertreter aus Gesundheitsrücksichten oder anderen triftigen Gründen wechseln; während eines Prozesses kann jedoch ein Mitglied nur durch seinen Stellvertreter ersetzt werden.

*Artikel 4:* a) Für Verhandlungen und Entscheidungen des Gerichtshofes ist die Anwesenheit aller vier Mitglieder des Gerichtshofes oder des Stellvertreters für ein abwesendes Mitglied erforderlich.

b) Die Mitglieder des Gerichtshofes wählen vor Beginn des Prozesses einen Präsidenten. Dieser übt sein Amt während der Dauer des Prozesses aus, falls nicht mit einer Stimmenzahl von mindestens drei Stimmen anderweitig beschlossen wird.

Bei aufeinander folgenden Prozessen findet grundsätzlich ein Wechsel im Vorsitz statt. Wenn jedoch eine Sitzung des Gerichtshofes im Gebiet eines der vier Signatare abgehalten wird, soll der Vertreter der betreffenden Signatarmacht den Vorsitz führen.

c) Abgesehen von dem vorgenannten Falle trifft der Gerichtshof seine Entscheidungen mit Stimmenmehrheit. Bei Stimmengleichheit ist die Stimme des Vorsitzenden ausschlaggebend; für Verurteilung und Bestrafung ist eine Stimmenmehrheit von mindestens drei Mitgliedern erforderlich.

*Artikel 5:* Im Bedarfsfalle und je nach Zahl der abzuurteilenden Fälle können mehrere Gerichtshöfe eingesetzt werden. Einsetzung, Aufgaben und Verfahren der Gerichtshöfe sollen identisch sein und unterliegen den Regeln dieses Statuts.

## II. Zuständigkeit und allgemeine Grundsätze

*Artikel 6:* Der durch das in Artikel 1 genannte Abkommen eingesetzte Gerichtshof zur Aburteilung der Hauptkriegsverbrecher der der europäischen Achse angehörenden Staaten hat das Recht, alle Personen abzuurteilen, die im Interesses der der europäischen Achse angehörenden Staaten als Einzelpersonen oder als Mitglieder einer Organisation oder Gruppe eines der folgenden Verbrechen begangen haben:

Die folgenden Handlungen, oder jede einzelne von ihnen, stellen Verbrechen dar, für deren Aburteilung der Gerichtshof zuständig ist. Der Täter solcher Verbrechen ist persönlich verantwortlich:

a) Verbrechen gegen den Frieden: Nämlich

Planen, Vorbereitung und Einleitung oder Durchführung eines Angriffskrieges oder eines Krieges unter Verletzung internationaler Verträge, Abkommen oder Zusicherungen oder Beteiligungen an einem gemeinsamen Plan oder an einer Verschwörung zur Ausführung einer der vorgenannten Handlungen;

b) Kriegsverbrechen: Nämlich:

Verletzung der Kriegsgesetze oder -gebräuche. Solche Verletzungen umfassen, ohne jedoch darauf beschränkt zu sein, Mord, Misshandlungen oder Deportation zur Sklavenarbeit oder für irgendeinen anderen Zweck, von Angehörigen der Zivilbevölkerung von oder in besetzte Gebiete, Mord oder Misshandlungen von Kriegsgefangenen oder Personen auf hoher See, Töten von Geiseln, Plünderung öffentlichen oder privaten Eigentums, die mutwillige Zerstörung von Städten, Märkten oder Dörfern oder jede durch militärische Notwendigkeit nicht gerechtfertigte Verwüstung;

c) Verbrechen gegen die Menschlichkeit: Nämlich:

Mord, Ausrottung, Versklavung, Deportation oder andere unmenschliche Handlungen, begangen an irgendeiner Zivilbevölkerung vor oder während des Krieges, Verfolgung aus politischen, rassischen oder religiösen Gründen, begangen in Ausführung eines Verbrechens oder in Verbindung mit einem Verbrechen, für das der Gerichtshof zuständig ist, und zwar unabhängig davon, ob die Handlung gegen das Recht des Landes verstieß, in dem sie begangen wurde, oder nicht.

Anführer, Organisatoren, Anstifter und Teilnehmer, die am Entwurf oder der Ausführung eines gemeinsamen Planes oder einer Verschwörung zur Begehung eines der vorgenannten Verbrechen teilgenommen haben, sind für alle Handlungen verantwortlich, die von irgendeiner Person in Ausführung eines solchen Planes begangen worden sind.

*Artikel 7:* Die amtliche Stellung eines Angeklagten, sei es als Oberhaupt eines Staates oder als verantwortlicher Beamter in einer Regierungsabteilung, soll weder als Strafausschließungsgrund noch als Strafmilderungsgrund gelten.

*Artikel 8:* Die Tatsache, dass ein Angeklagter auf Befehl seiner Regierung oder eines Vorgesetzten gehandelt hat, gilt nicht als Strafausschließungsgrund, kann aber als Strafmilderungsgrund berücksichtigt werden, wenn dies nach Ansicht des Gerichtshofes gerechtfertigt erscheint.

*Artikel 9:* In dem Prozess gegen ein Einzelmitglied einer Gruppe oder Organisation kann der Gerichtshof (in Verbindung mit irgendeiner Handlung, deretwegen der Angeklagte verurteilt wird) erklären, dass die Gruppe oder Organisation, deren Mitglied der Angeklagte war, eine verbrecherische Organisation war. Nach Empfang der Anklage gibt der Gerichtshof in der ihm geeignet erscheinenden Form bekannt, dass die Anklagebehörde beabsichtigt, den Antrag zu stellen, eine Erklärung nach Abschnitt 1, Artikel 9 auszusprechen. In diesem Falle ist jedes Mitglied der Organisation berechtigt, bei dem Gerichtshof den Antrag zu stellen, über die Frage des verbrecherischen Charakters der Organisation gehört zu werden. Der Gerichtshof hat das Recht, dem Antrag stattzugeben oder ihn abzuweisen. Wird dem Antrag stattgegeben, so bestimmt der Gerichtshof, in welcher Weise der Antragssteller vertreten und gehört werden soll.

*Artikel 10:* Ist eine Gruppe oder Organisation vom Gerichtshof als verbrecherisch erklärt worden, so hat die zuständige national Behörde jedes Signatars das Recht, Personen wegen ihrer Zugehörigkeit zu einer solchen verbrecherischen Organisation vor nationalen, Militär- oder Okkupations-Gerichten den Prozess zu machen. In diesem Falle gilt der verbrecherische Charakter der Gruppe oder Organisation als bewiesen und wird nicht in Frage gestellt.

*Artikel 11:* Jede vom Gerichtshof verurteilte Person kann vor einem der in Artikel 10 dieses Statuts erwähnten nationalen, Militär- oder Okkupations-Gerichtshöfen wegen eines anderen Verbrechens als der Zugehörigkeit zu einer verbrecherischen Organisation angeklagt werden, und ein solches Gericht kann im Falle der Verurteilung des Angeklagten eine Strafe gegen ihn verhängen, die zusätzlich erkannt wird und unabhängig ist von der Strafe, die der Gerichtshof wegen Teilnahme an der verbrecherischen Tätigkeit einer solchen Gruppe oder Organisation erkannt hat.

*Artikel 12:* Der Gerichtshof hat das Recht, gegen eine Person, die wegen eines der in Artikel 6 dieses Statuts erwähnten Verbrechens angeklagt ist, ein Verfahren in ihrer Abwesenheit durchzuführen, wenn der Angeklagte nicht auffindbar ist, oder wenn der Gerichtshof es im Interesse der Gerechtigkeit aus anderen Gründen für erforderlich hält, in Abwesenheit des Angeklagten zu verhandeln.

*Artikel 13:* Der Gerichtshof stellt die Regeln für sein Verfahren selbst auf. Diese sollen mit den Bestimmungen des Statuts nicht im Widerspruch stehen.

## III. Ausschuß für die Untersuchung von Kriegsverbrechen und die Verfolgung von Hauptkriegsverbrechern

*Artikel 14:* Jeder Signatar ernennt einen Generalstaatsanwalt für die Untersuchung von Kriegsverbrechen und die Verfolgung der Hauptkriegsverbrecher.

Die vier Generalstaatsanwälte bilden einen Ausschuß für folgende Zwecke:

a) Ausarbeitung eines Arbeitsplanes für jeden einzelnen Generalstaatsanwalt und seine Mitarbeiter.

b) Die entgültige Entscheidung, wer als Hauptkriegsverbrecher zu betrachten und vor Gericht zu ziehen ist.

c) Die Entscheidung über die Anklage und die dem Gerichtshof vorzulegenden Urkunden.

d) Die Einreichung der Anklage und der beizufügenden Urkunden.

e) Der Entwurf der in Artikel 13 dieses Statuts vorgesehenen Prozessregeln und ihre Vorlage an den Gerichtshof. Der Gerichtshof hat das Recht, die vorgeschlagenen Prozessregeln mit oder ohne Änderung anzunehmen oder abzulehnen.

Der Ausschuß entscheidet in allen oben erwähnten Fragen mit Stimmenmehrheit und ernennt einen Vorsitzenden, wie es ihm zweckmäßig erscheint und unter Wahrung des Grundsatzes des Wechsels des Vorsitzes.

Wenn in der Frage, wer als Kriegsverbrecher abgeurteilt oder wegen welcher Verbrechen eine Person abgeurteilt werden soll, die Stimmen gleich verteilt sind, entscheidet der Vorschlag derjenigen Partei, die beantragt, dass eine bestimmte Person abgeurteilt werden soll, oder dass eine bestimmte Anklage gegen sie erhoben werden soll.

*Artikel 15:* Die Generalstaatsanwälte sollen sowohl selbständig als in Zusammenarbeit miteinander folgende Aufgaben erfüllen:

a) Alles nötige Beweismaterial prüfen, sammeln und dem Gerichtshof vor oder während der Hauptverhandlung vorlegen.

b) Die Anklage vorbereiten und sie dem Ausschuß gemäß Absatz c) Artikel 14 zwecks Genehmigung vorlegen.

c) Alle nötigen Zeugen und Angeklagten vorläufig vernehmen.

d) Vor dem Gerichtshof als Anklagebehörde auftreten.

e) Vertreter zur Ausführung bestimmter Aufgaben bestellen.

f) Alle sonstigen Schritte unternehmen, die ihnen für die Vorbereitung und Durchführung des Prozesses notwendig erscheinen. Kein Zeuge oder Angeklagter, der sich in der Hand eines Signatars befindet, soll ohne die Zustimmung dieses Signatars dessen Verfügungsgewalt entzogen werden.

## *IV. Gerechtes Verfahren für die Angeklagten*

*Artikel 16:* Zwecks Wahrung der Rechte der Angeklagten soll folgendes Verfahren eingeschlagen werden:

a) Die Anklage soll alle Einzelheiten enthalten, die den Tatbestand der Beschuldigungen bilden. Eine Abschrift der Anklage mit allen dazugehörenden Urkunden soll dem Angeklagten in einer ihm verständlichen Sprache in angemessener Zeit vor Beginn des Prozesses ausgehändigt werden.

b) Während eines vorläufigen Verfahrens oder der Hauptverhandlung soll der Angeklagte berechtigt sein, auf jede der gegen ihn erhobenen Beschuldigungen eine erhebliche Erklärung abzugeben.

c) Die vorläufige Vernehmung des Angeklagten und die Hauptverhandlung sollen in einer Sprache geführt oder in eine Sprache übersetzt werden, die der Angeklagte versteht.

d) Der Angeklagte hat das Recht, sich selbst zu verteidigen oder sich verteidigen zu lassen.

e) Der Angeklagte hat das Recht, persönlich oder durch seinen Verteidiger Beweismittel für seine Verteidigung vorzubringen und jeden von der Anklagebehörde geladenen Zeugen im Kreuzverhör zu vernehmen.

## V. Die Rechte des Gerichtshofes und das Prozessverfahren

*Artikel 17:* Der Gerichtshof hat das Recht:

a) Zeugen für die Hauptverhandlung zu laden, ihre Anwesenheit und Aussage zu verlangen und Fragen an sie zu richten.

b) Den Angeklagten zu vernehmen.

c) Die Beibringung von Urkunden und anderen Beweismaterialien zu verlangen.

d) Die Zeugen zu vereidigen

e) Delegierte zwecks Ausführung von Aufgaben zu ernennen, die ihnen der Gerichtshof zuweist, einschließlich der Beweiserhebung kraft Auftrags.

*Artikel 18:* Der Gerichtshof soll:

a) Den Prozess streng auf eine beschleunigte Verhandlung der durch die Anklage gemachten Punkte beschränken.

b) Strenge Maßnahmen ergreifen, um jede Handlung zu vermeiden, die eine unnötige Verzögerung verursachen könnte, und unerhebliche Fragen und Erklärungen jedweder Art ablehnen.

c) Ungebührliches Benehmen durch Auferlegung von angemessenen Strafen bestrafen, einschließlich des Ausschlusses des Angeklagten oder seines Verteidigers von einzelnen oder allen weiteren Prozesshandlungen; die sachgemäße Erörterung der Beschuldigungen darf hierdurch nicht beeinträchtigt werden.

*Artikel 19:* Der Gerichtshof ist an Beweisregeln nicht gebunden, er soll im weiten Ausmaß ein schnelles und nicht formelles Verfahren anwenden, und jedes Beweismaterial, das ihm Beweiswert zu haben scheint, zulassen.

*Artikel 20:* Der Gerichtshof kann vor der Beweisantretung Auskunft über die Natur des Beweismittels verlangen, um über seine Erheblichkeit entscheiden zu können.

*Artikel 21:* Der Gerichtshof soll nicht Beweis für allgemein bekannte Tatsachen fordern, sondern soll sie von Amts wegen zur Kenntnis nehmen; dies erstreckt sich auf öffentliche Urkunden der Regierung und Berichte der Vereinten Nationen, einschließlich der Handlungen und Urkunden der in den verschiedenen alliierten Ländern für die Untersuchung von Kriegsverbrechen eingesetzten Komitees, sowie die Protokolle und Entscheidungen von Militär- oder anderen Gerichten irgendeiner der Vereinten Nationen.

*Artikel 22:* Der ständige Sitz des Gerichtshofes ist Berlin. Die ersten Sitzungen der Mitglieder des Gerichtshofes und der Generalstaatsanwälte finden in Berlin in einem von dem Kontrollrat für Deutschland zu bestimmenden Ort statt.

Der erste Prozess findet in Nürnberg statt, der Gerichtshof entscheidet darüber, wo die folgenden Prozesse stattfinden.

*Artikel 23:* Einer oder mehrere Generalstaatsanwälte können die Anklage im Prozess vertreten. Die Aufgaben eines Generalstaatsanwaltes können von ihm persönlich oder von einer oder mehreren von ihm bevollmächtigten Personen ausgeübt werden.

Die Verteidigung des Angeklagten kann auf dessen Antrag von jedem übernommen werden, der berechtigt ist, vor den Gerichten seines Heimatlandes als Rechtsbeistand aufzutreten, oder durch jede andere vom Gerichtshof besonders mit der Verteidigung betraute Person.

*Artikel 24:* Die Verhandlung soll folgenden Verlauf nehmen:

a) Die Anklage wird verlesen

b) Der Gerichtshof fragt jeden Angeklagten, ob er sich schuldig bekennt oder nicht.

c) Die Anklagebehörde gibt eine einleitende Erklärung ab.

d) Der Gerichtshof fragt die Anklagebehörde und die Verteidigung, ob und welche Beweismittel sie dem Gerichtshof anzubieten wünschen, und entscheidet über die Zulässigkeit jedes Beweismittels.

e) Die Zeugen der Anklagebehörde werden vernommen. Nach ihnen die der Verteidigung. Danach wird der vom Gericht als zulässig erachtete Gegenbeweis seitens der Anklagebehörde oder Verteidigung erhoben.

f) Der Gerichtshof kann jederzeit Fragen an Zeugen oder Angeklagte richten.

g) Anklagebehörde und Verteidiger sollen jeden Zeugen und Angeklagten, der Zeugnis ablegt, verhören und sind befugt, sie im Kreuzverhör zu vernehmen.

h) Sodann hat die Verteidigung das Wort.

i) Nach ihr erhält die Anklagebehörde das Wort.

j) Der Angeklagte hat das letzte Wort.

k) Der Gerichtshof verkündet Urteil und Strafe.

*Artikel 25:* Alle amtlichen Urkunden müssen in englischer, französischer und russischer Sprache sowie in der Sprache des Angeklagten vorgelegt werden und die Verhandlung muss in diesen Sprachen geführt werden. Das Verhandlungsprotokoll soll so weit in die Sprache des Landes, in dem der Gerichtshof tagt, übersetzt werden, als es der Gerichtshof im Interesse der Gerechtigkeit und der öffentlichen Meinung für wünschenswert hält.

## VI. Urteil und Strafe

*Artikel 26:* Das Urteil des Gerichtshofes über die Schuld oder Unschuld des Angeklagten soll die Gründe, auf die es sich stützt, enthalten. Es ist endgültig und nicht anfechtbar.

*Artikel 27:* Der Gerichtshof hat das Recht, den schuldig befundenen Angeklagten zum Tode oder zu einer anderen ihm gerecht erscheinenden Strafe zu verurteilen.

*Artikel 28:* Zusätzlich zu jeder auferlegten Strafe kann der Gerichtshof alles gestohlene Besitztum eines Verurteilten einziehen und die Ablieferung an den Kontrollrat für Deutschland anordnen.

*Artikel 29:* Urteilssprüche werden entsprechend den Anordnungen des Kontrollrates für Deutschland vollzogen. Dieser kann das Urteil jederzeit mildern oder in anderer Weise abändern; eine Verschärfung der Strafe ist nicht zulässig.

Falls der Kontrollrat für Deutschland nach der Verurteilung eines Angeklagten in den Besitz von neuem Beweismaterial gelangt, welches nach seiner Meinung die Grundlage für eine neue Anklage bildet, soll er dementsprechend an das nach Artikel 14 dieses Statuts errichtete Komitee berichten, damit es die ihm im Interesse der Gerechtigkeit geeignet erscheinenden Schritte ergreifen kann.

## *VII. Kosten*

*Artikel 30:* Die Kosten des Gerichtshofes und des Verfahrens werden von den Signataren bestritten, und zwar aus den Fonds, die für die Finanzierung des Kontrollrates für Deutschland zur Verfügung stehen.

## 19.
## Eine Chronik

1940

**17. April**
Die Regierungen Frankreichs, Großbritanniens und Polens veröffentlichen einen »Appell an das Weltgewissen«, in dem die Aufmerksamkeit auf die in den eroberten Gebieten Polens von den deutschen Besatzern verübten Verbrechen gelenkt wird.

**November**
Die Exilregierungen Polens und der Tschechoslowakei veröffentlichen in London eine gemeinsame Erklärung über Kriegsverbrechen der deutschen Truppen in den besetzten Ländern.

1941

**25. Oktober**
Präsident Roosevelt protestiert gegen die Erschießung unschuldiger Geiseln.

**25. Oktober**
Churchill erklärt, die »kaltblütigen Erschießungen unschuldiger Menschen werden auf die Barbaren zurückfallen, die sie befohlen und durchgeführt haben ... Die Grausamkeiten in Polen, in Jugoslawien, Norwegen, Holland, Belgien und vor allem hinter den deutschen Fronten in Russland übersteigen alles, was man seit den düstersten und bestialischsten Zeiten der Menschheitsentwicklung gesehen hat.« Er fordert: »Vergeltung für diese Verbrechen muss von nun an zu den Hauptkriegszielen gehören.«

**3. November und 6. Januar**
Die Regierung der Sowjetunion erklärt in Noten an alle Staaten, mit denen sie diplomatische Beziehungen unterhält, die Hitlerregierung werde für die von deutschen Truppen begangenen Kriegsverbrechen, vor allem an Kriegsgefangenen und der Zivilbevölkerung in den besetzten Gebieten, verantwortlich gemacht werden.

1942

**1. Januar**
Auf der 1. Washingtoner Konferenz (22. Dezember 1941 bis 14. Januar 1942)

schließen sich 26 mit den Achsenmächten Krieg führende Staaten zur Allianz der »United Nations« zusammen. Der vorerst nur als Kriegsbündnis konzipierte Washington-Pakt bildet die Keimzelle der späteren Vereinten Nationen

**13. Januar**
Erklärung von St. James. In London gründen die Exilregierungen von neun von deutschen Truppen besetzten europäischen Ländern (Belgien, Tschechoslowakei, Frankreich, Griechenland, Niederlande, Jugoslawien, Luxemburg, Norwegen und Polen) die Interalliierte Konferenz für die Bestrafung von Kriegsverbrechen (»Inter-Allied Conference on the Punishment of War Crimes«). In Gegenwart von Vertretern der Krieg führenden Großmächte – anwesend sind Außenminister Anthony Eden für Großbritannien, Vertreter von Australien, Kanada, Indien, Neuseeland, der Südafrikanischen Union, der Vereinigten Staaten von Amerika, der Sowjetunion und Chinas – unterzeichnen sie eine Erklärung, die fordert, »die Bestrafung der für die Verbrechen Verantwortlichen durchzusetzen, und zwar im Wege der Rechtsprechung, gleichgültig, ob die Betreffenden alleinschuldig oder mitverantwortlich für die Verbrechen waren, ob sie sie befohlen oder ausgeführt haben oder ob sie daran beteiligt waren«. Die Schuldigen und Verantwortlichen sollen ohne Ansehen der Nationalität vor Gericht gestellt, die »verkündeten Urteile vollstreckt werden«. Durch die Unterzeichner und weitere der Deklaration beitretende Staaten wird die Kriegsverbrecherkommission der Vereinten Nationen (United Nations War Crimes Commissions/UNWCC) mit Sitz in London gebildet.

**21. August**
Roosevelt erklärt die Absicht der Regierung der Vereinigten Staaten – und dies sei auch Vorsatz jeder der Vereinten Nationen – »nach dem Sieg die Informationen und Beweise über diese barbarischen Verbrechen der Angreifer in Europa und Asien in geeigneter Weise zu verwenden. Es erscheint nur angemessen, sie hiermit zu warnen, dass die Zeit kommen wird, da sie in jenen Ländern vor Gericht gestellt werden, die sie jetzt unterdrücken, und dort für ihre Taten einstehen müssen.«

**8. September**
Churchill sagt in einer Rede vor dem Unterhaus: »Wenn die Stunde der Befreiung in Europa schlagen wird, und sie wird schlagen, dann wird sie auch die Stunde der Vergeltung sein. Ich möchte ausdrücklich erklären, dass sich die Regierung Seiner Majestät und das Unterhaus mit den feierlichen Worten, die der Präsident der Vereinigten Staaten neulich gesprochen hat, identifizieren; und zwar, dass alle, die sich der Naziverbrechen schuldig gemacht haben, sich vor Gerichten in den Ländern zu verantworten haben werden, in denen die Abscheulichkeiten begangen wurden.«

**7. Oktober**
Vereinbarung zwischen US-Präsident Roosevelt und dem britischen Lordkanzler Viscout Simon über die Einrichtung einer Kriegsverbrecherkommission der Vereinten Nationen. Sie gilt als Nachfolgerin der Inter-Allied-Commission. Versichert wird in Washington und London ausdrücklich, dass keine allgemeine Massenvergeltung beabsichtigt sei, sondern die Verfolgung sich auf die »Rädelsführer« richten werde.

**14. Oktober**
Die Sowjetunion erklärt in einer Note ihres Außenministers W. Molotow an die Exil-Regierungen okkupierter Länder, dass die Schuldigen für die Verbrechen Gerichten ausgeliefert, angeklagt und die Urteile vollstreckt werden sollen. Sie halte es für wichtig, »jeden Führer des faschistischen Deutschland, der im Laufe des Krieges in die Hände eines Staates fallen sollte, der gegen Hitler-Deutschland kämpft, ohne Verzögerung den Gerichten des besonderen internationalen Tribunals auszuliefern und mit der ganzen Schwere des Strafrechts zu bestrafen«. Damit ist die Idee eines internationalen Strafgerichtshofes formuliert.

**17. Dezember**
Veröffentlichung einer gleichlautenden Erklärung der USA, der UdSSR und Großbritanniens, u.a. verlesen vom britischen Außenminister Anthony Eden im Unterhaus, in der es unter Bezug auf vorliegende Informationen heißt, dass sich »die deutschen Behörden in allen Gebieten, auf die sich ihr barbarisches Regime erstreckt, nicht nur mit der Entziehung der elementarsten Menschenrechte von Personen jüdischer Abstammung begnügen, sondern jetzt die von Hitler mehrfach ausgedrückte Absicht verwirklichen, das jüdische Volk in Europa auszutilgen ... Die Zahl der Opfer dieser blutigen Grausamkeiten geht in viele Hunderttausende völlig unschuldiger Männer, Frauen und Kinder.« Die drei Regierungen und das Französische Nationalkomitee seien entschlossen, die Personen, die für diese Verbrechen verantwortlich sind, der verdienten Vergeltung nicht entgehen zu lassen und die notwendigen praktischen Maßnahmen zur Erreichung dieses Zieles zu beschleunigen.

1943

**19. April**
Das Politbüro des Zentralkomitees der Kommunistischen Partei der Sowjetunion (KPdSU) verabschiedet den geheimen Erlass »Über Maßnahmen zur Bestrafung der deutsch-faschistischen Übeltäter, die der Ermordung und der Misshandlung der sowjetischen Zivilbevölkerung und der gefangenen Rotarmisten schuldig sind, sowie der Spione und Vaterlandsverräter unter den Sowjetbürgern und deren Helfershelfer«. Kriegsfeldgerichte bei den Divisionen der Armee sollen die Prozesse führen, die Urteile unverzüglich und öffentlich vollstreckt werden.

## IM RÜCKSPIEGEL: NÜRNBERG

**Anfang Oktober**
Winston Churchill legt den Verbündeten seinen Entwurf einer »Erklärung über die Verantwortlichkeit der Hitleranhänger für begangene Gräueltaten« vor.

**20. Oktober**
Die Kriegsverbrechenskommission der Vereinten Nationen (United Nations War Crime Commission/UNWCC) tritt im britischen Außenministerium erstmals zusammen. 17 Nationen schicken Vertreter, neben den neun Staaten der früheren Inter-Allied-Commission Australien, Kanada, China, Indien, Neuseeland, Südafrika, Großbritannien und die USA. Die Sowjetunion ist nicht vertreten. Den Vorsitz übernimmt Sir Cecil Hurst, dem im Januar 1945 Lord Wright of Durley folgt. Die Kommission sammelt Beweismaterial und erfasst auf Listen die Kriegsverbrechen und die Namen der Täter. In seiner Eröffnungsrede erklärt Lordkanzler Simon die Aufgaben der vorbereitenden Untersuchungsarbeit. Er betont die Konzentration auf die »Erzverbrecher«.

**30. Oktober**
In der auf einer Konferenz der Außenminister vereinbarten Moskauer Drei-Mächte-Erklärung (»Erklärung über deutsche Grausamkeiten im besetzten Europa«) verpflichten sich die USA, Großbritannien und die Sowjetunion, auch im Namen aller 32 Mitglieder der Vereinten Nationen, die Verantwortlichen für Massenerschießungen, Massaker und anderen Grausamkeiten an die Länder auszuliefern, in denen sie ihre Verbrechen begangen haben. Dort sollten sie nach jeweils geltendem Recht verurteilt werden. Hauptkriegsverbrecher, deren Taten sich nicht auf ein Staatsterritorium beschränkten, »werden durch ein gemeinsames Urteil der Regierungen der Verbündeten bestraft werden«. Die Deklaration unterzeichnen Roosevelt, Stalin und Churchill.

**6. November**
Stalin nimmt in seiner Rede am Vorabend des Jahrestages der Oktoberrevolution vor dem Moskauer Sowjet auf die Ergebnisse der Konferenz Bezug und sagt: »Wir sind mit unseren Alliierten übereingekommen, ... alle Maßnahmen zu ergreifen für eine strenge Bestrafung und Rache für alle die ungeheuren Untaten der faschistischen Verbrecher, die an der Entfesselung dieses Krieges und an den Leiden der Bevölkerung schuldig sind.«

**29. November**
Die Konferenz der Großen Drei (Roosevelt, Churchill, Stalin) in Teheran schließt noch ohne konkrete Festlegung über die Art der Bestrafung der Kriegsverbrecher. Churchill erklärt nach dem Kriege, Stalin und Roosevelt hätten sich bei einem inoffiziellen Treffen für einen kurzen Prozess gegen Zehntausende Offiziere und andere Verantwortliche ausgesprochen, wogegen er sich gewandt habe.

**15. – 18. Dezember**
In Charkow findet vor dem Kriegsgericht der 4. Ukrainischen Front ein Prozess gegen einen deutschen Abwehroffizier des Dulag 205 bei Stalingrad, ein Mitglied der Gruppe 560 der Geheimen Feldpolizei und einen einheimischen »Hilfswilligen« statt, die zum Tod durch den Strang verurteilt werden. Die öffentliche Hinrichtung erfolgt am 19. Dezember auf dem Roten Platz in Charkow.

1943/1944

In deutschen Widerstandszentren und -kreisen, deren Pläne in die »Verschwörung des 20. Juli« münden und mit ihr scheitern, werden Projekte diskutiert und formuliert, die sich mit der Bestrafung deutscher Kriegs- und anderer Verbrechen befassen. Manche Vorschläge sehen die Anklage und Aburteilung durch deutsche Gerichte vor, andere plädieren für internationale Gerichte unter Beteiligung auch von Juristen neutraler Staaten und Deutschlands.

1944

Sheldon Glueck, Professor an der Harvard-Universität, veröffentlicht *»War Criminals. Their Prosecution and Punishment«*, New York

**23. Januar**
In Washington wird das United States War Crimes Office gebildet.

**16. Mai**
Die UNWCC richtet in London ein »Research Office« ein, das mit den entsprechenden nationalen Büros zusammenarbeitet. Ihr Material wird im Sommer 1945 den britischen und amerikanischen Anklagebehörden für den Hauptkriegsverbrecher-Prozess zur Verfügung gestellt.

**26. Juni**
In Frankreich werden durch einen Erlass spezielle Gerichtshöfe (»cours de justice«) eingerichtet, die NS- und Kollaborationsverbrechen von Deutschen, Italienern und Franzosen ahnden. Ihre Funktionen gehen später an die ständigen Militärgerichte über.

**31. August**
In der befreiten ostpolnischen Stadt Lublin wird von der dort sich etablierenden Regierung Polens das »Dekret über die Strafzumessung für die faschistisch-nazistischen Verbrecher, die sich der Mordtaten und der Misshandlung der Zivilbevölkerung und der Kriegsgefangenen schuldig gemacht haben, sowie für die Verräter des polnischen Volkes« beschlossen.

## 6. September
In seinem Entwurf für die Behandlung Deutschlands nach der Niederlage erklärt sich der Finanzminister der USA Henry Morgenthau jr. in Punkt 11 dafür, eine Liste von deutschen Hauptverbrechern aufzustellen, von Männern, deren offensichtliche Schuld von den Vereinten Nationen festgestellt worden ist, und diese Männer nach ihrer Gefangennahme und Identifizierung sofort zu erschießen.

## 9. September
Der Kriegsminister der USA Henry L. Stimson hält in einer für Roosevelt bestimmten Stellungnahme dem Standpunkt Morgenthaus entgegen: »... gerade die Bestrafung dieser Männer in einer würdigen Art und Weise, die mit dem Fortschritt der Zivilisation übereinstimmt, dürfte größere Wirkung für die Zukunft haben. Darüber hinaus dürfte dies die wirksamste Möglichkeit bieten zur Darstellung des Nazi-Terrorsystems und der Bemühungen der Alliierten, diesem System ein Ende zu machen und seine Wiederkehr zu verhindern. Ich glaube, dass wir zumindest für die wichtigsten Naziführer an einem zu ihrer Verurteilung errichteten internationalen Tribunal teilnehmen sollten.« Stimson beauftragt seinen Stellvertreter John J. McCloy mit der Ausarbeitung eines Entwurfs für das juristische Vorgehen gegen europäische Kriegsverbrecher, der von Oberst Murray C. Bernays angefertigt wird.

## Mitte September
Während ihres Treffens in Quebec unterzeichnen Roosevelt und Churchill ein Memorandum, demzufolge Stalin eine Liste von deutschen Kriegsverbrechern vorgelegt werden solle, die hinzurichten seien. Dessen Inhalt erledigt sich im folgenden Monat mit den Verhandlungen Churchills und Stalins in Moskau definitiv.

## Ende September
In den USA wird nach öffentlichen Auseinandersetzungen der durch eine Indiskretion bekannt gewordene Morgenthau-Plan verworfen.

## 17. Oktober
Während Besprechungen in Moskau verständigen sich Churchill und Stalin darüber, dass es Hinrichtungen von Kriegsverbrechern erst nach Gerichtsverfahren geben werde. Damit herrscht unter den Großen Drei Einvernehmen über das Stattfinden von Prozessen gegen die herausragenden zivilen und militärischen Führer des Reiches. Die Details sollen beim nächsten gemeinsamen Treffen erörtert werden.

## November
Dem Kriegsministerium der USA wird eine von dem Völkerrechtler und Leiter der sowjetischen außerordentlichen Staatskommission für die Untersuchung der deutschen Kriegsverbrechen, Aron N. Trainin, verfasste Abhandlung *»The Crimi-*

*nal Responsibility of the Hitlerists«* überreicht. Sie erscheint 1945 auch in französischer Sprache. Demnach sollen die Hauptkriegsverbrecher wegen Verschwörung zur Führung eines Angriffskrieges (Verbrechen gegen den Frieden) und wegen Führung dieses Krieges mit vorsätzlicher Brutalität (Verbrechen gegen das Kriegsrecht) angeklagt werden.

**27. November**
Vor einem Sondergericht in Lublin beginnt der Prozess gegen fünf SS-Leute (Hermann Vogel, Wilhelm Gerstenmeier, Anton Fernes, Theodor Schmoelen und Heinz Stalys), angeklagt wegen ihrer verbrecherischen Tätigkeit im Vernichtungslager Majdanek. Das Urteil lautet am 2. Dezember ausnahmslos: Todesstrafe.

1945

**6. Januar**
Der Außenminister der USA Edward R. Stettinius berichtet Roosevelt, dass die UNWCC zwei Kriegsverbrecherlisten zusammengestellt hat, eine deutsche und eine italienische, und dass auf diesen Listen über 700 Personen erfasst sind, darunter Hitler, Goebbels, Göring, Himmler, Streicher.

**12. Februar**
In der abschließenden Erklärung der Krimkonferenz bestätigen die Großen Drei, dass es ihr unbeugsamer Wille sei, »alle Kriegsverbrecher einer gerechten und schnellen Bestrafung zuzuführen.« Noch werden die Details des Vorgehens nicht besprochen und vereinbart.

**Ende März**
Die UNWCC hat fünf Kriegsverbrecherlisten hergestellt. Bis August 1947 vergrößert sich deren Zahl auf insgesamt sechzig. Veröffentlicht sind dann die Namen von über 24.000 Verdächtigen – davon über 22.000 Deutsche.

**9. April**
Roosevelts Beauftragter für Kriegsverbrecherfragen, Richter Samuel Rosenman, verhandelt in London mit Churchill, Außenminister Eden und Lordkanzler (Justizminister) Lord Simon über das Vorgehen gegen die exponiertesten Naziführer. Noch ist auf britischer Seite der Gedanke, Hitler, Göring, von Ribbentrop, Goebbels, Himmler und Streicher ohne Gerichtsverfahren hinzurichten, nicht aufgegeben. Weitere Verständigung soll auf der Gründungskonferenz der Vereinten Nationen in San Francisco erfolgen.

**12. April**
Tod Franklin D. Roosevelts.

## 26. April
Der Nachfolger Roosevelts, Harry S. Truman, bittet den früheren US-amerikanischen Justizminister, jetzigen Richter am Obersten Gerichtshof Robert H. Jackson als Chefankläger im Prozess gegen die deutschen Hauptkriegsverbrecher tätig zu werden. Am 29. April sagt Jackson zu und erläutert seinen Vorschlag der Vorgehensweise.

## 28. April
Der auf der Flucht gefangen genommene italienische faschistische Diktator Benito Mussolini wird von Partisanen hingerichtet. Zu einem »italienischen Nürnberg« kommt es nach Kriegsende nicht.

## 30. April
Hitler begeht in der Reichskanzlei Selbstmord.

## April/Mai
In den von US-amerikanischen Truppen besetzten deutschen Städten lesen Bewohner auf Plakaten in einer Erklärung von General Dwight D. Eisenhower u.a.: »Führer der Wehrmacht und NSDAP, Mitglieder der geheimen Staatspolizei und andere Personen, die verdächtig sind, Verbrechen und Grausamkeiten begangen zu haben, werden gerichtlich angeklagt und, falls für schuldig erklärt, ihrer gerechten Bestrafung zugeführt.«

## Anfang Mai
Während der Konferenz von San Francisco finden zwischen den diplomatischen Vertretern Frankreichs, Großbritanniens, der Sowjetunion und der Vereinigten Staaten Besprechungen über die Errichtung eines Internationalen Militärgerichtshofes zur Aburteilung der europäischen Kriegsverbrecher statt.

## 2. Mai
Die Präsident der USA beauftragt Robert H. Jackson, als Chefankläger Verhandlungen über praktische Fragen der Bildung des Militärgerichtshofes zu führen.

## 2. Mai
Wilhelm Frick, Reichsprotektor von Böhmen und Mähren wird auf seinen Privatsitz im bayerischen Kempfenhausen verhaftet. Nach der Kapitulation Berlins wird dort Hans Fritzsche, Abteilungsleiter im Reichspropagandaministerium und führender Rundfunkkommentator, inhaftiert, nach Moskau und später nach Nürnberg gebracht.

## 6. Mai
Französische Truppen nehmen den ehemaligen Reichsaußenminister und Reichsprotektor in Böhmen und Mähren Constantin Freiherr von Neurath in Haft.

**6. Mai**
Truppen der 36.US-amerikanischen Infanterie-Division identifizieren Hans Frank nach dessen Selbstmordversuch in einem Kriegsgefangenenlager in Berchtesgaden. Er übergibt seine Diensttagebücher.

**7. Mai**
Der Reichskommissar der Niederlande Arthur Seyß-Inquart wird auf der Rückfahrt von Flensburg in die Niederlande auf einem Schnellboot von kanadischen Truppen verhaftet.

**8. Mai**
Hermann Göring schickt seinen Adjutanten Oberst Bernd von Brauchitsch zur Kontaktaufnahme zu US-amerikanischen Truppen. Der ehemalige Reichsmarschall wird auf Schloss Fischhorn am Zeller See verhaftet. Er hatte sich nach dem 20. April aus Berlin nach Berchtesgaden begeben. Zunächst wurde er in das Lager Mondorf/Luxemburg gebracht, in dem weitere prominente Führer gefangen gehalten wurden.

**8./9. Mai**
Fritz Sauckel, ehemaliger Generalbevollmächtigter für den Arbeitseinsatz und NSDAP-Gauleiter von Thüringen, am 10. oder 11. April in Etappen nach Süddeutschland geflohen, meldet sich in Berchtesgaden beim katholischen Pfarramt und ersucht um Wiederaufnahme in die Kirche. Bald darauf stellt er sich den Besatzungskräften.

**11. Mai**
In Berlin wird der letzte Reichswirtschaftsminister und Präsident der Reichsbank Walther Funk festgenommen.

**12. Mai**
Ernst Kaltenbrunner, Chef des Reichssicherheitshauptamtes, wird in einer Jagdhütte in den Bergen bei Alt-Aussee verhaftet.

**13. Mai**
Wilhelm Keitel, Chef des Oberkommandos der Wehrmacht, der seinen letzten öffentlichen Auftritt bei der Unterzeichnung der Kapitulationsurkunde in Berlin-Karlshorst hatte, wird in Flensburg verhaftet.

**15. Mai**
Die In Flensburg residierende »Regierung Dönitz« ergreift – freilich vergeblich – mit einer Anordnung, in der sie die Bestrafung von Verbrechern ankündigt und das Reichsgericht zu deren Verfolgung bestimmt, die Flucht nach vorn. Der Text wird Eisenhower zugestellt.

# IM RÜCKSPIEGEL: NÜRNBERG

**16. Mai**
Südlich von Berchtesgaden wird Robert Ley, der sich auf einer Almhütte versteckt hielt und als Dr. Ernst Distelmeyer ausgab, von US-amerikanischen Soldaten verhaftet.

**19. Mai**
Alfred Rosenberg, Reichsleiter der NSDAP und Reichsminister für die besetzten Ostgebiete, wird in der als Lazarett dienenden Marinekriegsschule in Flensburg-Mürwik von britischen Truppen verhaftet.

**22. Mai**
Jackson fliegt nach Europa und verhandelt in Paris (dort mit dem Oberbefehlshaber der Streitkräfte Dwight D. Eisenhower), in Bern (mit Allan W. Dulles) und London (u.a. mit dem sowjetischen Botschafter Gusew) über die Prozessvorbereitung.

**23. Mai**
Julius Streicher, der versucht hat, in der Rolle eines Kunstmalers unerkannt zu bleiben, wird in einem Bauernhaus in der Nähe von Berchtesgaden zufällig von einem US-amerikanischen Trupp entdeckt und verhaftet.

**23. Mai**
Großadmiral Karl Dönitz, von Hitler zu seinem Nachfolger als Staatschef bestimmt, wird mit anderen Angehörigen der »Reichsregierung« und des ehemaligen Oberkommandos der Wehrmacht, u.a. Albert Speer und Alfred Jodl, in Flensburg verhaftet.

**28./30. Mai**
Jackson gewinnt in London die Zustimmung der britischen Partner für das Vorgehen im Hinblick auf den Prozess gegen die Hauptkriegsverbrecher, dem das Kabinett zustimmt.

**29. Mai**
Churchill gibt im Unterhaus bekannt, dass Generalstaatsanwalt Sir David Maxwell Fyfe zum britischen Vertreter für die Anklagebehörde ernannt ist.

**Juni**
Der zum Office of Strategic Services (OSS) gehörende Architekt Captain Kiley erhält den Auftrag, ein geeignetes Gebäude für den Prozess gegen die deutschen Hauptkriegsverbrecher zu finden und einzurichten. Sein Plan, das Deutsche Museum in München zu nutzen, zerschlägt sich. Die Wahl fällt auf den Sitz des Oberlandesgerichts in Nürnberg, den im Luftkrieg nur wenig zerstörten so genannten Justizpalast in der Fürtherstraße, der sich auch wegen der unmittelbaren Nachbarschaft mehrerer Zellentrakte eignet. Der Umbau beginnt im Juli unter

Beteiligung US-amerikanischer Pioniere und deutscher Zivilarbeiter und Kriegsgefangener.

### 5. Juni
Der ehemalige Reichsjugendführer und Reichsstatthalter von Wien, Baldur von Schirach, gibt den Versuch, als »Richard Falk« unterzutauchen, auf und stellt sich US-amerikanischen Truppen in Schwaz/Tirol.

### 6. Juni
Veröffentlichung des von Bundesrichter Robert H. Jackson an den Präsidenten der USA, Harry S. Truman, erstatteten Berichts über die seit Anfang Mai geleistete Arbeit zur Vorbereitung eines Kriegsverbrecherprozesses, durchzuführen von einem Internationalen Militärtribunal.

### 11. Juni
Die britische Regierung lädt US-amerikanische, französische und sowjetische Juristen zu einer Konferenz nach London, um weitere Klarheit über das gerichtliche Vorgehen gegen die deutschen Kriegsverbrecher zu schaffen.

### 14. Juni
Der ehemalige Reichsaußenminister Joachim von Ribbentrop wird in einer Privatwohnung in Hamburg verhaftet.

### 19. Juni
In der Tschechoslowakei wird das Dekret über »die Bestrafung nazistischer Verbrecher, Verräter und ihrer Helfershelfer sowie über die außerordentlichen Volksgerichte« erlassen.

### 23. Juni
Der ehemalige Oberkommandierende der Kriegsmarine, Großadmiral Erich Raeder, wird in seinem Haus in Potsdam-Babelsberg von einem sowjetischen Kommando verhaftet.

### 26. Juni
In London tritt eine von den Regierungen des Vereinigten Königreiches von Großbritannien und Nordirland, der Vereinigten Staaten von Amerika, der Französischen Republik und der Union der Sozialistischen Sowjet-Republiken vereinbarte Konferenz (International Conference on Military Trials) zusammen. (S. 8 August)

### Juli
Der US-amerikanische Colonel Murray C. Bernays, Leiter einer Sonderabeilung im Kriegsministerium, der sich zur Vorbereitung des internationalen Prozesses

nach Deutschland begeben hat, befindet das Justizgebäude in Nürnberg für dessen Durchführung geeignet.

## 8. August
Die International Conference on Military Trials beschließt das »Abkommen über die Verfolgung und Bestrafung der Hauptkriegsverbrecher der europäischen Achse« und die »Verfassung (das Statut) der Internationalen Militärgerichte«. Die Zusammensetzung des Gerichtshofes, die zu erhebenden Anklagepunkte, die Rechte der Angeklagten und weitere Prinzipien, nach denen der Prozess geführt werden soll, sind vereinbart. Griechenland, Dänemark, Jugoslawien, die Niederlande, die Tschechoslowakei, Polen, Belgien, Abessinien, Australien, Honduras, Norwegen, Panama, Luxemburg, Haiti, Neu Seeland, Indien, Venezuela, Uruguay und Paraguay treten dem Abkommen bei.

## 15. August
Ein französisches Gericht verurteilt den Marschall Henri Philippe Pétain, das Oberhaupt des kollaborierenden Vichy-Regimes, zum Tode. Charles de Gaulle wandelt die Strafe in lebenslängliche Haft um.

## 12. September
Truman beruft die US-amerikanischen Richter für das Tribunal in Nürnberg. Sie und ihre Helfer begeben sich am 2. Oktober an Bord der »Queen Elizabeth« auf die Fahrt nach Europa.

## 17. September
Das erste Strafverfahren wegen NS-Verbrechen in Deutschland beginnt. In Lüneburg werden vor einem britischen Militärgericht 44 weibliche und männliche Mitglieder der SS-Wachmannschaft des KZs Bergen-Belsen angeklagt. Am 17. November 1945 verkündet der britische General Horatio Berney-Ficklin die Urteile. Elf Beschuldigte, unter ihnen der ehemalige Lagerkommandant Josef Kramer sowie drei Frauen, werden zum Tode durch den Strang verurteilt, 19 zu Zuchthausstrafen zwischen 15 Jahren und einem Jahr. Es ergehen 14 Freisprüche.

## 6. Oktober
Die Anklageschrift für den Prozess gegen die deutschen Hauptkriegsverbrecher wurde von den vier Hauptanklägern Jackson (USA), de Menthon (Frankreich), Rudenko (UdSSR) und Shawcross (Großbritannien) sowie deren Stäben fertiggestellt und unterzeichnet. Es ist festgelegt, dass die Angeklagten sie 30 Tage vor Beginn der Verhandlungen ausgehändigt erhalten.

## 12. Oktober
Ein US-amerikanisches Militärgericht verurteilt in Caserta/Italien den deutschen General der Infanterie Anton Dostler wegen des Befehls zur Tötung Kriegsgefangener zum Tode. Er wird am 1. Dezember 1945 erschossen.

### 15. Oktober
Der Hadamar-Prozess, der vor einem US-amerikanischen Gericht in Wiesbaden stattfindet, wird gegen Angehörige des Personals der dortigen Kranken- und Behinderten-Anstalt geführt, die unter anderem an Tbc erkrankte polnische und russische Zwangsarbeiter umgebracht haben. Gegen die Angeklagten werden drei Todesurteile gefällt, die am 14. März 1946 vollstreckt werden.

### 18. Oktober
Das Internationale Militärtribunal tritt zur Eröffnungssitzung in Berlin-Schöneberg im Gebäude des ehemaligen Berliner Kammergerichts im Kleistpark, das seit 8. August 1945 Sitz des Alliierten Kontrollrates ist, unter dem Vorsitz des sowjetischen Richters Iona T. Nikitschenko zusammen. Die vier Richter und ihre Vertreter leisten ihren Amtseid, Lord-Richter Geoffrey Lawrence wird zum Gerichtsvorsitzenden des Prozesses in Nürnberg gewählt. Die Anklageschrift wird ihnen überreicht. Sie umfasst die vier Anklagepunkte (1.) Verschwörung gegen den Weltfrieden, (2.) Planung, Entfesselung und Durchführung eines Angriffskrieges, (3.) Verbrechen und Verstöße gegen das Kriegsrecht und (4.) Verbrechen gegen die Menschheit. Angeklagt werden 24 Personen und – erstmals in der Rechtsgeschichte – Organisationen (das Korps der Politischen Leiter der NSDAP, die SS, die Gestapo und der SD, die SA, das Reichskabinett, der Generalstab und das Oberkommando der Wehrmacht (OKW).

### 19. Oktober
Die Anklageschrift ist fertiggestellt und wird den Beschuldigten übergeben, die sich sämtlich in einem 1860 erbauen Gefängnistrakt nahe dem Nürnberger Justizpalast befinden. Damit enden die Verhöre und Vernehmungen vor Prozessbeginn.

### 24. Oktober
Der norwegische Ministerpräsident einer Kollaborationsregierung Vidkun Quisling wird nach einem gegen ihn ausgesprochenen Todesurteil in Oslo erschossen.

### 25. Oktober
Der NSDAP-Reichsleiter und Führer der Deutschen Arbeitsfront (DAF), Robert Ley, bringt sich in seiner Zelle um. Die Leitung des Gefängnisses reagiert mit verschärfter Überwachung der Gefangenen.

### 29. Oktober
Die Verfahrensordnung des Internationalen Militärgerichtshofs wird angenommen.

### 4. November
Rechtsanwalt Theodor Kleefisch beantragt, das Verfahren gegen seinen Mandanten Gustav Krupp von Bohlen und Hallbach, der auf seinem Anwesen in Öster-

reich unter Hausarrest steht, bis zur Wiederherstellung von dessen Verhandlungsfähigkeit auszusetzen.

**5. November**
Der Verteidiger des Angeklagten Julius Streicher bittet zu erwägen, ob der auf 20. November bestimmte Prozessbeginn nicht auf einen späteren Zeitpunkt verlegt werden kann.

**6. November**
Gustav Krupp wird von einem internationalen Ärztekollegium untersucht, das seine Unfähigkeit feststellt, am Prozess teilzunehmen.

**7. November**
Der Verteidiger des Angeklagten Rudolf Heß, der aus Großbritannien nach Nürnberg gebracht worden ist, beantragt die Untersuchung seines Mandanten auf dessen Geisteszustand und Verhandlungsfähigkeit.

**14. November**
Der Gerichtshof beginnt seine Arbeit in Nürnberg. Er verhandelt in seiner ersten nichtöffentlichen Sitzung über den Antrag, den schwer kranken Gustav Krupp von Bohlen und Hallbach von der Anklage im Hauptkriegsverbrecher Prozess auszunehmen. Dem wird vor Beginn der Hauptverhandlung zugestimmt. Er wird auch später nicht unter Anklage gestellt und stirbt am 16. Januar 1950.

**17. November**
Ernst Kaltenbrunner erleidet eine Gehirnblutung, wird nach weiterer Erkrankung in ein Lazarett gebracht und nimmt bis Januar 1946 nicht an den Verhandlungen teil.

**19. November**
Die Verteidiger ziehen in einer gemeinsamen Eingabe an den Gerichtshof die Rechtsgrundlagen des Prozesses in Zweifel. Der Gerichtshof gibt am 21. November bekannt, dass er sich mit dieser Eingabe nicht zu befassen gedenkt.

**20. November**
Im baulich erweiterten und umgestalteten Schwurgerichtssaal (Saal 600) des Nürnberger Justizpalastes beginnt die Hauptverhandlung gegen 22 zivile und militärische Führer des faschistischen Deutschland. Der Gerichtsvorsitzende Lord-Richter Geoffrey Lawrence verliest die Anklageschrift. Gegen Martin Bormann wird in Abwesenheit verhandelt. Auf der Anklagebank müssen Platz nehmen: Göring, Heß, von Ribbentrop, Keitel, Kaltenbrunner, Rosenberg, Frank, Frick, Streicher, Funk , Schacht; und in Reihe zwei: Dönitz, Raeder, Schirach, Sauckel, Jodl, Papen, Seiß-Inquart, Neurath, Speer, Fritzsche.
Der Raum bietet Platz für Richter, Anwälte, Angeklagte, Verteidiger, Dol-

metscher, Stenographen, Techniker, Dienst- und Wachpersonal sowie für Besucher und etwa 200 Mitarbeiter der Presse, von Nachrichtenbüros, Rundfunksendern sowie für Filmoperateure. Zeitungen, so die der US-amerikanischen Besatzungszone, in der ein zentrales Nachrichtenbüro (DANA) in Bad Nauheim etabliert ist, erhalten Auflagen für die Berichterstattung. Unter den deutschen Beobachtern sind Erich Kästner, der u.a. Streiflichter aus Nürnberg drucken lässt, Erika Mann, die für die Londoner Zeitung Evening Standard schreibt, und Markus Wolf, der unter Pseudonym für den Berliner Rundfunk berichtet.

**21. November**
Sämtliche Angeklagten erklären sich im Sinne der Anklage als nicht schuldig. Ernst Kaltenbrunner unterzeichnet eine entsprechende Erklärung am 10. Dezember 1945.

**27. November**
In den Haag wird der Führer der niederländischen Faschisten Anton Adriaan Mussert als Kollaborateur angeklagt, am 12. Dezember zum Tode verurteil und am 7. Mai 1946 nach Abweisung eines Gnadengesuchs erschossen.

**29. November**
Im Gerichtssaal wird während des Vortrags der Anklage ein Film gezeigt, den US-amerikanische Operateure kurz nach der Befreiung der Konzentrationslager Bergen-Belsen, Dachau und Buchenwald auf deren Gelände aufgenommen haben.

**30. November**
Der erste Zeuge der Anklage, der ehemalige Generalmajor Erwin Lahousen, Mitarbeiter der Abteilung Ausland/Abwehr sagt aus, vor allem über die barbarischen Grundsätze der Kriegführung, sowie über den inszenierten Angriff auf den Sender Gleiwitz und über Mordpläne gegen französische Generäle.

**10. Dezember**
Ein kanadisches Militärgericht verurteilt in der britischen Besatzungszone den SS-General Kurt Meyer (Panzermeyer) zum Tode. Die Strafe wird in Haft umgewandelt, die er in Kanada und in Werl verbüßt. Er wird am 6. September 1954 entlassen.

**13. Dezember**
In einem der so genannten Dachauer Prozesse, in dem ein Teil des SS-Personals und dazu einige Kapos des ersten auf deutschem Boden errichteten Konzentrationslagers angeklagt wurden, werden die Urteile gefällt. Das US-amerikanische Militärtribunal beschließt gegen 36 der 40 Angeklagten, darunter den Kommandanten Martin Gottfried Weiß, Todesurteile.

IM RÜCKSPIEGEL: NÜRNBERG

1946

**3. Januar**
Als Zeugen der Anklage sagen in Nürnberg die SS-Offiziere und SD-Mitarbeiter Otto Ohlendorf und Dieter Wisliceny aus. Ohlendorf wird 1948 im Einsatzgruppen-Prozess zum Tode verurteilt und am 7. Juni 1951 in Landsberg am Lech, dem US-amerikanischen Kriegsverbrechergefängnis Nr. 1, gehenkt. Wisliceny wird durch ein tschechoslowakisches Gericht in Bratislava zum Tode verurteilt und im Februar 1948 hingerichtet.

**22. Januar**
In Warschau wird das Oberste Volkstribunal gebildet, vor dem insgesamt sieben Prozesse stattfinden: gegen den NSDAP-Gauleiter und Reichsstatthalter »Wartheland« Artur Greiser (Prozessdauer: 21.6. bis 7.7.1946): Todesurteil, öffentlich hingerichtet in Posen am 20.7.1946; gegen Amon Göth, Kommandant des Zwangsarbeitslagers Plaszow, ausgeliefert aus US-amerikanischer Haft (Prozess 27.8. bis 5.9.1946): Todesurteil; Rudolf Höß, Kommandant des KZs Auschwitz zwischen Mai 1940 und Oktober 1943 (Prozess: 11. bis 29.3.1947): Todesurteil, hingerichtet am 16.4.1947 auf dem Gelände des KZs Auschwitz; den Nachfolger von Höß Arthur Liebehenschel und 39 weitere Personen wegen im KZ Auschwitz verübter Verbrechen (Prozess: 24.11. bis 16.12.1947): 23 Todesurteile, sechs lebenslange Haftstrafen sowie Strafen zwischen 15 und 3 Jahren Haft, ein Freispruch; NSDAP-Gauleiter und Reichsstatthalter Danzig-Westpreußen Albert Forster (Prozess: 5. bis 27.4.1947): Todesurteil; Josef Bühler, Chef der Regierung des »Generalgouvernements« (Prozess: 17.6. bis 5.8.1948): Todesurteil.

**6. Februar**
Beginn eines Prozesses vor einem US-amerikanischen Militärgericht in Ludwigsburg gegen Beteiligte, Militärs und Zivilisten, an Gewalttaten gegen eine 1944 auf der Insel Borkum notgelandete Besatzung eines Flugzeugs. Das Verfahren endet am 23. März 1946 mit Todesurteilen und Gefängnisstrafen.

**11./12. Februar**
Der ehemalige Generalfeldmarschall Friedrich Paulus, der sich seit 1943 in sowjetischer Kriegsgefangenschaft befindet, sagt als Zeuge der Anklage aus, insbesondere über die Vorbereitung der Aggression gegen die UdSSR im Generalstab des Heeres.

**1. März**
Der vor einem britischen Militärgericht in Hamburg geführte Prozess (Zyklon B-Case) gegen Bruno Tesch, Alleineigentümer der Fa. Tesch & Stabenow (Tesla) und einen Mitarbeiter des Betriebs endet am 8. März mit Todesurteilen wegen der Lieferung von Giftgas im Wissen, dass es zur Tötung von Menschen in Konzentrationslagern eingesetzt wurde. Die Hinrichtung erfolgt am 16. Mai in Hameln.

**11. März**
Der ehemalige Kommandant des Konzentrations- und Vernichtungslagers Auschwitz, Rudolf Höß, der als Angehöriger der Marine untergetaucht ist, wird bei Flensburg von britischen Besatzungskräften verhaftet und am 5. April in Nürnberg vom US-amerikanischen Anklagevertretern verhört.

**13. März**
Mit Hermann Görings Befragung im Zeugenstand durch Anklage und Verteidigung – sie dauert bis zum 22. März – beginnt die Serie der Auftritte der Angeklagten.

**18. März**
In Hamburg klagt ein britisches Militärgericht 14 ehemalige Angehörige des Personals des KZs Neuengamme an. Die 11 ausgesprochenen Todesurteile werden am 10. Oktober 1946 vollstreckt.

**25. März**
Der erste vor einem deutschen Gericht geführte »Euthanasie«-Prozess findet vor dem Landgericht Berlin gegen die Ärztin Hilde Wernicke und die Krankenschwester Helene Wieczorek wegen Ermordung von Kranken in der Heil- und Pflegeanstalt Meseritz-Obrawalde statt und endet mit Todesurteilen.

**4. April**
Ein österreichischer Volksgerichtshof verurteilt drei Angehörige des Pflegepersonals einer Krankenanstalt in Klagenfurt wegen Verbrechen im Rahmen der so genannten Aktion T4 zum Tode. Zwei Strafen werden auf dem Gnadenwege in lebenslängliche Haft umgewandelt.

**5. April**
In Nürnberg findet eine Beratung der Ankläger der vier Mächte über die Frage statt, ob weitere Prozesse nach dem gegen die Hauptkriegsverbrecher stattfinden sollen. In Rede steht vor allem ein Prozess gegen deutsche Wirtschaftsführer, für den die Vertreter Frankreichs und der UdSSR eintreten.

**15. April**
Der ehemalige Kommandant des Vernichtungslagers Auschwitz Rudolf Höß sagt als Zeuge der Verteidigung aus. Er wird am 26. Mai 1946 an Polen ausgeliefert, von einem polnischen Gericht am 2. April 1947 in Krakau zum Tode verurteilt und in Auschwitz auf dem Gelände des Stammlagers am 16. April 1947 gehenkt.

**29. April**
In Tokio wird vom International Military Tribunal for the Far East (IMTFE) der Prozess gegen die japanischen Kriegsverbrecher eröffnet. Dem Gerichtshof gehören elf Richter aus elf Staaten (Australien, Kanada, China, Frankreich, Philippi-

nen, Niederlande, Neuseeland, UdSSR, Großbritannien, USA und Indien) an. Sie stellen auch die 72 Experten des Anklagestabes. Die Verteidigung übernahmen 25 amerikanische und 79 japanische Anwälte. Der Prozess endete am 12. November 1948. Das Tribunal verhängte sieben Todesurteile, sechzehn lebenslange Haftstrafen, eine zwanzigjährige und eine siebenjährige Haftstrafe.

## 13. Mai
Der US-amerikanische Chefankläger Jackson spricht sich in einem Schreiben an den seit September 1945 amtierenden Kriegsminister Robert P. Patterson gegen weitere internationale Prozesse aus, jedoch für solche vor eigenen Gerichten.

## 13. Mai
In Dachau werden im Mauthausen-Prozess die Urteile gegen 61 Angeklagte gefällt, die zum Personal des Konzentrationslagers gehört hatten. Sie lauten für 58 auf Todesstrafe. Am 28. und 29. Mai werden 28 dieser Strafen vollstreckt.

## 16. Mai
In Dachau beginnt vor einem US-amerikanischen Militärgericht der so genannte Malmedy-Prozess wegen der während der Ardennen-Offensive an Soldaten der US-Armee und Zivilisten begangenen Verbrechen. Angeklagt werden 74 Angehörige mit dem Kommandeur des 1. Panzerregiments Joachim Peiper und dem Befehlshaber der Panzerdivision »Leibstandarte Adolf Hitler« Sepp Dietrich. Der Prozess endet am 16. Juli 1946. Es ergehen 43 Todesurteile und 22 lebenslänglich bemessene Haftstrafen. Peiper wird zum Tode verurteilt, zu lebenslänglicher Haft begnadigt und 1956 aus der Haft entlassen. Dietrich erhält das Urteil lebenslängliche Haft, er kommt 1955 auf freien Fuß. Die Umwandlungen geschehen u.a. mit der Begründung, es habe sich Ende 1944 um eine verworrene Lage gehandelt und um den verzweifelten Versuch, das »Kriegsglück« noch zu Deutschlands Gunsten zu wandeln.

## 17. Mai
Der ehemalige rumänische Ministerpräsident (Marschall) Ion Antonescu wird in Bukarest von einem Volksgerichtshof zum Tode verurteilt und am 1. Juni 1946 hingerichtet.

## 14. Juli
Der Gauleiter und Reichsstatthalter im Warthegau, Arthur Greiser, der von den Briten an Polen ausgeliefert worden ist und den ein Gericht in Poznan zum Tode verurteilt hat, wird hingerichtet.

## 22. Mai
Der Staatssekretär beim Reichsprotektor in Böhmen und Mähren Karl Hermann Frank, von einem Gericht der Tschechoslowakei zum Tode verurteilt, wird in Prag hingerichtet.

## 26. Juli
Die Verhöre der Angeklagten in Nürnberg sind beendet. Robert H. Jackson eröffnet die Schlussplädoyers der Anklagevertreter.

## 30. Juli
In Nürnberg beginnt der Vortrag des Beweismaterials gegen die angeklagten Organisationen (Gestapo und SD, SS, SA, Oberkommando der Wehrmacht, Generalstab, Reichskabinett, Korps der Politischen Leiter).

## August
Robert H. Jackson verlässt nach dem Vortrag des Schlussplädoyers der Anklage Nürnberg. Nach der Verkündung der Urteile äußert er in den USA sein Bedauern über die Freisprüche Papens und Schachts sowie des OKWs samt Generalstab.

## 2. August
Ein britisches Militärgericht verurteilt den General Nikolaus von Falkenhorst, ehemaliger Wehrmachtsbefehlshaber in Norwegen, zum Tod. Das Urteil wird in 20jährige Haft umgewandelt. Der Verurteilte ist am 3. Juli 1953 nach Haft in Werl wieder auf freiem Fuß.

## 12. August
Der Gauleiter und Reichsstatthalter von Danzig-Westpreußen, Albert Forster, wird von den Amerikaner an Polen ausgeliefert. Ihm wird am 29. April durch den Obersten Nationalen Gerichtshof das Todesurteil ausgesprochen, das am 28. Februar 1952 in Warschau vollstreckt wird.

## 31. August
Die Angeklagten erhalten Gelegenheit für ihre Schlussworte. Mit Ausnahme von Hans Frank beharren alle auf ihrer Aussage, dass sie sich im Sinne der Anklage als »Nicht schuldig« ansehen. Hess erklärt, er würde wieder so handeln, wie er es getan habe. Damit sind die öffentlichen Sitzungen der Hauptverhandlung nach 218 Verhandlungstagen abgeschlossen. Der Gerichtsvorsitzende dankt der Anklage wie der Verteidigung für ihre Mitarbeit im Prozessverlauf. 236 Zeugen sind im Gerichtssaal gehört worden, von weiteren haben eidesstattliche Erklärungen vorgelegen. Zu den Schriftstellern, Publizisten und Journalisten, die den Prozess mehr oder weniger lange verfolgt und über ihn berichtet haben, gehören Louis Aragon, Ilja Ehrenburg, Janet Flanner, Martha Gelhorn, die vordem aus dem Spanischen Bürgerkrieg und später über den Eichmann- Prozess in Jerusalem berichtete, Ernest Hemingway, Robert Jungk, die Argentinierin Victoria Ocampo, Susanne von Paczensky, John DosPassos, Boris Polewoi, der Chinese Xiao Qian, Gregor von Rezzori, William Shirer, John Steinbeck, Elsa Triolet (für Les Lettres Francaise), Rebecca West, sowie die Deutschen Willy Brandt (als Korrespondent für skandinavische Zeitungen), Alfred Döblin, Erich Kästner (für die Neue Zei-

# IM RÜCKSPIEGEL: NÜRNBERG

tung), Alfred Kerr, Erika Mann, Peter de Mendelssohn (für New Statesman, London) und Markus Wolf (für den Berliner Rundfunk).

### 6. September
Der US-amerikanische Außenminister James F. Byrnes hält in Stuttgart eine öffentliche Rede, in der ein Abgehen von der gemeinsamen Politik mit der UdSSR erkennbar wird, namentlich auch durch die Infragestellung der in Potsdam getroffenen bzw. angekündigten Regelung für die deutsche Ostgrenze an Oder und Neiße.

### 14. September
Ein USA-Militärgericht in Florenz verurteilt den Generalleutnant der Luftwaffe, Kurt Mälzer, ehemals Kommandant im besetzten Rom, zu 10 Jahren Haft, die auf 7 Jahre reduziert wird. Er wird 1952 aus dem Gefängnis in Werl entlassen.

### 30. September/1. Oktober
Das Gericht verliest die von den vier Richtern beschlossenen Urteile und gibt die Strafmaße bekannt. 12 Angeklagte werden zum Tod durch den Strang verurteilt (Göring, von Ribbentrop, Keitel, Kaltenbrunner, Rosenberg, Frank, Frick, Streicher, Sauckel, Jodl, Seyß-Inquart und Bormann, (letzterer in Abwesenheit), sieben erhalten Gefängnisstrafen (Heß, Funk und Raeder lebenslänglich, Schirach und Speer 20 Jahre Gefängnis , von Neurath 15 Jahre , Dönitz 10 Jahre), Freisprüche ergehen für Schacht, von Papen und Fritzsche. Zu verbrecherischen Organisationen werden erklärt: SS, SD, Gestapo, das Korps der politischen Leiter der NSDAP, jedoch nicht das Reichskabinett, das OKW, der Generalstab und die SA.

### 1. Oktober
Der Gerichtshof beschließt, die Dokumente des Prozesses (Vorverhandlungen, Verhandlungen, interne Protokolle des Richterkollegiums, dessen Anweisungen, Unterlagen der Anklage, Niederschriften der Vernehmungen von Zeugen usw.) im Friedenspalast in Den Haag dauernd zu deponieren.

### 9. Oktober
Der Ministerpräsident des Vichy-Regimes, Pierre Laval, wird zum Tode verurteilt und am 15. Oktober hingerichtet.

### 15. Oktober
In der Nacht vor seiner Hinrichtung vergiftet sich Hermann Göring in seiner Zelle. Wie er in den Besitz des tödlichen Mittels gekommen ist, bleibt unbekannt.

### 16. Oktober
Der Alliierte Kontrollrat hat die Gnadengesuche ebenso abgelehnt wie die Ersu-

chen von Keitel und Jodl, sowie das Ansinnen Raeders erschossen zu werden. Die Todesurteile werden in einem Nebengebäude des Nürnberger Justiz- und Gefängniskomplexes, der Turnhalle, in Anwesenheit des Franziskanerpaters Sixtus O'Conner und des evangelischen Geistlichen Pastor Gericke vollstreckt. Die Delinquenten erhalten zuvor und nutzen, ausgenommen Rosenberg, die Gelegenheit zu letzten Äußerungen. Als einziger US-amerikanischer Pressebeobachter ist Joseph Kingsbury-Smith, National Editor of Hearst Newspapers und Pulitzer-Preisträger, anwesend. Als deutsche Zeugen wohnen der bayerische Ministerpräsident, Wilhelm Hoegner, und der Generalstaatsanwalt beim Oberlandesgericht Nürnberg, Friedrich Leistner, der Exekution bei. Die Leichen werden in einem Krematorium des Münchener Ostfriedhofes verbrannt, die Asche wird in einem Vorort Münchens in dem zur Isar führenden Conwentzbach versenkt, was zunächst geheimgehalten werden kann, später aber bekannt wird.

**23. Oktober**
Der im Januar an die Tschechoslowakei ausgelieferte und von einem Gericht in Prag zum Tode verurteilte SS-Oberstgruppenführer Kurt Daluege, nach dem Tode Reinhard Heydrichs stellvertretender Reichsprotektor von Böhmen und Mähren (1942/1943), wird durch den Strang hingerichtet.

**24. Oktober**
Die Anklagebehörde der USA für die dann so genannten Nachfolgeprozesse wird offiziell errichtet und Telford Taylor an ihre Spitze gesetzt.

**25. Oktober**
Beginn des ersten der 12 so genannten Nürnberger Nachfolgeprozesse vor US-amerikanischen Militärgerichtshöfen. Fall 1, der Ärzte-Prozess mit 23 Angeklagten. Er endet am 20. August 1947. Urteile: sieben Todes- und neun Gefängnisstrafen, davon fünf lebenslänglich, sieben Freisprüche. Insgesamt werden in dieser Serie von Prozessen 185 Personen angeklagt. Gegen 177 wird verhandelt – 4 entzogen sich dem Gericht durch Selbstmord, 4 wurden für verhandlungsunfähig erklärt. Die Gerichtshöfe verurteilen 24 Angeklagte zum Tode, 20 zu lebenslänglicher Haft, 98 zu Freiheitsstrafen zwischen 18 Monaten und 25 Jahren. Es ergingen 35 Freisprüche.

**13. November**
Beginn der Verhandlungen im Fall 2: Milch-Prozess. Der Prozess endet am 17. April 1947 mit der Verurteilung des Luftwaffen-Generalfeldmarschalls Erhard Milch zu lebenslanger Haft. 1954 aus dem Gefängnis entlassen, stirbt Milch am 25. Januar 1972.

**23. November**
Der Arzt Ernst Illing, tätig gewesen an der Wiener Kinder-Nervenklinik Am Spiegelgrund, wird wegen Teilnahme an Verbrechen im Rahmen der Aktion T4

in Österreich von einem Volksgerichtshof zum Tode verurteilt und am 18. Juli 1947 hingerichtet.

**5. Dezember**
In Hamburg beginnt vor einem britischen Militärgericht der erste von schließlich insgesamt sieben Ravensbrück-Prozessen. Die am 3. Februar 1947 gesprochenen Urteile lauten auf Todesstrafen (vollstreckt in Hameln am 2./3. Mai 1947), Haftstrafen und Freisprüche.

**11. Dezember**
Die Generalversammlung der Vereinten Nationen erklärt die Nürnberger Prinzipien, wie sie sich im Londoner Statut und im Urteil von Nürnberg ausdrücken, zum Bestandteil geltenden Völkerrechts. Sie setzt einen Ausschuss für die Kodifizierung und Entwicklung des Völkerrechts ein, der später von einer Völkerrechtskommission abgelöst wird.

**Dezember**
Das Landgericht Frankfurt verurteilt die Ärzte Friedrich Mennecke und Walter Schmidt u. a. wegen der Tötung von »Geisteskranken« durch Giftinjektionen in der Heil- und Pflegeanstalt Eichberg zum Tode. Die Hinrichtung erfolgt nicht. Zwei Angehörige des Krankenhauspersonals erhalten Strafen von mehreren Jahren, zwei weitere wurden freigesprochen.

Ein griechisches Gericht verurteilt die beiden aus britischer Gefangenschaft übergebenen Generäle Bruno Bräuer (Fallschirmtruppen) und Friedrich-Wihelm Müller (Infanterie) wegen ihres Anteils an Verbrechen, die auf der besetzten Insel Kreta begangen wurden (u.a. Anordnung und Vollzug der Deportation der Juden im Jahre 1944) zum Tode. Die Strafen werden am 20. Mai 1947 in Athen durch Erschießen vollstreckt.

In den Besatzungszonen werden bald nach Prozessbeginn Dokumente der Anklage verbreitet; so z.B. von Verlagen in Halle und Dresden der Text der Anklageschrift, in Berlin vom Verlag der Sowjetischen Militäradministration die Rede Roman A. Rudenkos, *»Die Gerechtigkeit nehme ihren Lauf«*, und in München, *»Staat und Moral: Zum Werden eines neuen Völkerrechts«*. Die drei Anklagereden von R. H. Jackson.

In Hamburg erscheint von Peter de Mendelssohn *»Die Nürnberger Dokumente. Studien zur deutschen Kriegspolitik 1937-1945«* (Originaltitel: The Nuremberg Documents/Some Aspects of German War Policy 1937-1945), eine kommentierte Sammlung während des Gerichtsverfahrens unterbreiteter Dokumente über die Vorbereitung der Aggressionen.

Sheldon Glueck veröffentlicht *»The Nuremberg Trial and Aggressive War«* (New York).

Eugene Aroneanu veröffentlicht in Frankreich die Studie, *»Le Crime contre l'Humanité«* (Nouvelle Revue de Droit International Privè, 2/1946), in der er die

Geschichte der Bestimmung des Straftatbestands und dessen Bedeutung erörtert und die Notwendigkeit eines internationalen Strafgesetzbuches begründet. (dt. Das Verbrechen gegen die Menschlichkeit, Baden-Baden 1947).

Der Dichter Alfred Döblin, 1933 emigriert und inzwischen Staatsbürger Frankreichs, als Angehöriger der französischen Militärverwaltung nach Deutschland gekommen und Beobachter des Nürnberger Prozesses, veröffentlicht unter dem Pseudonym Hans Fiedeler »*Der Nürnberger Lehrprozess*« (Baden-Baden). Seine an das Verfahren geknüpften Hoffnungen enthält der Satz: »Man baute einen juristischen Wolkenkratzer, wie ihn die Welt noch nicht gesehen hat. Das Fundament aber, auf dem er errichtet wurde, der Beton, war der solideste Stoff, der sich auf Erden finden ließ: Moral und die Vernunft.«

Der Philosoph und Psychologe Karl Jaspers veröffentlicht »*Die Schuldfrage*«. Er und seine Frau geben 1966 ihre deutschen Pässe zurück und werden Schweizer Staatsbürger, als mit Kurt Georg Kiesinger ein ehemaliges NSDAP-Mitglied Bundeskanzler wird.

Wenige Wochen nach dem Ende des Prozesses in Nürnberg ist der sowjetische Dokumentarfilm Sud narodow (Roman Karmen und Jelisaweta Swilowa) fertiggestellt.

Die verurteilen Kriegsverbrecher in Gewahrsam der USA kommen in das Gefängnis Landsberg am Lech (Bayern), die in britischem nach Werl (Westfalen), die in französischem nach Wittlach (Rheinland-Pfalz).

## 1947

### 4. Januar
Beginn des Gerichtsverfahrens im Fall 3: Juristen-Prozess. Es endet am 4. Dezember 1947. Von den 14 Angeklagten erhalten zehn Haftstrafen (davon vier lebenslänglich), vier werden freigesprochen.

### 13. Januar
Verhandlungseröffnung im Fall 4: Wirtschafts- und Verwaltungshauptamt der SS. Er dauert bis zum 3. November 1947. Von den 18 Angeklagten werden zwei zum Tode verurteilt (davon eins vollstreckt), 14 erhalten Haftstrafen (davon drei lebenslänglich).

### 27. Januar
In Nürnberg beginnt vor einer Spruchkammer ein Verfahren gegen Hans Fritzsche, er wird zu neun Jahren Arbeitslager verurteilt, gelangt aber am 25. September 1950 aus dem Internierungslager Eichstätt wieder auf freien Fuß. Er stirbt am 27. September 1953.

### 23. Februar
Gegen von Papen beginnt ein Verfahren vor einer Spruchkammer in Nürnberg.

Er wird zu acht Jahren Arbeitslager verurteilt. Im Januar 1949 wird in einem Berufungsverfahren das Strafmaß geändert, die Haft gilt als verbüßt. Er stirbt am 2. Mai 1969.

**18. März**
Beginn Fall 5: Flick-Prozess mit sechs Angeklagten, von denen am 22. Dezember 1947 drei zu Haftstrafen verurteilt und drei freigesprochen werden. Vergeblich hatte Kranzbühler als Verteidiger Flicks versucht, die Haager Konvention von 1907 mit den Bestimmungen über den Schutz der Zivilbevölkerung in eroberten Gebieten gegen Zwangsverschleppung und Zwangsarbeit durch den Schritt in den totalen Krieg als erledigt und rechtsunwirksam zu qualifizieren.

**April**
Eine Spruchkammer in Stuttgart stuft Schacht, der im Gefängnis des Amtsgerichts festgehalten wurde, in die Kategorie der Hauptschuldigen ein und verurteilt ihn zu acht Jahren Arbeitslager. Im September 1948 wird dieser Spruch in einem Berufungsverfahren im Internierungslager Ludwigsburg aufgehoben und Schacht zum Entlasteten erklärt. Noch im gleichen Jahr veröffentlicht Schacht in Hamburg *»Abrechnung mit Hitler«*.

**18. April**
Der in Bayern gefasste, an die Tschechoslowakei ausgelieferte, von einem Gericht in Bratislava am 15. April zum Tode verurteilte ehemalige Minister- und Staatspräsident des deutschen Satellitenstaates Slowakei, Jozef Tiso, wird durch den Strang hingerichtet.

**Mai**
Ein britisches Militärgericht verurteilt Feldmarschall Albert Kesselring, den der schon in Nürnberg tätige Anwalt Hanns Laternser verteidigte, zum Tode. Die Strafe wird in lebenslänglich umgewandelt, dann in 21 Jahre Kerker. 1952 krankheitshalber entlassen, veröffentlicht er 1953 seine Memoiren. Unbelehrt tritt er an die Spitze des in der Bundesrepublik zugelassenen Soldatenverbandes, der sich in der Tradition des Stahlhelm-Bundes der Weimarer Republik etabliert. Er stirbt am 16. Juli 1960.

**3. Mai**
Eröffnung der Verhandlungen im Fall 6: IG-Farben-Prozess. Ende: 30. Juli 1948. Von den 23 Angeklagten erhalten 13 Haftstrafen, es erfolgen zehn Freisprüche. Das zu sechs Jahren Haft verurteilte Vorstandsmitglied Heinrich Bütefisch, SS-Obersturmführer und Mitglied des Freundeskreises des Reichsführers SS, erhält 1964, inzwischen stellvertretender Aufsichtsratsvorsitzender der Ruhrchemie AG, vom Präsidenten der BRD Heinrich Lübke das Große Bundesverdienstkreuz verliehen. Die skandalmachende Entscheidung muss annulliert werden.

## 6. Mai
Ein britisches Militärgericht verurteilt den Generalfeldmarschall Albert Kesselring, seit 1943 auch Befehlshaber der deutschen Streitkräfte in Italien, zum Tode. Das Urteil wird nicht vollstreckt. Seine Entlassung aus der Haft erfolgt 1952. im gleichen Prozess wird auch Generaloberst Eberhard von Mackensen zu Tode verurteilt, auch dieses Urteilt wird in Haftstrafe verändert. Sie dauert bis zum 2. Oktober 1952.

## 13. Mai
Fall 7: Südost-Generale wird eröffnet und endet am 19. Februar 1948 Von den zehn Angeklagten erhalten acht Haftstrafen (davon zwei lebenslänglich), es ergehen zwei Freisprüche.

## 16. Juni
Vor dem Schwurgericht des Landgerichts Dresden beginnt ein Prozess gegen Beteiligte an der Tötung von Kranken. Hauptangeklagter ist Professor Paul Nitsche, der als ein zentraler Gutachter und Leiter von Heil- und Pflegeanstalten über Leben und Tod von geistig und körperlich behinderten Menschen entschied. Er und zwei weitere Personen werden zum Tode verurteilt. Seine Hinrichtung erfolgt aufgrund des am 7. Juli ergangenen Urteils am 25. März 1948. Die Mehrheit der insgesamt 14 Angeklagten wird zu Haftstrafen verurteilt. Es erfolgen drei Freisprüche.

## 1. Juli
Fall 8: Rasse- und Siedlungshauptamt der SS. Urteilsverkündung am 10. März 1948. Von 14 Angeklagten erhalten 13 Haftstrafen (eine lebenslänglich), es erfolgt ein Freispruch.

## 18. Juli
Die sieben im Prozess gegen die Hauptkriegsverbrecher zu Haftstrafen Verurteilten werden in das 1879/1881 erbaute, in der Zitadelle der einstigen Festung gelegene Gefängnis Berlin-Spandau überführt. 1920 war es in eine Zivilstrafanstalt für männliche Gefangene umgewandelt worden, in der sich bis zu 600 Insassen befanden. Es wird von nun an von den vier Hauptmächten der Anti-Hitler-Koalition gemeinsam und in einem festgelegten Turnus verwaltet und bewacht. Der Gefängnistrakt wird nach dem Tod des letzten Gefangenen, Heß, abgerissen.

## 25. Juli
Fall 9: Einsatzgruppen-Prozess bis 10. April 1948. 22 Angeklagte, 14 Todesurteile (davon fünf vollstreckt), acht Haftstrafen (davon zwei lebenslänglich). US-amerikanischer Ankläger ist Benjamin B. Ferencz, der als Soldat bei der Aufklärung der Naziverbrechen nach der Befreiung die Lager Buchenwald, Mauthausen und Dachau besucht hatte. Später Rechtsprofessor in den USA tritt er für Maßnahmen der Friedenssicherung und für die Schaffung eines ständigen internationalen

Strafgerichtshofes hervor. 1986 erscheint in deutscher Übersetzung sein Buch *»Lohn des Grauens. Die Entschädigung jüdischer Zwangsarbeiter«*, ein offenes Kapitel der Nachkriegsgeschichte (Hamburg), in dem die Jahrzehnte währenden, vergeblichen oder nur mit kläglichen Ergebnissen verlaufenen Anstrengungen nachgezeichnet werden, vor Gerichten der Bundesrepublik Deutschland eine teilweise Entschädigung der Ausgebeuteten zu erstreiten.

**1. Juli**
Fall 10: Krupp-Prozess bis 31. Juli 1948. 13 Angeklagte, darunter Alfried Krupp von Bohlen und Halbach, seit 1943 Alleineigentümer des Konzerns. 12 Haftstrafen, ein Freispruch. Die Anklage gegen Krupp wird möglich, da er mit sechs Industriellen von den britischen an die US-amerikanischen Dienststellen ausgeliefert worden war.

**22. Oktober**
Der Professor für Völkerrecht Herbert Kraus, u.a. Verteidiger von Hjalmar Schacht in Nürnberg, kritisiert in einem Vortrag in der Aula der Universität Göttingen insbesondere die Anklagepunkte Verschwörung und Verbrechen gegen die Menschlichkeit wegen der bereits mehrfach erfolgten und wiederum denkbaren missbräuchlichen Verwendung dieser Kennzeichnungen für politische Zwecke. Dem Prozess habe eine gesetzliche Grundlage in Gestalt eines ausgearbeiteten und bindend vereinbarten Völkerstrafrechts gefehlt. Druckfassung: *»Gerichtstag in Nürnberg«* (Hamburg).

**15. November**
Fall 11: Wilhelmstraßen-Prozess. Angeklagt sind Minister, Staatssekretär der Reichsregierung. Der (späteste, in einem so genannten Nachfolgeprozesse erfolgte) Urteilsspruch ergeht am 11. April 1949. 19 Haftstrafen, zwei Freisprüche. 1951 erfolgt die Aufhebung aller Haftstrafen mit einer Begründung, die das Urteil teilweise aufhebt. Die wahre Schuld der Beteiligten sei schwer zu ermitteln, was ihr Anteil an den Verbrechen, was der von SS und Wehrmacht sei, wäre zweifelhaft.

**28. November**
Fall 12: Oberkommando der Wehrmacht. Der Prozess endet am 27. Oktober 1948. Es werden gegen 13 Angeklagte 11 Haftstrafen (davon zwei lebenslänglich) ausgesprochen. Es ergehen zwei Freisprüche.

Es beginnt die Herausgabe des vielbändigen Werkes *»Der Prozess gegen die Hauptkriegsverbrecher vor dem Internationalen Militärgerichtshof Nürnberg, 14. November 1945 – 1. Oktober 1946«* (amtlicher Text in deutscher Sprache), 42 Bde., veröffentlicht in Nürnberg, Deutschland 1947 – 1949. Die Publikation gelangt in Spezialbibliotheken.

Die United Nations War Crimes Commission (UNWCC) veröffentlicht in

London »*Law Reports of Trials of War Criminals*«, 15 Bände. Die Kommission setzt ihre Tätigkeit bis 1948 fort.

Der Chefankläger der USA Robert H. Jackson veröffentlicht in New York »*The Nuremberg Case*«.

In London publiziert Peter Calvocoressi, britischer Geheimdienstoffizier, während des Krieges u.a. bei Ultra Intelligence in Blechtley Park, und Beobachter des Nürnberger Prozesses, »*Nuremberg, The Facts, the Law and the Consequences*«.

Aus dem Englischen übersetzt erscheint in einem Verlag in Krefeld von Robert W. Cooper »*Der Nürnberger Prozeß*«.

Otto Pannenbecker veröffentlicht unkommentiert »*Dokumente aus dem Nürnberger Prozeß*« (Düsseldorf), die ihm in seiner Rolle als Verteidiger Wilhelm Fricks zugänglich waren.

Der US-amerikanische Psychiater Douglas M. Kelley publiziert »*22 Cells in Nuremberg*«; die in Bern erscheinende deutsche Ausgabe trägt den Titel »*22 Männer um Hitler*«. Erinnerungen des amerikanischen Armeearztes und Psychiaters am Nürnberger Gefängnis.

In den USA erscheint das »*Nürnberger Tagebuch*« von Gustave M. Gilbert, ehemals Gerichts-Psychologe beim Prozess gegen die Hauptkriegsverbrecher; dt. Ausgabe Frankfurt a. M. 1962.

Victor H. Bernstein, Korrespondent US-amerikanischer Zeitungen und Zeitschriften in Nürnberg, veröffentlicht in London und New York »*Final Judgement. The Story of Nuremberg*«.

Das Landgericht Frankfurt a. M. klagt in »Euthanasie«-Prozessen Ärzte, Pflege-, Verwaltungs- und technisches Personal der Anstalt in Hadamar wegen der Tötung Tausender Kranker mit Giftgas und durch tödliche Injektionen an. Die Ärzte Adolf Wahlmann (bereits von einem US-amerikanischen Militärgericht zu lebenslanger Haft verurteilt) und Hans Bodo Gorgass werden zum Tod verurteilt. Die Strafen wurden in lebenslange Haft umgewandelt. Weitere Angeklagte erhalten Haftstrafen, andere werden freigesprochen.

## 1948

Im Verlaufe des Jahres schließen sich Bischöfe der beiden christlichen Kirchen zusammen, die auf die US-amerikanischen Juristen, welche die Nachfolgeprozesse durchführen, die Administration in Washington, u.a. den Außenminister, und auf den Hohen Kommissar in Deutschland konzertiert Druck ausüben, um das Ende der Gerichtsverfahren gegen Kriegsverbrecher und Begnadigungen bereits Verurteilter zu bewirken. In Kooperation mit Juristen und ehemaligen Naziaktivisten benutzen sie den unbewiesenen Vorwurf, Geständnisse von Angeklagten seien angeblich durch Folter erpresst, und bezweifeln auch generell die juristischen Grundlage der Verfahren. Besonders engagiert sind katholischerseits Josef Kardinal Frings und Weihbischof Johannes Neuhäusler und die evangelischen Bischöfe Theophil Wurm (Württemberg), Julius Bender (Baden), Hans Meiser (Bayern) sowie Kirchenpräsident Martin Niemöller (Hessen-Nassau) und weitere.

**26. August**
Nachdem sich mehrere katholische Würdenträger in den westlichen Besatzungszonen für eine Änderung von Urteilen, die gegen Kriegsverbrecher ergangen sind, und für eine Korrektur der Besatzungspolitik bei der juristischen Verfolgung von Kriegsverbrechen öffentlich eingesetzt haben, fasst die Fuldaer Bischofskonferenz einen Beschluss, mit dem sie diese Forderungen erhebt.

**21. November**
In Stuttgart wird der in den USA entstandene Dokumentarfilm »Nürnberg und seine Lehre« (Stuart Schulberg) uraufgeführt.

**8. Dezember**
Der ehemalige Wehrmachtsbefehlshaber in den Niederlanden, Friedrich Christian Christiansen, General der Luftwaffe, wird in den Niederlanden zu zwölf Jahren Haft verurteilt, 1951 in die Bundesrepublik abgeschoben.

Vor dem Koblenzer Landgericht erfolgen Freisprüche in einem »Euthanasie«-Prozess, in dem der Arzt Karl Todt und sein Assistent Adolf Thiel in der Heil- und Pflegeanstalt Scheuern wegen Mitwirkung an der Tötung von Kranken angeklagt waren.
   In London erscheint *»History of the United Nations War Crimes Commission and the Development of the Laws of War«*.
   Karl Anders, während des Krieges Mitarbeiter deutschsprachiger Beiträge von BBC London, der im Auftrag des Senders am Nürnberger Prozess teilgenommen hat, veröffentlicht *»Im Nürnberger Irrgarten«* (Nürnberg).


1949

**Anfang**
In Nürnberg wird ein von beiden Kirchen unterstütztes Hilfsbüro gebildet und in München im Erzbischöflichen Ordinariat ein »Komitee für kirchliche Gefangenenhilfe«, dessen Vorsitzender Johannes Neuhäusler, dessen Beisitzer mit beratender Stimme und Geschäftsführer Rechtsanwalt Rudolf Aschenauer ist.

**Frühjahr**
Nach dem Ende der Nachfolgeprozesse bildet sich ein sogenannter Heidelberger Juristenkreis, in dem sich Verteidiger, die in den Kriegsverbrecher Prozessen tätig waren, weiter verständigen. In ihm wirkt auch Eduard Wahl, der zu den Verteidiger im I.G. Farben-Prozess gehörte. An diesem Kreis sind auch die katholische und die evangelische Kirche beteiligt.

## 25. März
Der von einem niederländischen Gericht zum Tode verurteilte ehemalige Höhere SS- und Polizeiführer im sogenannten Reichskommissariat Niederlande, Hans Albin Rauter, wird hingerichtet.

## 23. August
Der einstige Generalfeldmarschall Erich von Manstein wird von einem britischen Militärgericht in Hamburg wegen von ihm zu verantwortender Kriegsverbrechen angeklagt, die von der Heeresgruppe, deren Oberbefehlshaber er war, im Süden der Sowjetunion begangen wurden. Er wird am 19. Dezember zu 18 Jahren Freiheitsstrafe verurteilt, später reduziert auf 12 Jahre, und in das Kriegsverbrechergefängnis Werl (Westfalen) gebracht. 1952 erhält er wegen Krankheit Haftverschonung. Seine Entlassung geschieht am 7. Mai 1953. Zwei Jahre darauf veröffentlicht er das Buch *»Verlorene Siege«*, das in der Bundesrepublik in vielen Auflagen erscheint und ins Französische, Englische, Russische und weitere Sprachen übersetzt wird. In den folgenden Jahren wird er als Berater der Bundesregierung beim Aufbau der Bundeswehr verwendet. Er erhält 1973 ein Begräbnis mit militärischen Ehren durch die Bundeswehr.

Es erscheint *»Report of Robert H. Jackson«*, United States Representative to the International Conference on Military Trials, London 1945, Washington D.C. und sein Aufsatz *»Nuremberg in Retrospect«* (ebenda).

Rechtsanwalt Rudolf Aschenauer, u.a. Verteidiger von Otto Ohlendorf im Einsatzgruppen-Prozess, veröffentlicht in Nürnberg *»Zur Frage einer Revision der Kriegsverbrecherprozesse«*.

Otto Kranzbühler, Verteidiger von Dönitz, veröffentlicht *»Rückblick auf Nürnberg«* (Hamburg).

Die auf die Revision der Urteile gegen Kriegsverbrecher zielenden Bestrebungen in der Bundesrepublik bedienen sich der Hilfe, die ihnen von Politikern und Publizisten im Ausland, namentlich in den Staaten der Siegermächte zu teil wird. In deutscher Übersetzung erscheint aus der Feder des französischen Revisionisten und ideologischen Stammvaters des Nachkriegsfaschismus in Frankreich Maurice Bardèche, *«Nürnberg oder das gelobte Land«* (frz. 1948, dt. Zürich 1949), der darin und in weiteren Veröffentlichungen die Anklage, den Prozessverlauf und das Urteil mit der These von der angeblich geächteten Wahrheit demagogisch attackiert..

# 1950

## März
Der Hohe Kommissar der USA in Deutschland, John McCloy, ernennt einen Ausschuss zur Prüfung von Eingaben zugunsten der einsitzenden verurteilten Kriegsverbrecher. Vorsitzender: David W. Peck, Präsident der Berufungskammer

des Obersten Gerichtshofes des Staates New York, Mitglieder: Frederick A. Moran, Vorsitzender des Gnadenausschusses in New York und General Conrad E. Snow, Rechtsberater im amerikanischen Außenministerium. Die drei waren an den Prozessen unbeteiligt. Ende des Sommers liegen, nachdem auch Gespräche mit Verteidigern und den Verurteilten im Gefängnis stattgefunden hatten, Empfehlungen des Ausschusses vor.

## 12. Mai
Uraufführung des im DEFA-Filmstudio von Babelsberg/DDR unter der Regie von Kurt Maetzig entstandenen Films »Rat der Götter«, der u. a. Tatsachenmaterial aus dem Nürnberger Prozess gegen Manager der IG Farben AG verarbeitet und den Zusammenhang von faschistischer Herrschaft und Profitinteressen des Großkapitals thematisiert. Drehbuch: Friedrich Wolf, gemeinsam mit dem sowjetischen Schriftsteller Philipp Gecht. Musik: Hanns Eisler.

## 25. August
Friedrich Flick, 1947 zu sieben Jahren Haft verurteilt, wird vorzeitig aus US-amerikanischer Haft entlassen. 1962 erhält er das Große Bundesverdienstkreuz mit Stern. In seiner Geburtsstadt Kreuztal wird ein Gymnasium nach ihm benannt. Zu den 19 freigelassenen Häftlingen gehören der ehemalige Reichsminister für Ernährung und Landwirtschaft und Reichsbauernführer Richard Walter Darré und der einstige Reichspressechef Otto Dietrich.

## 13. Oktober
Ernst von Weizsäcker, ehedem Staatssekretär im Auswärtigen Amt, verurteilt im Wilhelmstraßenprozess zu sieben Jahren Haft, gelangt auf freien Fuß. Die das gegen ihn ergangene Urteil anfechten, ohne sich auf die Fakten des Verfahrens stützen zu können, berufen sich auf Winston Churchill, der in einer Debatte im britischen Unterhaus als Sprecher der Konservativen 1948 den Prozess gegen Weizsäcker als Irrtum bezeichnet hatte.

## November
Die politischen Parteien in der Stadt und dem Landkreis Landsberg verabschieden gemeinsam ein Gnadengesuch zugunsten der verurteilten Kriegsverbrecher.

## November
Bundeskanzler Konrad Adenauer wendet sich an den Hohen Kommissar der USA wegen der Änderung der US-amerikanischen Politik gegenüber den Kriegsverbrechern. Vorausgegangen war dem eine Debatte im Bundestag am 8. November.

Von Robert H. Jackson erscheint *»Trial of the Trials«* (Chicago).
 Telford Taylor, Chefankläger der USA in den Nachfolgeprozessen, publiziert *»Die Nürnberger Prozesse«* (Zürich).

Michael A. Musmanno, Mitglied der US-amerikanischen Anklagevertretung, veröffentlicht in den USA und in Deutschland »*In zehn Tagen kommt der Tod*« (München).

Das nachlassende Interesse an den Kriegsverbrecher-Prozessen und das Erstarken der Opposition gegen sie äußern sich auch in der geringen Verbreitung der vorgelegten Dokumente. Eine Ausnahme bildet »*Das Urteil im Wilhelmstraßenprozess*«, Schwäbisch Gmünd 1950.

Die in der Haft geschriebenen Erinnerungen des im Wilhelmstraßenprozess angeklagten und verurteilten ehemaligen Staatssekretärs im Auswärtigen Amt Ernst von Weizsäcker werden publiziert (München).

Der Verteidiger des Oberkommandos der Wehrmacht und des Generalstabes Hans Laternser publiziert »*Verteidigung deutscher Soldaten*«, Bonn 1950, und vom Anwalt der SS und des SD Carl Haensel erscheint »*Das Gericht vertagt sich. Aus dem Tagebuch eines Nürnberger Verteidigers*« (Hamburg).

1951

### 2. Januar
McCloy und Adenauer treffen zu einem Gespräch zusammen.

### 7. Januar
In Landsberg am Lech versammeln sich mehrere tausend Menschen auf einer Kundgebung mit Rednern der Christlich-Sozialen Union und der Bayernpartei (BP) und demonstrieren für die Begnadigung der inhaftierten Kriegsverbrecher. Dagegen protestieren mehrere hundert Gegendemonstranten, zumeist Juden, aus einem Lager für Displaced Persons (DP). Der Oberbürgermeister von Landsberg erklärt, die »Zeit des Schweigens« sei vorbei. Aus der Menge hört man die Rufe »Juden raus«.

### 9. Januar
Der US-amerikanische Hochkommissar McCloy wird im I.G. Farben-Haus in Frankfurt, seinem Hauptsitz, von einer Politikerdelegation unter der Führung des Bundestagsvizepräsidenten Hermann Ehlers (CDU) besucht, die sich für Begnadigungen von verurteilten Kriegsverbrechern einsetzt.

### 31. Januar
McCloy erklärt sich zur Frage der einsitzenden Kriegsverbrecher und gibt die von ihm und dem Oberbefehlshaber der amerikanischen Streitkräfte in Europa, General Thomas T. Handy, der für die in den Dachauer Prozessen Abgeurteilten zuständig ist, getroffenen Entscheidungen bekannt. Politiker deutscher Parteien, Kirchenführer beider christlichen Kirchen und weitere Persönlichkeiten haben in der Bundesrepublik (beginnend teils schon vor deren Gründung) zunehmend öffentlichen und direkten Druck auf den US-amerikanischen Hohen Kommissar

John McCloy ausgeübt und verlangt, alle Prozesse gegen Kriegsverbrecher und die Auslieferung von Beschuldigten an Länder zu beenden, in denen die Untaten begangen wurden, und die Freilassung von Verurteilten bzw. die Reduzierung der ausgesprochenen Strafen gefordert. Der Hohe Kommissar und seine Familie sahen sich Morddrohungen ausgesetzt, so dass Leibwächter den Schutz seiner Kinder übernehmen mussten.

McCloy hebt einzig nicht die Todesstrafe gegen Oswald Pohl, Chef des SS-Wirtschafts- und Verwaltungshauptamts, sowie die Einsatzgruppen- und -kommandoführer Paul Blobel, Werner Braune, Erich Naumann und Otto Ohlendorf auf. Die restlichen Todesurteile wandelt er um, vier in lebenslange und sechs in Haftstrafen, die zwischen 10 und 25 Jahren liegen. Von 20 lebenslangen Haftstrafen verändert er 17 in Zeitstrafen von 20 oder 15 Jahren. 54 Zeitstrafen werden reduziert, davon in 32 Fällen auf die bis dahin verbüßte Haftzeit, worauf die sofortige Freilassung dieser Häftlinge folgt. Letzteres betrifft u.a. Alfried Krupp von Bohlen und Halbach und sämtliche Mitverurteilte des Krupp-Prozesses sowie den ehemaligen Reichsfinanzminister Lutz Graf von Schwerin-Krosigk. Die Einziehung des Gesamtvermögens von Alfried Krupp wird ebenfalls aufgehoben mit der Erklärung, diese Strafe sei in allen 12 Nachfolgeprozessen einmalig erfolgt und widerspreche der US-amerikanischen Rechtspraxis.

In deutschen Städten erscheinen Plakate, die zur Versendung von Telegrammen an den Präsidenten der USA, Truman aufrufen, in denen weitere Begnadigungen verurteilter Kriegsverbrecher gefordert werden sollen. Durch den dafür zuständigen Oberbefehlshaber der Streitkräfte der USA in Europa, Thomas T. Handy, werden zwei Todesurteile aus den Dachau-Prozessen gegen je einen Angehörige des KZ Personals in Mühldorf (Außenlager des KZ Dachau) und des KZ Buchenwald nicht umgewandelt. Zu den gegen Wehrmachtsangehörige ergangenen Strafen wird mit deutlichem Blick auf die Wiederbewaffnung der Bundesrepublik erklärt, die Verurteilung einzelner Personen »berührt aber nicht die Ehre des deutschen Soldatenstandes«.

Im US-amerikanischen Kriegsverbrechergefängnis in Landsberg wurden von Ende 1945 bis 1951 von den insgesamt 1.543 Häftlingen 279 Männer durch den Strang und 29 durch Erschießen hingerichtet.

**Anfang Februar**
Alfried Krupp, 1948 zu 12 Jahren Haft verurteilt, und weitere Gefangene, darunter alle in den drei Prozessen gegen Industrielle Verurteilten, kommen aufgrund der Erlasse McCloys aus Landsberg frei. Die Praxis erhält die Bezeichnung Gnadenarie (Robert M. W. Kempner) oder auch Gnadenfieber. Krupp, von seinem Bruder Berthold und Rechtsanwalt Kranzbühler empfangen, gibt nach seiner Freilassung im ersten Hotel Landsberg ein Frühstück, dem eine improvisierte Pressekonferenz mit Journalisten des In- und Auslands folgt. Er und die anderen Industriellen formieren sich in einer Front der Unschuldigen, keiner von ihnen hat je auch nur einen Schuldanteil eingeräumt. Krupp wird 1961 der Ehrenring der Stadt Essen verliehen.

## 6. April
Adenauer erklärt im Deutschen Bundestag, er bitte diese Gefangenen (die verurteilten Kriegsverbrecher) – und zwar alle – und ihre Angehörigen, überzeugt zu sein, dass die Bundesregierung alles tut, was in ihrer Kraft steht, um das Los der Gefangenen zu erleichtern und ihnen baldmöglichst die Freiheit wieder zu verschaffen. Jedoch komme man in diesen Dingen viel weiter, wenn man nicht so viel darüber rede. Für die »wirklich Schuldigen« werde sich die Regierung nicht verwenden: »Aber der Prozentsatz derjenigen, die wirklich schuldig sind, ist so außerordentlich gering und so außerordentlich klein, dass damit der Ehre der früheren deutschen Wehrmacht kein Abbruch geschieht.«

## 7. Juni
In Landsberg erfolgen die letzten sieben (von insgesamt 284) Hinrichtungen, der von McCloy und Handy nicht begnadigten Gefangenen, das sind fünf Führer von mordenden Einsatzkommandos und zwei Angehörige des SS-Personals von Mühldorf (Außenlager des KZs Dachau) und des KZs Buchenwald. Sofern die Leichen nicht von Angehörigen an anderen Orten bestattet wurden, werden sie auf dem zum Gelände der Anstalt gehörenden Friedhof der Spöttinger St. Ulrichskirche beigesetzt. Er wird 1988 unter Denkmalschutz gestellt. Wegen der ehrenvollen Pflege der Gräber kommt es wiederholt zu Auseinandersetzungen. 2003 wird dieser Friedhof auf dem Gelände der JVA Landsberg vom Freistaat Bayern entwidmet und die Namensschilder von den Grabkreuzen werden entfernt. Der Gefängnisgeistliche Karl Morgenschweis erhält 1951 als einer der ersten Ausgezeichneten einen Verdienstorden der Bundesrepublik.

## 10. Juni
In der Kirche der Haftanstalt Landsberg findet ein Gedächtnisgottesdienst für die drei Tage zuvor Hingerichteten statt. Der Anstaltspfarrer führt aus, dass Rache über das Recht gesiegt habe.

## 8. August
Der von einem französischen Gerichtshof verurteilte Saarindustrielle Hermann Röchling, der seine Haft seit Sommer 1950 unbewacht im Freiburger Diakonissenhaus verbringen durfte, wird vorzeitig auf freien Fuß gesetzt.

## 7. Oktober
Helene Elisabeth Prinzessin Isenburg gründet gemeinsam mit dem evangelischen Bischof Theophil Wurm die Hilfe für Kriegsgefangene und Internierte e. V. (auch Stille Hilfe genannt), in der die Tätigkeit von Vorläuferorganisationen wie der Arbeitsgemeinschaft zur Rettung des Landsberger Häftlinge fortgesetzt wird. Isenburg bleibt bis 1959 Vorsitzende des Vereins.

Herausgegeben von Information Services Division, Office of the U.S. High Commissioner for Germany, erscheint in englisch- und deutschsprachiger Ausgabe »*Landsberg. Ein dokumentarischer Bericht*« (München), worin Erläuterungen für die im Hinblick auf die verurteilen Kriegsverbrecher getroffenen Entscheidungen gegeben werden.

In den USA erscheint »*Trials of War Criminals before the Nuremberg Tribunals*« (Washington).

Von dem an der Verteidigung Erich Raeders beteiligten Viktor Freiherr von der Lippe erscheint »*Nürnberger Tagebuchnotizen, November 1945 bis Oktober 1946*« (Frankfurt a.M.).

Der Nürnberger Verteidiger Alfred Seidl vertritt die Interessen der IG Farben i.A. gegen die Klage von Norbert Wollheim auf Entschädigung. Der Kläger war als jüdischer Häftling und Zwangsarbeiter im Betrieb der Aktiengesellschaft in Auschwitz-Monowitz ausgebeutet worden. Das Verfahren zieht sich bis 1957 hin und endet mit einem Vergleich.

1952

**6. März**
In Warschau wird der SS-Brigadeführer Jürgen Stroop, der die Aufständischen im Warschauer Ghetto ermorden ließ und für weitere Verbrechen in Polen verantwortlich war, hingerichtet.

Er war am 18. Juli 1951 von einem polnischen Gericht angeklagt und am 23. Juli zum Tode verurteilt worden. Dem war bereits am 21. März 1947 ein Todesurteil eines US-amerikanischen Gerichts in Dachau vorausgegangen, das aufgrund eines Befehls von Stroop zur Tötung von alliierten Fliegern erging. Darauf war die Auslieferung Stroops an Polen erfolgt.

**Frühsommer**
In Landsberg, Werl und Wittlich sitzen noch 603 deutsche Verurteilte ein, davon sind 88 ehemalige Wehrmachtsangehörige. Fast die Hälfte besteht aus Tätern in Konzentrationslagern, der Rest aus Personen, die an der Ermordung von über dem Reichsgebiet abgeschossenen Angehörigen der US-amerikanischen Luftstreitkräfte beteiligt waren sowie aus Angehörigen der Gestapo und Mitwirkenden an »Euthanasie«-Verbrechen.

An entlegenem Ort, in einer Provinzzeitung (Waldeckische Landeszeitung, Korbach), erscheinen Erinnerungen des deutschen Gefängnisarztes, der die Angeklagten des Hauptkriegsverbrecher-Prozesses medizinisch betreut hatte: Ludwig Plükker, *Als Gefängnisarzt in Nürnberg*.

In Paris stirbt das französische Mitglied des Richterkollegiums Donnedieu de Vabres.

In München werden Erinnerungen des freigesprochen Franz von Papen »*Der Wahrheit eine Gasse*« herausgegeben. Den Titel benennt ein Rezensent um in »Der Wahrheit eine Gosse«. 1968 lässt Papen seine Schrift »*Vom Scheitern einer Demo-*

*kratie«* folgen. Der ehemalige Reichs- und Vizekanzler stirbt nahezu neunzigjährig am 2. Mai 1969 auf seinem Gut in Baden.

In einem Verlag für rechtsextreme Literatur in der Bundesrepublik erscheint von Ilse Heß, der Ehefrau des verurteilten Rudolf Heß, *»England – Nürnberg – Spandau. Ein Schicksal in Briefen«*.

1953

**28. Juni**
Bundeskanzler Adenauer besucht vor den anstehenden Wahlen zum Bundestag das Kriegsverbrechergefängnis in Werl.

**Oktober/November**
Drei bilaterale Gnadenkommissionen nehmen in beratender Funktion ihre Arbeit auf. Der Ausschuss für die britische und der für die US-amerikanische Zone besteht aus je fünf Personen, von denen die Bundesrepublik jeweils zwei stellt, während der für die französische Zone sieben Mitglieder hat, von denen drei Deutsche sind.

**Herbst**
In US-amerikanischer Strafhaft befinden sich noch 300 Personen, von denen innerhalb eines Jahres 200 entlassen werden. Von Franzosen und Briten war bereits mehr als die Hälfte ihrer Häftlinge begnadigt, so dass sich Ende 1954 innerhalb der Bundesrepublik noch 173 Kriegsverbrecher in alliierter Haft befinden.

Das Vorstandsmitglied, zugleich Chefjurist, der IG Farben August von Knieriem, der im Prozess gegen Manager des Chemiekonzerns angeklagt, aber freigesprochen worden war, veröffentlicht *»Nürnberger Prozesse. Rechtliche und menschliche Probleme«* (Stuttgart). Er behauptet, die Anklagen in den Nachfolgeprozessen seien »kläglich zusammengebrochen« und »Geschichtsklitterungen und Rechtsverdrehungen« hätten in den Prozessen einander abgelöst. Das Erscheinen zeugt von den inzwischen international verstärkten juristischen Aktivitäten gegen die in Nürnberg angewandten Prinzipien.

Hjalmar Schacht publiziert seine Erinnerungen *»76 Jahre meines Lebens«* (Bad Wörishofen). Er ist seit seiner Freilassung als Bankier und Finanzberater ausländischer Regierungen tätig. Schacht stirbt dreiundneunzigjährig am 3. Juni 1970.

1954

**9. Oktober**
Robert H. Jackson, der US-amerikanische Hauptankläger, stirbt in den USA.

## 23. Oktober
In dem von der Bundesrepublik in Paris mit den USA, Großbritannien und Frankreich geschlossenen Vertrag zur Regelung der aus Krieg und Besatzung entstandenen Fragen (Überleitungsvertrag, einer Ergänzung des Vertrags über die Beziehungen zwischen der Bundesrepublik Deutschland und den Drei Mächten, meist bezeichnet als Generalvertrag), wird in Art. 7 Absatz 1 bestimmt : »Alle Urteile und Entscheidungen in Strafsachen, die von einem Gericht oder einer gerichtlichen Behörde der Drei Mächte oder einer derselben bisher in Deutschland gefällt worden sind oder später gefällt werden, bleiben in jeder Hinsicht nach deutschem Recht rechtskräftig und rechtswirksam und sind von den deutschen Gerichten und Behörden demgemäß zu behandeln.«

## 4. November
Von Neurath wird als erster der in Berlin-Spandau einsitzenden Verurteilten wegen Krankheit entlassen. Er stirbt am 14. August 1956 in Einzweihingen (Württemberg).

Whitney R. Harris, Marineoffizier und Mitarbeiter der US-amerikanischen Anklagevertretung und speziell mit dem Anklagevortrag gegen Kaltenbrunner beauftragt, später in der US-Militäradministration in Deutschland tätig, veröffentlicht *»Tyranny on Trial«. The Trial of the Major German War Criminals at the End of World War II at Nuremberg, Germany, 1945–1946* mit einer Einführung von Robert H. Jackson und einem Vorwort von Robert G. Storey, ebenfalls Mitglied der US-amerikanischen Anklagevertretung (Dallas). Das Buch des Autors, Professor der Rechtswissenschaft, bietet die erste inhaltliche Auswertung der Prozess-Dokumente unter historiografischem Gesichtspunkt. Es erscheint 1999 in überarbeiteter Version.

Der DDR-Völkerrechtler Rudolf Arzinger veröffentlicht *»Rehabilitierung der faschistischen Kriegsverbrecher – ein Gefahr für den Frieden in Europa«*. Hrsg. Internationale Vereinigung demokratischer Juristen.

## 1955

### August
Nachdem am 5. Mai 1955 die Pariser Verträge in Kraft getreten waren, beginnt ein Gemischter Ausschuss mit der weiteren Überprüfung der Haft von Kriegsverbrechern. 94 von ihnen befinden sich noch in den drei in den ehemaligen westlichen Besatzungszonen gelegenen Haftanstalten der Alliierten. Zwei Jahre darauf, im Sommer 1957, waren die letzten Gefangenen der Franzosen und Briten entlassen.

### 26. September
Krankheitshalber kommt Erich Raeder aus dem Gefängnis Berlin-Spandau frei. Er stirbt am 6. November 1960 in Kiel. Die Grabrede hält auf Wunsch des Inspekteurs der Bundesmarine Raeders Nachfolger (seit 1943) Karl Dönitz.

In einem Aufsatz, dem Gedenken an das Verdienst von Robert H. Jackson gewidmet, kommt Telford Taylor über den Stand und die Methode der Auseinandersetzung mit dem Internationalen Militärtribunal zu der Einschätzung: »So kam es mit Nürnberg so weit, dass es heute als kommunistisch inspiriert gilt.«

In London erscheinen in einer Sammlung die Berichte der englischen Schriftstellerin und Journalistin Rebecca West, die für Daily Telegraph in Nürnberg gewesen war, unter dem Titel *»The Train of Powder«*.

Aus dem Nachlass von Alfred Rosenberg erscheint in Göttingen *»Letzte Aufzeichnungen. Ideale und Idole der Nationalsozialistischen Revolution«*.

## 1956

### 1. Oktober
Dönitz wird nach Verbüßung seiner 10jährigen Strafe aus der Haftanstalt in Berlin-Spandau entlassen.

In Berlin/DDR erscheint von Fritz Köhler, *»Geheime Kommandosache«*. Aus den Dokumenten des Nürnberger Prozesses gegen die Hauptkriegsverbrecher.

Die polnischen Rechtswissenschaftler Jerzy Sawicki und Tadeusz Cyprian publizieren in Warschau *»Der Kampf um die Nürnberger Grundsätze 1945 – 1955«* (poln.)

## 1956/57

Der ehemalige Großadmiral Erich Raeder veröffentlicht in Tübingen seine Memoiren *»Mein Leben«*, 2 Bde, eine Rechtfertigungsschrift, in der er Hitler verherrlicht.

## 1957

### 16. Mai
Funk wird aus der Strafanstalt Berlin-Spandau krankheitshalber vorzeitig entlassen. Er verstirbt am 31. Mai 1960 in Düsseldorf.

In Berlin/DDR gibt der Völkerrechtslehrer Peter Alfons Steiniger das zweibändige Werk *»Der Nürnberger Prozess«* heraus, das zum ersten Mal Protokolle, Dokumente und Materialien des Prozesses gegen die Hauptkriegsverbrecher einem breiteren Publikum zugänglich macht. Einleitend polemisiert Steiniger gegen die in der Bundesrepublik zunehmenden Versuche, gegen Nürnberg mit juristischen Argumenten vorzugehen

## 1958

**9. Mai**
Aus Landsberg werden die letzten Inhaftierten entlassen, unter ihnen auch Martin Sandberger, der Leiter eines Einsatzkommandos, das im Winter 1941/1942 in Estland Tausende von Juden ermordet hatte.

Das Buch des polnischen Juristen und Völkerrechtlers Jerzy Sawicki, der zur Delegation seines Landes in Nürnberg gehörte, *»Als sei Nürnberg nie gewesen. Die Abkehr von den völkerrechtlichen Prinzipien der Nürnberger Urteile«* wird in Berlin/DDR in deutscher Übersetzung herausgegeben.

In der Bundesrepublik erscheint von Joe Julius Heydecker/Johannes Leeb, *»Der Nürnberger Prozess«*. Das Buch wird wiederholt aufgelegt.

Karl Dönitz veröffentlicht *»Zehn Jahre und 20 Tage«* (Bonn), dem Nachauflagen und 1968 die Erinnerungen *»Mein wechselvolles Leben«* (Göttingen) folgen. Hitlers Nachfolger stirbt 1980.

## 1959

**9. März**
Der 1950 von den Briten an Polen ausgelieferte einstige NSDAP-Gauleiter und Reichsstatthalter von Ostpreußen, Erich Koch, seit 1941 zudem Reichskommissar in der okkupierten Ukraine, wird in Warschau angeklagt und zum Tode verurteilt. Mit Rücksicht auf seinen Gesundheitszustand unterbleibt die Vollstreckung. Koch stirbt 1986 in Haft.

## 1960

Der Moskauer Verlag für fremdsprachliche Literatur veröffentlicht von Arkadi Poltorak und Jewgeni Saizew *»Nürnberg mahnt«* (ohne Jahresangabe, Erscheinungstermin daher ungewiss).

In der DDR, jeweils Berlin, erscheinen *»Fall 12. Das Urteil gegen das Oberkommando der Wehrmacht«*, 1960; *»Fall 9. Das Urteil im Einsatzgruppenprozess«*, gefällt am 10. April 1948 in Nürnberg vom Militärgerichtshof II der Vereinigten Staaten von Amerika. Hg. Kasimierz Leszczynski mit einer Einleitung von Dr. S. Qulitzsch, 1963; *»Fall 5. Anklageplädoyer, ausgewählte Dokumente«*, Urteil des Flick-Prozesses mit einer Studie über die »Arisierungen« des Flick-Konzerns. Herausgegeben vom Autor der Studie Karl-Heinz Thieleke, eingeleitet von Klaus Drobisch, 1965; *»Fall 3. Das Urteil im Juristenprozeß«*, 1969. *»Fall 6. Dokumente und Urteile des IG-Farben-Prozesses«*. Hg. und eingeleitet von Hans Radandt, 1970.

Alexander Mitscherlich gibt gemeinsam mit Fred Mielke Dokumente aus dem Nürnberger Ärzte-Prozess heraus: *»Medizin ohne Menschlichkeit«* (Frankfurt a.M). Der Band erlebt viele Auflagen und wird weit verbreitet.

## 1961

### April – Dezember
Im Prozess gegen Adolf Eichmann, einstiger SS-Obersturmbannführer und Leiter des Judenreferats im Reichssicherheitshauptamt, tritt in Jerusalem Robert Servatius als Pflichtverteidiger auf, nachdem sich kein israelischer Jurist bereit fand, den am 11. Mai 1960 vom israelischen Geheimdienst in Argentinien gefangen genommenen und entführten Angeklagten zu verteidigen.

In die deutschen Kinos kommt der in seiner eigenen Produktionsfirma hergestellte Film Stanley Kramers »Das Urteil von Nürnberg« (Originaltitel: Judgment at Nuremberg), der als historische Vorlage den Juristenprozess (Fall III) hat. In dem Oscar-nominierten Streifen spielen u.a. Spencer Tracy, Maximilian Schell, Burt Lancaster und Marlene Dietrich. Die deutsche Uraufführung in Berlin-West findet am 14. Dezember 1961 statt. Eine Theaterfassung nach dem Drehbuch von Abby Mann kommt später auf deutsche Bühnen (2003 Ernst-Deutsch-Theater Hamburg, 2002/2003 und 2006 Schauspielhaus Nürnberg).

## 1962

### 1. Juni
In Ramleh bei Tel Aviv wird Adolf Eichmann hingerichtet.
    Bradley F. Smith veröffentlicht *»The American Road to Nuremberg«*. The Dokumentary Record 1944 – 1945 (Stanford). Neuausgabe 1981 (New York).

## 1963

### 20. Dezember
In Frankfurt a. M. beginnt der (sogenannte 1.) Auschwitz-Prozess. Die Urteile ergehen am 19./20. August 1965. Von den 20 Angeklagten werden sechs zu lebenslanger Haft, andere zu Haftstrafen zwischen 15 und drei Jahren verurteilt.

In Warschau erscheint in deutscher Sprache, gegenüber der polnischen Ausgabe gekürzt, von Stanislaw Piotrowski, *»Hans Franks Tagebuch«*. Das Buch enthält eine Auswahl der Aufzeichnungen aus dem Diensttagebuch des Generalgouverneurs.

    Wilhelm E. Süskind, Berichterstatter der Süddeutschen Zeitung während des Prozesses, veröffentlicht *»Die Mächtigen vor Gericht. Nürnberg 1945/46 an Ort und Stelle erlebt«* (München).

    In München erscheint, von dem Historiker Martin Broszat herausgegeben, *»Kommandant in Auschwitz«*. Autobiografische Auszeichnungen des Rudolf Höß. Der Text beruht auf der Niederschrift, die Höß im Januar/Februar 1947 im Gefängnis angefertigt hatte und der er die Überschrift »Meine Psyche. Werden, Leben und Erleben« gab.

1964

**1. September**
In der DDR beschließt die Volkskammer das »Gesetz über die Nichtverjährung von Nazi- und Kriegsverbrechen«, das mit seiner Veröffentlichung in Kraft tritt.

1965

**3. Dezember**
Die Juristische Fakultät der Humboldt-Universität zu Berlin und die Gesellschaft für Völkerrecht in der DDR veranstalten aus Anlass des 20. Jahrestages des Nürnberger Prozesses gegen die Hauptkriegsverbrecher eine Internationale Konferenz. Zu den Rednern gehört A. F. Woltschkow, Professor an der Moskauer Lomonossow-Universität und Richter in Nürnberg.

1966

**1. Oktober**
Speer und von Schirach werden nach Verbüßung ihrer 20jährigen Haftstrafe aus dem Gefängnis in Berlin-Spandau entlassen. Schirach stirbt 1974 in Kröv (Rheinland-Pfalz), Speer 1981 während eines Besuchs in London.

1967

Tod des sowjetischen Mitglieds des Richterkollegiums im Prozess gegen die Hauptkriegsverbrecher, Iona T. Nikitschenko.

David Maxwell Fyfe, britischer Chefankläger in Nürnberg, der nach dem Prozess in seinem Lande, wiederum als Politiker der Konservativen, hohe Ämter bekleidete und viele Auszeichnungen erhielt, verstirbt.

Der schwedische Film-Dokumentarist Tore Sjöberg produziert aufgrund des Nürnberger Originalmaterials einen Dokumentarfilm *»Der Nürnberger Prozess«*, dem viele weitere ähnliche Unternehmen von Filmemachern folgen, unter anderen von Bengt und Irmgard von zur Mühlen, *»Der Nürnberger Hauptkriegsverbrecherprozess«* (1996).

Baldur von Schirachs Memoiren *»Ich glaubte an Hitler«* kommen auf den Buchmarkt der Bundesrepublik Deutschland. Der Text erschien vordem in einer Illustrierten Zeitschrift in Fortsetzungen. Der ehemalige Reichsjugendführer, Gauleiter und Reichsstatthalter von Wien stirbt am 8. August 1974.

Gerhard E. Gruendler und Arnim von Manikowsky veröffentlichen *»Das Gericht der Sieger«*. Der Prozeß gegen Göring, Heß, Ribbentrop, Keitel, Kaltenbrunner u.a. (Oldenburg).

## 1968

Tod von Francis Biddle, Mitglied des Richterkollegiums im Hauptkriegsverbrecher-Prozess.

Der in der DDR lebende Schriftsteller Rolf Schneider schreibt das Stück *»Prozess in Nürnberg«*. Es wird u.a. am Deutschen Theater (Berlin/DDR), Regie: Wolfgang Heinz, aufgeführt. Druck Frankfurt a. M. 1968.

## 1971

Tod des britischen Vorsitzenden des Gerichtshofes im Prozess gegen die Hauptkriegsverbrecher Geoffry Lawrence.

Von Arkadi Poltorak, Sekretär der sowjetischen Delegation in Nürnberg, erscheint in Berlin/DDR *»Nürnberger Epilog«*.

## 1972

**7. Dezember**
Bei Bauarbeiten in Berlin/West wird eine Leiche entdeckt, die als die des in Nürnberg in Abwesenheit zum Tode verurteilten Martin Bormann identifiziert werden kann. Damit endet die Ungewissheit über sein Fortleben oder seinen Tod.

Eugene K. Bird, seit 1964 Gefängnisdirektor in Spandau, wird wegen Regelverstößen im Umgang mit dem letzten Insassen Heß seines Postens enthoben und muss aus der US-Armee ausscheiden. Er veröffentlicht auf der Basis seiner Gespräche das wissenschaftlich wertlose Buch *»The Lonliest Man in the World«*. The Inside Story of the 30-Year Imprisonment of Rudolf Heß (London), dt. Übersetzung von Heinrich Graf von Einsiedel,: *»Heß. Der Stellvertreter des Führers«*, Englandflug und britische Gefangenschaft, Nürnberg und Spandau. (München 1974).

Boris Poltorak und Jewgeni Saizew veröffentlichen mit *»Duell in München«* (Berlin/DDR) eine romanhafte Verarbeitung von Tatsachen und Hergängen aus den gegen deutsche Industrielle geführten Prozessen.

# IM RÜCKSPIEGEL: NÜRNBERG

## 1975

Regisseur Marcel Ophüls, zugleich Autor des Drehbuches, hat den Dokumentarfilm »*The Memory of Justice*« (dt. Nicht schuldig), eine US-amerikanisch-britisch-deutsche Gemeinschaftsproduktion fertiggestellt. Dazu hat er u.a. Shawcross und Taylor, Dönitz und Speer interviewt und aus dem Abstand von drei Jahrzehnten nach den Wirkungen des Prozesses gefragt.

Der US-amerikanische Historiker Bradley F. Smith veröffentlicht in New York sein Buch »*Reaching Judgement at Nuremberg: The Untold Story*«; dt. Ausgabe unter dem Titel »*Der Jahrhundertprozess. Die Motive der Richter von Nürnberg*«. Anatomie einer Urteilsfindung (Frankfurt/Main 1977). Smith kann aufgrund von Unterlagen von Beteiligten Aufklärung über das tatsächliche oder wahrscheinliche Abstimmungsverhalten der vier Richter während ihrer Beratungen über die Strafzumessungen im September 1946 geben.

Der ukrainische Schriftsteller Jaroslaw Halan, sowjetischer Beobachter beim Prozess in Nürnberg, veröffentlicht in Kiew »*Berichte aus Nürnberg*«.

## 1977

**2. Mai**
Der Wiedereinzug von Einrichtungen der Justiz der Bundesrepublik in das Justizgebäude in Nürnberg, Fürther Straße ist abgeschlossen.

Werner Maser veröffentlicht das »*Buch Nürnberg. Tribunal der Sieger*« (Stuttgart). Die bloße Kennzeichnung des Gerichtshofes als Tribunal der Sieger dient in der Bundesrepublik zur Verbreitung der Vorstellung, die Richter der vier Mächte wären unfähig gewesen, Urteile zu fällen, die vor dem Völkerrecht bestehen könnten.

## 1979

Der sowjetische Schriftsteller Boris Polewoi veröffentlicht »*Die Reportagen meines Lebens*« mit Erinnerungen an seine Teilnahme am Nürnberger Prozess (dt. Berlin/DDR 1981).

## 1981

**23. Januar**
Tod des sowjetischen Chefanklägers Roman Rudenko.

## 1983

Robert M. W. Kempner veröffentlicht *»Ankläger einer Epoche. Lebenserinnerungen«* (Frankfurt a.M.).

## 1984

**3. Juni**
Der Chef-Ankläger der Französischen Republik Francois de Menthon verstirbt.

Es erscheint ein Fotomechanischer Nachdruck: *»Der Prozess gegen die Hauptkriegsverbrecher vor dem Internationalen Militärgerichtshof. Nürnberg 14. November 1945 – 1. Oktober 1946«.* Amtlicher Text Verhandlungsniederschriften. Nürnberg 1947, Bde. 1-23. sowie Urkunden und anderes Beweismaterial. Nürnberg 1947, Bde. 1-18 (München/Zürich), wodurch die Dokumente einem breiten Nutzerkreis vollständig und leicht zugänglich gemacht werden.

## 1986

**3. Oktober**
Uraufführung des Dokumentarfilms von Karl Gass »1. Oktober 1946 ... Nicht schuldig«, hergestellt in Babelsberg/DDR

## 1987

**17. August**
Rudolf Heß, vierundneunzigjährig, begeht im Gefängnis Berlin-Spandau Selbstmord. Sein Anwalt und sein Sohn versuchen die These von einer Mordaktion des britischen Geheimdienstes glaubhaft zu machen. Heß wird in Wunsiedel begraben. Seine Grabstätte entwickelt sich zu einem politischen Mekka für Nazis aus der Bundesrepublik und anderen Staaten. Nach wiederholten Aufmärschen jeweils an seinem Todestag und nach Gegendemonstrationen erfolgt 2005 ein Verbot der Pro-Heß-Demonstration. In Spandau wird das funktionslose Gefängnisgebäude abgerissen.

## 1990

Das Buch von Hilary Gaskin, *»Eyewitnesses at Nuremberg«*, London 1990, vereint Erinnerungsberichte, rückschauend nach Jahrzehnten, von 24 Teilnehmern (Anwälte der Anklage, Beobachter, Übersetzer, Sekretärinnen, Photographen u.a.) des Nürnberger Prozesses.

## 1992

Die Erinnerungen von Telford Taylor erscheinen unter dem Titel »*The Anatomy of the Nuremberg Trial*«. A Personal Memoir in New York, dt. »*Die Nürnberger Prozesse*«. Hintergründe, Analysen und Erkenntnisse aus heutiger Sicht (München).

## 1994

Der Bildband von Ray D'Addario (gemeinsam mit Klaus Kastner, Präsident des Landgerichts Nürnberg-Fürth a. D.), der als Fotograf am Prozess teilnahm, »*Der Nürnberger Prozess – Das Verfahren gegen die Hauptkriegsverbrecher 1945-1946*« (Nürnberg) erscheint. Er enthält u.a. im Gerichtsaal gemachte Farbaufnahmen.

Joseph E. Persico, der in jungen Jahren am Verfahren in Nürnberg teilgenommen hatte, veröffentlicht sein Buch »Infamy on Trial« (New York).

## 1995

Gerd Hanke und Gerhard Stuby geben den Band »*Strafgerichte gegen Menschheitsverbrechen*«. Zum Völkerstrafrecht 50 Jahre nach den Nürnberger Prozesse (Hamburg) heraus.

## 1996/1997

Chronos Film (Kleinmachnow) publiziert drei Videokassetten von Bengt von zur Mühlen »Der Nürnberger Hauptkriegsverbrecherprozess. Die Anklage. Die Verteidigung. Das Urteil«. Es folgt eine weitere von Henry Köhler »Die Nürnberger Nachfolgeprozesse«.

## 1997

Alfred Seidl, der sich an der Verbreitung der Legende vom schuldlosen Stellvertreter des Führers und Friedensboten aktiv beteiligt, veröffentlicht »*Der Fall Rudolf Heß 1941 – 1987*«. Dokumentation des Verteidigers, (München).

Von John DosPassos, der als Beobachter und Berichterstatter für das Magazin »Life« Ende 1945 das zerstörte Europa bereiste und auch an er Eröffnung des Nürnberger Prozesses teilgenommen hatte, erscheint »*Das Land des Fragebogens*«. 1945: Reportagen aus dem besiegten Deutschland (Frankfurt a. M.), darin das Nürnberger Tagebuch.

1998

**17. Juli**
In Rom wird die Errichtung eines Ständigen Internationalen Strafgerichtshofes (ICC) beschlossen (Statut von Rom). Schon 1993 war ein ad-hoc-Gerichtshof zur Verfolgung von Verbrechen, begangen in Jugoslawien, und 1994 ein weiteres Tribunal im Hinblick auf die in Ruanda begangenen Untaten geschaffen worden.

Tod des Chefanklägers der USA in den Nürnberger Nachfolgeprozessen Telford Taylor.

Auf der Basis von Quellen der Rundfunkarchive publizieren Ansgar Diller, / Wolfgang Mühl-Benninghaus, »Berichterstattung über den Nürnberger Prozeß gegen die Hauptkriegsverbrecher 1945/46« (Potsdam).

Arieh J. Kochavi: *»Prelude to Nuremberg«*. Allied War Crimes Policy and the Question of Punishment (Chapel Hill und London) erscheint.

1999

Klaus Dörner publiziert *»Der Nürnberger Ärzteprozeß 1946/47: Wortprotokolle, Anklage- und Verteidigungsmaterial«*, Quellen zum Umfeld (München)

Der Militärhistoriker Gerd R. Ueberschär gibt die Sammlung *»Der Nationalsozialismus vor Gericht«*. Die alliierten Prozesse gegen Kriegsverbrecher und Soldaten 1943 – 1952 (Frankfurt/M.) heraus.

2000

In den USA ist ein zweiteiliger Spielfilm »Nuremberg«, dt. Titel »Nürnberg – im Namen der Menschlichkeit« gedreht worden, der nahezu das gesamte Personal des Prozesses (von Robert H. Jackson über das Gericht, die weiteren Ankläger, die Angeklagten und die Verteidiger bis zum Gefängniskommandanten Col. Burton C. Andrus) von Schauspielern darstellen lässt. Der Film ist eine Remake von »Judgment at Nuremberg« (1960) und sein Script, das Joseph E. Persico schrieb, stützt sich auf dessen Buch *»Infamy on Trial«* (1994) Regie: Yves Simoneau, Buch: David W. Rintels.

2001

Klaus Kastner publiziert *»Von den Siegern zur Rechenschaft gezogen«*. Die Nürnberger Prozesse.

Der Journalist Steffen Radlmaier legt mit »Der Nürnberger Lernprozess. *Von*

*Kriegsverbrechern und Starreportern«* eine Artikelsammlung aus den Federn teils berühmter Beobachter des Nürnberger Prozesses vor. (Hörbuch 2005)

## 2002

Der britische Historiker Richard Overy hat die Protokolle der Verhöre ausgewertet, die dem Nürnberger Hauptkriegsverbrecher-Prozess vorausgingen. Er veröffentlicht *»Die NS-Elite in den Händen der Alliierten«* (München).

## 2003

**1. Juli**
In Den Haag nimmt der Ständige Internationale Strafgerichtshof seine Tätigkeit auf.

**3. Juli**
In einem Übernahmevertrag wird vereinbart, dass an der Philipps-Universität Marburg das Forschungs- und Dokumentationszentrum Kriegsverbrecherprozesse zu etablieren ist. Es existierte zuvor seit 2000 am Max-Planck-Institut für Europäische Rechtsgeschichte Frankfurt/M. Im Sommer 2004 beginnt die Arbeit in Marburg. Zu den Aufgaben gehört die Sammlung einschlägiger Dokumente von Prozessen gegen Kriegsverbrechen aus aller Welt.

**10. Juli**
Hartley William Shawcross, der britische Chefankläger, verstirbt im Alter von 101 Jahren (geboren am 4. Februar 1902) als letzter der Ankläger der vier Mächte, die gemeinsam im Nürnberger Hauptkriegsverbrecher-Prozess auftraten.

## 2004

Das *Protokoll des Prozesses gegen die Hauptkriegsverbrecher vor dem Internationalen Militärgerichtshof, 14. November 1945 – 1. Oktober 1946* (Bände 1- 22 der Ausgabe von 1947ff.) wird als CD-ROM herausgegeben. (Digitale Bibliothek, Bd.20)

## 2005

**17./20. Juli**
In Nürnberg findet eine von wissenschaftlichen Einrichtungen der USA und der Bundesrepublik ausgerichtete Internationale Konferenz aus Anlass des 60. Jahrestages des Beginns des Prozesses gegen die Hauptkriegsverbrecher statt. Zu

den Teilnehmern – Historiker und Juristen – gehört Whitney R. Harris, Mitglied der US-amerikanischen Anklagevertretung, und Benjamin Ferencz, ehemals Ankläger im Einsatzgruppen-Prozess.

**14./15. Oktober**
Das Stadtgeschichtliche Museum Berlin-Spandau veranstaltet eine Konferenz zur Geschichte des Kriegsverbrechergefängnisses in der ehemaligen Zitadelle.

**20. November**
Aus Anlass des 60. Jahrestages des Prozessbeginns kommen die letzten lebenden Teilnehmer des Gerichtsverfahrens in Interviews, Berichten, Diskussionen und Artikeln zu Wort. Darunter der US-amerikanische Staatsbürger, Ernest W. Michel, geboren in Mannheim, Überlebender von Auschwitz, Mitarbeiter der Rhein-Neckar-Zeitung und von DANA, Susanne von Paczensky, deutsche Berichterstatterin, die bei der US-amerikanisch lizenzierten Nachrichtenagentur DANA (später DENA) tätig war; Arno Hamburger, der aus Nürnberg 1939 nach Palästina emigrierte, als britischer Soldat nach Deutschland kam, als Dolmetscher und Übersetzer in der Zeit der Nachfolgeprozesse arbeitete und heute 1. Vorsitzender der Jüdischen Kultusgemeinde in Nürnberg ist, der in Bonn lebende Johann Schätzler, Jurist und Anwalt, einst Mitarbeiter des Pflichtverteidigers von Rudolf Heß, Günther von Rohrscheidt.

Aus dem Nachlass des US-amerikanischen Psychologen und Psychiaters Leon Goldensohn wird eine Auswahl seiner Aufzeichnungen publiziert, die er sich 1946 während der Gespräche mit Angeklagten und mit einigen Zeugen bzw. kurz danach gemacht hat. *»Die Nürnberger Interviews«*. Düsseldorf/Zürich 2005.

In deutscher Übersetzung erscheint von Richard W. Sonnenfeldt *»Mehr als ein Leben«*. Vom jüdischen Flüchtlingsjungen zum Chefdolmetscher der Anklage bei den Nürnberger Prozessen (Frankfurt a.M.). Der aus Gardelegen in Sachsen-Anhalt stammende Autor, Soldat in der US-Armee, kam 1945 als Dolmetscher zur den Prozess vorbereitenden OSS – und so nach Nürnberg.

Klaus Kastner, Präsident des Landgerichts Nürnberg-Fürth a. D., veröffentlicht *»Der Nürnberger Prozess 1945-1946«*.

Es erscheint von Christiane Kohl *»Das Zeugenhaus Nürnberg 1945: Als Täter und Opfer unter einem Dach zusammentrafen«*, eine Darstellung der Geschichte jener Villa, in der Zeugen der Anklage wie der Verteidigung u.a. der ehemalige General Erwin Lahousen, der Leibfotograf Hitlers, Heinrich Hoffmann, der erste Chef der Gestapo Rudolf Diels, der einstige Buchenwaldhäftling Eugen Kogon zeitweilig wohnten.

Im Schloss Faber-Castell in Stein bei Nürnberg, erbaut 1843 – 1846 als Wohnsitz für die Industriellenfamilie der »Bleistiftkönige«, das Journalisten und Schriftstellern 1945/1946 während des Prozesses als Quartier, später als US-amerikanischer Offiziersclub diente, wird eine Ausstellung eröffnet.

Auf dem Gelände der Topographie des Terrors in Berlin findet eine Sonderausstellung aus Anlass des 60. Jahrestages der Prozesseröffnung statt.

# IM RÜCKSPIEGEL: NÜRNBERG

2007

In einem Teil des Nürnberger Justizpalastes soll ein Museum eröffnet werden, das an die dort nach Ende des Zweiten Weltkrieges geführten Prozesse erinnert.

# Anmerkungen

1. So der Abschluss seines 1950 in Österreich veröffentlichten Buches: Ich war Verteidiger in Nürnberg. Ein Dokumentenbeitrag zum Kampf um Österreich, Klagenfurt 1950. Steinbauer war der Verteidiger von Arthur Seyß-Inquart, der freilich weniger wegen seiner Rolle bei der Liquidierung des österreichischen Staates 1938 angeklagt war, sondern wegen seiner Tätigkeit als stellvertretender Generalgouverneur in Polen und als Reichskommissar in den okkupierten Niederlanden.
2. Die Geschichte des Nürnberger Justizpalastes. Rede des Präsidenten des Oberlandesgerichts Nürnberg am 2. Mai 1977 anlässlich des Abschlusses des Wiedereinzugs der Justiz in das Justizgebäude Fürther Straße. Hg. Oberlandesgericht Nürnberg, Beiträge zur Rechtsgeschichte.
3. Boris Polewoi, Die Reportagen meines Lebens. Erinnerungen, Berlin/DDR 1981, S. 321ff.
4. Laternser, Verteidigung deutscher Soldaten, Plädoyers vor alliierten Gerichten, Bonn 1950.
5. Geheim! Dokumentierte Tatsachen aus dem Nürnberger Prozess. Ausgewählt und herausgegeben von Otto Pannenbecker, Düsseldorf 1947, S. 219f. Die Zitate stammen aus einer Vernehmung Schachts vom 7. Juli 1945.
6. Der Verteidiger Görings, Stahmer, meinte darauf, dass er sich also in seiner Eigenschaft als Vorsitzender der Anwaltskammer Schleswig-Holsteins selbst anklagen müsse.
7. IMT, XXII/464f.
8. Rebecca West, A Train of Powder, New York 1955, S. 72
9. Es erschien alsbald in deutscher Ausgabe: Robert W. Cooper, Der Nürnberger Prozess, Krefeld 1947, hier S. 15 u. 32.
10. Ebenda, S. 186.
11. Peter Calvocoressi, London 1947, S. 116
12. Robert W. Cooper, a.a.O., S. 29
13. Zitiert in: Laternser, Verteidigung deutscher Soldaten, Plädoyers vor alliierten Gerichten, S. 338.
14. S.11.
15. Süddeutsche Zeitung, 8. Oktober 1946.
16. Süddeutsche Zeitung, 11. Oktober 1946
17. Süddeutsche Zeitung, 8. Oktober 1946
18. Süddeutsche Zeitung, 4. Oktober 1946
19. Tom Bower, S. 243/244.
20. Andreas Diller/Wolfgang Mühl-Benninghaus (Hg.) Berichterstattung über den Nürnberger Prozess gegen die Hauptkriegsverbrecher 1945/1946. Edi-

## ANMERKUNGEN

tion und Dokumentation ausgewählter Rundfunkquellen, Potsdam 1990, S. 201. (= Veröffentlichungen des Deutschen Rundfunkarchivs, 5).

21 Ebenda, S. 195 (Kommentar vom 29. September 1946).

22 Hans Mayer, Ein deutscher auf Widerruf. Erinnerungen Bd. 1, Frankfurt a. M. 1988, S. 351. Der Autor hatte im Gerichtssaal nur eine ganz kurze Visite gemacht. S. ebenda, S. 341.

23 Stuttgarter Zeitung, 5. Januar 1946

24 Stuttgarter Zeitung, 7. Mai 1946

25 Das Urteil lautete für zwei der Angeklagten 4 bzw. 7 Jahre Arbeitslager. Stuttgarter Zeitung, 3. August 1946

26 Stuttgarter Zeitung, 9. März 1946

27 Der erste Eindruck. Stuttgarter Zeitung, , 2. Oktober 1946.

28 Stuttgarter Zeitung, 9. Oktober 1946

29 Stuttgarter Zeitung, 2. März 1946.

30 Stuttgarter Zeitung, 9. Oktober 1946.

31 Herbert Kraus, Gerichtstag in Nürnberg, Hamburg 1947, S. 7.

32 Peter Calvocoressi, S. 125.

33 Karl Anders, Im Nürnberger Irrgarten, Nürnberg 1948, S.9..

34 Karl Jaspers, Die Schuldfrage, Hamburg 1946, S. 48.

35 Berichterstattung über den Nürnberger Prozeß gegen die Hauptkriegsverbrecher 1945/46, hrsg. von Ansgar Diller und Wolfgang Mühl-Benninghaus, Veröffentlichungen des Deutschen Rundfunkarchivs Bd.5, Potsdam 1998, S.200.

36 Stuttgarter Zeitung, 3. August 1946

37 Tyranny on Trial, Einführung, S. XXXVII.

38 Süddeutsche Zeitung, 4. Oktober 1946.

39 Ebenda, 1. Oktober 1946.

40 Eugene Aroneanu, Das Verbrechen gegen die Menschlichkeit, Baden-Baden 1947, S. 5.

41 Karl Anders, Im Nürnberger Irrgarten, Nürnberg 1948, S. 9.

42 Nürnberg als Rechtsfrage. Eine Diskussion. Referent: Wilhelm Grewe, Korreferent: Otto Küster. Hg. Privatstudiengesellschaft Stuttgart 1947.

43 Ebenda, S. 52. Das war der Vorschlag eines Fräulein F. (Die Namen der Diskutierenden wurden nur so verkürzt genannt.)

44 Ebenda, S. 51

45 Continental Daily Mail, Ausgabe 8. Oktober 1946.

46 Nürnberger Prozess. Gestern und Heute, Berlin/DDR 1966, S. 56.

47 Friedrich Beber, Lehrbuch des Völkerrechts, München 1962, Bd. 2, S. 259. Siehe auch: Georg Dahm, Lehrbuch des Völkerrechts, 3 Bde. 1958 –

1961. Berbers Berufungen zum ao. B zw. o. Universitätsprofessor nach Hamburg und Berlin stammten von 1936 und 1940, Dahms nach Kiel und Leipzig von 1933 und 1939.

48  Einst wird kommen das Recht. Frankfurter Allgemeine Zeitung, 24. November 2005, S. 35.

49  Rechtsanwalt Theodor Kleefisch beantragte beim Gerichtshof, seinen Mandanten von der Liste der Angeklagten zu nehmen, da er aus gesundheitlichen Gründen nicht fähig sei, dem Prozess zu folgen oder gar sich gegen die gegen ihn erhobenen Vorträge zu verteidigen. Das Gericht verhandelte darüber am 14. Oktober 1945 während der ersten der vorbereitenden Sitzungen und gab darauf dem Antrag statt. (Auch späterhin wurde der in ärztlicher und pflegerischer Obhut lebende einstige Chef des Unternehmens, der vier Jahre später verstarb, nicht verhandlungsfähig.)

50  Alfried Krupp (1907-1967) wurde 1948 im Krupp-Prozess durch ein Urteil zu 12 Jahren Gefängnis und Einziehung seines Vermögens bestraft, im Jahre 1951 jedoch amnestiert.

51  NP Bd. 2, S. 11-13.

52  NP Bd. 2, S. 12-13.

53  NP Bd. 2, S. 17.

54  NP Bd. 2, S. 18-19

55  Tom Bower, S. 240.

56  NP Bd. 2, S. 23.

57  Dok. 1816-PS, Bd. XXV, S. 403 ff.

58  Dok.. 079-L., Bd. XXXVII, S. 547 ff

59  Dok. 1014-PS, Bd. XXVI, S.523 f.

60  IMT, XIII, S. 45.

61  IMT, XII, S. 621.

62  Dok. 3901-Ps.

63  IMT, XIII, S. 46.

64  Georg von Schnitzler (1884-1962) wurde im IG Farben Prozess durch Urteil vom 30. Juli 1948 zu fünf Jahren Gefängnishaft verurteilt.

65  Vögler (geb. 1877) hatte sich am 14. April 1945, nachdem die Wehrmachtstruppen im so genannten Ruhrkessel kapituliert hatten, in der Nähe von Dortmund seiner Verhaftung durch Selbstmord entzogen.

66  IMT, XIII, S.49ff. Die Kenntnis über den Verlauf stützte sich u.a. auf eine eidesstattliche Erklärung Georg von Schnitzlers. EC-439. Schacht bestritt in seinem Verhör entgegen der Erinnerung von Schnitzlers, dass er derjenigen gewesen sei, von dem bei dieser Zusammenkunft der Aufruf zu Zahlungen für den Wahlfonds von NSDAP und DNVP ergangen sei. Diese Rolle hätte Göring gespielt.

67  IMT, XII, 643.

# ANMERKUNGEN 247

68  IMT, IV, S. 23 f.
69  IMT, II, S. 495 ff., Dok. D 288, US 202.
70  IMT, XII, S. 633 f.
71  IMT, VIII, S. 10f.
72  Von Erfahrungen, die er in diesem Zusammenhang gemacht hatte, berichtete der Widerstandskämpfer und Journalist Gerhard Leo in: Krupp und die IG Farben. Die Nürnberger Prozesse gegen führende Industrielle. Sendung von Annette Willems. Deutschland Radio, 30. Juli 1998, 19.05.
73  Peter de Mendelssohn, Die Nürnberger Dokumente. Studien zur deutschen Kriegspolitik 1937 – 1945, Hamburg 1946, S. 10.
74  Klaus Dietmar Henke (Hg.), Die Dresdner Bank im Dritten Reich, München 2006. – Rez.: Götz Aly, Modener Ablasshandel. In: Berliner Zeitung, 27. Februar 2006, S. 27. Das Erscheinen des Werkes war mit einem Skandal verbunden, verursacht dadurch, dass die Verwaltung des Jüdischen Museums in Berlin ihre Räumlichkeien für ein Kolloquium zur Verfügung gestellt hatte, das der Buchvorstellung diente. S. Zentralrat der Juden will mit der Dresdner Bank nichts zu tun haben. Berliner Zeitung, 8, Februat 2006, S. 17.
75  Kempner, 1982: 220, 209).
76  Kempner, 1983: 223)
77  (IMT, IX, 312, 570)
78  (IMT, XVII, 584)
79  (IMT, XIV, 676)
80  (IMT, III, 452f. u. XV, 141f.)
81  (IMT, XII, 643f.)
82  (IMT, XII, 492 u. XVIII, 318)
83  (IMT, XVI, 567f.)
84  (IMT, X, 167)
85  (IMT, X, 146ff.)
86  (IMT, XI, 257ff. u. 305f.)
87  (IMT, XI,24)
88  (IMT, XII, 361f. u. 377ff.)
89  (Pätzold/Schwarz 1992: 16)
90  (IMT, VI, 227f.)
91  (IMT, VI, 254)
92  (IMT, VI, 255)
93  (IMT, VIII, 349ff.)
94  (IMT, III, 167)
95  (IMT, III, 580)

96  (IMT, III, 639)
97  (IMT, XIX, 561)
98  (IMT, XXII, 289)
99  (IMT, XXII, 292)
100 (IMT, XII, 411)
101 (IMT, III, 639)
102 (IMT, II, 150)
103 (IMT, II 140)
104 (IMT, II, 139)
105 (IMT, III, 630f.)

# Personenregister

Adenauer, Konrad 116, 138, 225ff., 230
Alvensleben, Hans Bodo von 158
Aly, Götz 143, 247
Amen, John Harland 36, 38, 40
Anders, Karl 141, 148, 223, 245
Andrus, Burton C. 240
Antonescu, Ion 213
Aragon, Louis 214
Aroneanu, Eugene 148, 217, 245
Arzinger, Rudolf 231
Aschenauer, Rudolf, Dr. jur. 35, 108, 223f.

Backe, Herbert 33
Bardeche, Maurice 126f.
Bardèche, Maurice 224
Beber, Friedrich 245
Beermann, Friedrich 91
Behrens, Ulrich 151
Bender, Julius 222
Benz, Wolfgang 47
Berber, Friedrich 152
Bernays, Murray C. 17, 201, 206
Berney-Ficklin, Horatio 207
Bernstein, Victor H. 222
Biddle, Francis 30, 236
Bird, Eugene K. 236
Blobel, Paul 227
Blomberg, Werner von 33, 56, 77
Bock, Fedor von 57
Bormann, Martin 11, 26, 48, 60, 110, 158, 209, 215, 236
Bower, Tom 244, 246
Brandt, Willy 214
Brauchitsch, Bernd von 204
Brauchitsch, Walther von 33
Bräuer, Bruno 217
Braune, Werner 227
Broszat, Martin 234

Browning, Christopher 173
Brüning, Heinrich 78, 134
Bryson, Brady 173
Bühler, Josef 211
Burkart, Odilo 107
Burkhardt, Hermann 22
Busch, Ernst 57
Bütefisch, Heinrich 219
Byrnes, James F. 120f., 215

Calvacoressi, Peter 141
Calvocoressi, Peter 118, 222, 244f.
Canaris, Wilhelm 38f.
Casanova, Danielle 68
Christiansen, Friedrich Christian 223
Churchill, Randolph 150
Churchill, Winston 17, 118f., 184, 196–199, 201f., 205, 225
Clay, Lucius D. 136f.
Cooper, Robert W. 117, 121, 222, 244
Curie, Marie 69

D'Addario, Ray 239
Dahm, Georg 152, 245
Daluege, Kurt 216
Darré, Richard Walther 33, 225
Dean, Patrick 160
Diels, Rudolf 242
Dietrich, Marlene 151, 234
Dietrich, Otto 225
Dietrich, Sepp 213
Diller, Andreas 244f.
Diller, Ansgar 240
Dimitroff, Georgi 60
Dix, Rudolf 78f., 81, 170
Döblin, Alfred 214, 218
Dodd, Thomas J. 22, 42, 97, 164, 179
Dönitz, Karl 24, 32, 43, 57, 60, 84–

92, 103, 112f., 204f., 209, 215, 224, 231ff., 237
Dörner, Klaus 240
DosPassos, John 100, 214, 239
Dostler, Anton 207
Drobisch, Klaus 233
Dubost, Charles 21, 69, 160
Dulles, Allan W. 205

Eden, Anthony 160, 197f., 202
Ehlers, Hermann 226
Ehrenburg, Ilja 214
Eichmann, Adolf 45f., 48, 107, 171, 174, 176, 214, 234
Einsiedel, Heinrich von 236
Eisenhower, Dwight D, 131, 203ff.
Eisler, Hanns 225
Ermarth, Fritz 134
Exner, Franz 27

Falco, Robert 186
Falkenhorst, Nikolaus von 214
Faulhaber, Michael 131
Fechner, Max 137
Felton, Frederik 173
Ferencz, Benjamin B. 220, 241
Fernes, Anton 202
Fest, Joachim 114
Flanner, Jannet 128, 214
Flick, Friedrich 23, 107, 125, 133, 160, 219, 225, 233
Forster, Albert 211, 214
Frank, Hans 102, 105, 107, 112, 131, 142, 174, 203, 209, 214f., 234
Frank, Karl Hermann 213
Frick, Wilhelm 31, 81, 94, 104, 143, 155, 203, 209, 215, 222
Friedrich, Jörg 182
Frings, Josef 222
Fritzsche, Hans 27, 48, 103, 110, 131, 136, 142, 203, 209, 215, 218
Funk, Walther 80f., 94, 112f., 143, 204, 209, 215, 232
Fyfe, David Maxwell 90, 205, 235

Gaskin, Hilary 238
Gass, Karl 238
Gaulle, Charles de 207
Gecht, Philipp 225
Gelhorn, Martha 214
Gericke, Pastor 216
Gerstenmeier, Wilhelm 202
Gilbert, Gustave G. 24, 222
Giraud, Henri 39
Glueck, Sheldon 200, 217
Goebbels, Joseph 16f., 27, 31, 81, 85, 96, 103, 169, 202
Göht, Amon 211
Goldensohn, Leon 242
Goldhagen, Daniel J. 143
Gorgass, Bodo 222
Göring, Hermann 8, 11, 17, 27, 31, 35, 40, 58–66, 76–79, 81, 83–86, 93, 103, 112, 124, 142f., 149, 153, 161ff., 166, 169, 173, 180, 202, 204, 209, 212, 215, 235, 244, 246
Greiser, Artur 211, 213
Grewe, Wilhelm 148f., 245
Griffith-Jones, J. M. G. 179
Grotewohl, Otto 138
Gruendler, Gerhard E. 235
Gusew, Fjodor 205

Haensel, Carl 226
Halan, Jaroslaw 237
Halder, Franz 51
Hamburger, Arno 242
Handy, Thomas Troy 226f., 288
Hanke, Gerd 239
Harris, Whitney R. 164, 231, 241
Heinz, Wolfgang 236
Hemingway, Ernest 214
Henke, Klaus Dietmar 247
Hess, Ilse 230
Hess, Rudolf 11, 24, 27, 40f., 84ff., 93f., 106f., 112, 115, 151, 157, 209, 214f., 220, 230, 235f., 238f., 242

# PERSONENREGISTER

Heydecker, Joe 152, 233
Heydrich, Reinhard 27, 32, 39, 44, 47f., 61, 169, 171–175, 216
Hilberg, Raul 173
Himmler, Heinrich 17, 31, 48, 63, 72, 85, 103, 164, 169, 171f., 202
Hindenburg, Paul von 13, 59, 82, 162
Hitler, Adolf 8, 10f., 16f., 20, 24f., 27, 31f., 48, 50ff., 54–60, 62f., 65ff., 75–80, 82, 84f., 87f., 90, 94, 98f., 103, 110f., 113f., 118f., 124, 131, 134f., 140, 145f., 150, 157, 159–163, 167, 169, 171f., 175, 177, 182, 198, 202f., 205, 213, 219, 222, 232, 235, 242
Hoegner, Wilhelm 112, 216
Hoepner, Erich 80
Hoffmann, Heinrich 242
Horthy, Miklos 171
Höß, Rudolf 41, 47ff., 175, 211f., 234
Hoßbach, Friedrich 161
Höttl, Wilhelm 175
Hugenberg, Alfred 98, 135
Hurst, Cecil Sir 199

Illing, Ernst 216
Isenburg, Helene Elisabeth 228

Jackson, Robert H. 17, 20, 30, 33, 37, 77, 79, 82ff., 92, 116, 132, 139–142, 147, 158, 162, 165, 178, 181, 186, 203, 205ff., 213f., 217, 222, 224f., 230f., 240
Jahrreiß, Hermann 27
Jaspers, Karl 142, 218, 245
Jodl, Alfred 32, 52ff., 93, 104, 106, 111, 114, 130, 143, 153, 205, 209, 215
Jowitt, William 186
Jungk, Robert 214

Kaltenbrunner, Ernst 24, 27, 32f., 47, 49, 93, 104, 112, 142f., 171f., 204, 209f., 215, 231, 236

Karmen, Roman 218
Kastner, Klaus 239f., 242
Kästner, Erich 210, 214
Keitel, Wilhelm 27, 32, 39, 53f., 57, 93, 103f., 111, 114, 130, 143, 153, 204, 209, 215, 235
Kelley, Douglas M. 222
Kempner, Robert M. W. 69, 168, 182, 227, 238, 247
Kerr, Alfred 214
Kesselring, Albert 133, 219f.
Kiesinger, Kurt Georg 218
Kiley, Dan 205
Kingsbury-Smith, Joseph 216
Kleefisch, Theodor 19, 208, 246
Klöckner, Peter 133
Kluge, Günther von 56, 80
Knieriem, August von 230
Köbis, Albin 91
Koch, Erich 233
Kochavi, Arieh J. 240
Kogon, Eugen 242
Kohl, Christiane 242
Köhler, Fritz 232
Köhler, Henry 239
Kornblum, John C. 155
Kramer, Josef 207
Kramer, Stanley 150, 234
Kranzbühler, Otto 107, 219, 224, 227
Kraus, Herbert 27, 78, 141, 221, 245
Krieger, Seymour 173
Krupp, Alfried 20–23, 107, 125, 133, 157–160, 221, 227, 246
Krupp, Berthold 227
Krupp, Gustav 19–22, 24, 157ff., 163, 165, 208f.
Küchler, Georg von 57
Küster, Otto 149, 245

Lahousen, Erwin 36–40, 210, 242
Lammers, Hans-Heinrich 32, 107
Lancaster, Burt 151, 234
Laternser, Hanns 56, 219, 226, 244
Laval, Pierre 215

Lawrence, Geoffrey 30, 33, 66, 127, 208f., 236
Leeb, Wilhelm 56f., 126, 152, 233
Leistner, Friedrich 112, 216
Leo, Gerhard 247
Leszczynski, Kasimierz 233
Ley, Robert 24f., 96, 204, 208
Liebehenschel, Arthur 211
Lindemann, Fritz 80
Lippe, Viktor von der 229
List, Wilhelm 56f.
Lübke, Heinrich 219
Ludwig III. 28
Lutze, Viktor 101

Mackensen, Eberhard von 220
Maetzig, Kurt 225
Mälzer, Kurt 215
Manikowsky, Arnim von 235
Mann, Abby 234
Mann, Erika 210, 214
Manstein, Erich von 44, 57f., 224
Maser, Werner 237
Mayer, Hans 134, 245
McCloy, John J. 201, 224, 226ff.
Meiser, Hans 222
Mendelssohn, Peter de 165, 214, 217, 247
Mennecke, Friedrich 217
Menthon, Francois de 30, 207, 238
Meyer, Kurt 135, 210
Michel, Ernest W. 242
Mielke, Fred 233
Milch, Erhard 216
Milosevic, Slobodan 9
Mitscherlich, Alexander 233
Model, Walter 57
Molotow, Wjatscheslaw Michailowitsch 198
Moran, Frederick A. 224
Morgenschweis, Karl 228
Morgenthau jr., Henry 17, 201
Mühl-Benninghaus, Wolfgang 240, 244f.

Mühlen, Bengt von zur 235, 239
Mühlen, Irmgard von zur 235
Müller, Friedrich-Wilhelm 217
Müller, Heinrich 39f., 48, 176
Musmanno, Michael A. 225
Mussert, Anton Adriaan 210
Mussolini, Benito 203

Napoleon I. 17
Nathan, Hans 173
Naumann, Erich 227
Neuhäusler, Johannes 222f.
Neurath, Konstantin von 90, 94, 104, 112f., 130, 155, 203, 209, 215, 231
Niemöller, Martin 222
Nikitschenko, Iona Timofejewitsch 11, 30, 186, 208, 235
Nitsche, Paul 220

Ocampo, Victoria 214
O'Conner, Sixtus 216
Ohlendorf, Otto 41, 43ff., 47, 49, 71, 108, 175, 211, 224, 227
Ophüls, Marcel 237
Overy, Richard 241

Paczensky, Susanne von 214, 242
Pannenbecker, Otto 222, 244
Papen, Franz von 94, 98, 110f., 114, 130ff., 134, 136, 139, 147, 155, 162, 209, 214f., 218, 229
Patterson, Robert P. 213
Pätzold, Kurt 9, 182, 247
Paulus, Friedrich 50–57, 92, 211
Peck, David W. 224
Peiper, Joachim 213
Persico, Joseph E. 239f.
Pétain, Henri Philippe 67, 207
Piotrowski, Stanislaw 234
Plücker, Ludwig 229
Pohl, Oswald 107, 227
Polewoi, Boris 53, 60, 214, 237, 244
Politzer, Georges 69

# PERSONENREGISTER

Poltorak, Arkadi 233, 236
Prien, Günther 88

Quilitzsch, Siegfried 233
Quisling, Vidkun 208

Radandt, Hans 233
Radlmaier, Steffen 240
Raeder, Erich 86, 91, 103f., 111–114, 130, 206, 209, 215, 229, 231f.
Rauter, Hans Albin 224
Reichenau, Walter von 56
Reichpietsch, Max 91
Reinecke, Hermann 39
Reusch, Paul 136
Rezzori, Gregor von 214
Ribbentrop, Joachim von 24, 27, 32, 39, 81, 94, 103, 106, 112, 143, 171, 202, 206, 209, 215, 235
Rintels, David W. 240
Röchling, Hermann 107, 228
Rohrscheidt, Günther von 242
Rommel, Erwin 56
Roosevelt, Franklin D. 12, 17, 184, 196f., 199, 201f.
Rosenberg, Alfred 32, 93f., 104, 112, 142, 205, 209, 215f., 232
Rosenman, Samuel 202
Roman A. 30, 64, 207, 217, 237
Ruge, Friedrich 91
Rundstedt, Gerd von 133

Saizew, Jewgeni 233, 236
Sandberger, Martin 233
Sauckel, Fritz 31, 94, 103ff., 107, 112, 142, 169, 204, 209, 215
Sawicki, Jerzy 151, 232f.
Schacht, Hjalmar 24, 42, 75–84, 94, 103, 106, 110f., 114, 131ff., 136, 143, 147, 155f., 162f., 165, 170, 209, 214f., 219, 221, 230, 246
Schätzler, Johann 242
Schell, Maximilian 151, 234
Schepmann, Wilhelm 101

Schirach, Baldur von 32, 103f., 112–115, 130, 142f., 151, 206, 209, 215, 235
Schlegelberger, Franz 98
Schleicher, Kurt von 134, 155
Schmaglewska, Severina 67, 71, 176, 177
Schmidt, Heinz 133, 144
Schmidt, Walter 166, 217
Schmoelen, Theodor 202
Schmundt, Rudolf 161
Schneider, Rolf 236
Schnitzler, Georg von 163, 246
Schörner, Ferdinand 52, 56f., 92
Schröder, Gerhard 138
Schröder, Kurt von 22, 164
Schulberg, Stuart 223
Schumacher, Kurt 131
Schütz, Eberhard 80
Schwarz, Erika 182
Schwerin von Krosigk, Ludwig (Lutz) Graf 33, 76, 98, 227
Seidl, Alfred 107, 229, 239
Servatius, Robert 107, 169, 234
Seydewitz, Max 133
Seyß-Inquart, Arthur 94, 105f., 112, 131, 143, 204, 209, 215, 244
Shawcross, Hartley William 21, 30, 108, 152f., 159f., 177f., 207, 237, 241
Shirer, William 214
Shukow, Nikolai 29
Simon, John Viscount 198f., 202
Simoneau, Yves 240
Sjöberg, Tore 235
Smirnow, L. N. 70
Smith, Bradley F. 234, 237
Snow, Conrad E. 225
Solomon, Jacques 69
Sonnenfeldt, Richard W. 242
Speer, Albert 32, 75, 94, 103, 105, 109, 112–115, 143, 151, 156, 170, 205, 209, 215, 235, 237
Stahmer, Otto 244

Stalin, Josef W. 120, 122f., 184, 199, 201
Stalys, Heinz 202
Stauffenberg, Claus Graf 10
Stauß, Emil Georg von 162
Steengracht, Adolph von 171
Steinbauer, Gustav 27, 244
Steinbeck, John 214
Steiniger, Peter Alfons 117, 232
Stettinius, Edward R. 202
Stimson, Henry L. 17, 201
Stone, Isac 173
Storey, Robert G. 231
Storm, Theodor 23
Streicher, Julius 24, 26, 31f., 70, 73f., 94, 112, 142, 172, 176, 179f., 202, 205, 209, 215
Stroop, Jürgen 174, 229
Stuby, Gerd 239
Süskind, Wilhelm Emanuel 148, 234
Swilowa, Jelisaweta 218

Taylor, Telford 17, 116, 216, 225, 231, 237, 239f.
Tesch, Bruno 211
Thelemann, von 28
Thiel, Adolf 223
Thieleke, Karl-Heinz 233
Thyssen, Fritz 133, 162
Tiso, Jozef 219
Todt, Fritz 156
Todt, Karl 223
Tracy, Spencer 151, 234
Trainin, Aron N. 201
Triolet, Elsa 214
Truman, Harry S. 118, 202, 206f., 227
Tucholsky, Kurt 28

Ueberschär, Gerd R. 240

Vabres, Donnedieu de 30, 229
Vaillant-Couturier, Marie-Claude 67–70, 154, 176
Vogel, Hermann 202
Vögler, Albert 163, 246
Vorrink, Jacobus 75

Wagner, Robert 135
Wahl, Eduard 223
Wahlmann, Adolf 222
Walsh, William F. 173, 178, 181
Weddigen, Udo 87
Weichs, Maximilian von 57
Weiß, Martin Gottfried 210
Weizsäcker, Ernst von 225f.
Welles, Sumner 139
Wernicke, Hilde 212
West, Rebecca 110, 214, 232, 244
Weygand, Maxime 39
Wieczorek, Helene 212
Wilhelm, Kronprinz 13
Wilhelm II., dt. Kaiser 12, 14
Wilhelmina, Königin der Niederlande 131
Willems, Annette 247
Wisliceny, Dieter 41, 43, 45ff., 49, 211
Witzleben, Erwin von 56, 80
Wolf, Friedrich 225
Wolf, Markus 62, 210, 214
Wollheim, Norbert 107, 229
Woltschkow, Alexander F. 235
Wright of Durley, Robert Alderson 199
Wurm, Theophil 222, 228

Xiao, Qian 214

Zangen, Wilhelm 158

Kurt Pätzold
**Der Führer ging,
die Kopflanger blieben**
Ein historisches Finale
und aktuelle Kontroversen

Broschur, 142 Seiten
EUR 12,90 [D]
ISBN 3-89438-331-3

*Der Führer ging*, aber nicht von alleine! Und kein »Aufstand der Anständigen« hat ihn dazu gezwungen, sondern die vereinte militärische Macht der Antihitlerkoalition. Warum das so kam und nicht anders, welcher Anstrengungen und Opfer es selbst und gerade in den dramatischen letzten Monaten noch bedurfte, macht Kurt Pätzold im ersten Teil seines Buches deutlich. In diesen Zusammenhang stellt er auch die Schrecken für die deutsche Zivilbevölkerung, wie etwa bei der Bombardierung Dresdens, als Resultat des Wahns vom deutschen Endsieg noch 5 nach 12. *Die Kopflanger blieben* und werden zahlreicher. Dazu gehören nicht mehr nur Hitleranbeter à la Riefenstahl oder Speer. Selbst Autoren, die einst ein X von einem U unterscheiden konnten, sehen nur noch deutsche Opfer. Oder »Hitlers Volksstaat« und nehmen den Schein der faschistischen Volksgemeinschaft, die Camouflage einer terrorgestützten kapitalistischen Klassengesellschaft und der in ihr herrschenden Interessen, für bare Münze. Um derlei geht es im zweiten Teil.

**PapyRossa Verlag**
Luxemburger Str. 202, 50937 Köln
Tel.: (02 21) 44 85 45, Fax: 44 43 05
www.papyossa.de – mail@papyrossa.de

Michael Klundt (Hg.)
**Ein Untergang als Befreiung**
Der 8. Mai 1945 und die Folgen
Broschur, 268 S., EUR 16,80 (D)
ISBN 3-89438-321-6

Was war der 8. Mai 1945? Kapitulation, Zusammenbruch, Untergang? Oder vielleicht Befreiung? Und wenn Befreiung, dann wovon und für wen? Was der 8. Mai bedeutet und wer welchen Anteil daran hat; wie es zur Antihitlerkoalition gekommen ist; welche Möglichkeiten der Sieg dieser historisch einmaligen Allianz eröffnete und woran sie zerbrochen ist; Zeitzeug(inn)en und Dokumente zum unerfüllten Vermächtnis des 8. Mai.

**PapyRossa Verlag**
Luxemburger Str. 202, 50937 Köln
Tel.: (02 21) 44 85 45, Fax: 44 43 05
www.papyossa.de – mail@papyrossa.de

Michael Klundt (Hg.)
**Heldenmythos und Opfertaumel**
Der Zweite Weltkrieg und seine Folgen
im deutschen Geschichtsdiskurs
Broschur, 191 S., EUR 13,50 (D)
ISBN 3-89438-288-0

Verstärkt durch populäre Fernsehserien findet in den Diskursen um die deutsche Vergangenheit eine Neubewertung des Zweiten Weltkriegs und seiner Folgen statt. Dabei herrscht immer mehr eine Sichtweise vor, die den grundlegenden Unterschied zwischen Opfern und Tätern einebnet und und »endlich einmal« die deutschen Leiden ins Zentrum stellt. Ein Anti-Knopp.